MAPPLE
哈日情報誌
岡山·倉敷
蒜山高原 2018
特別附錄

還附上方便好用的 map 唷♪

美觀地區
出遊 MAP BOOK

Contents

倉敷美觀地區的 基礎知識

白牆町家與兩岸楊柳融合成一體的美麗街道景觀，彷彿一幅江戶時代的日本風情畫。
出發前先來看看有哪些基礎知識吧。

美觀地區的歷史

倉敷在江戶時代因身為幕府的直轄領地「天領」而繁榮一時，至明治時代紡織產業大為發展。昭和5（1930）年日本第一座私立西洋美術館——大原美術館（→附錄P.6）開幕，出色的收藏內容廣受國內外的高度矚目。於昭和54（1979）年列為重要傳統建造物群保存地區。

參觀景點眾多

美觀堂

Kurashiki Craft Work Village

バイストン美觀地區店

如竹堂

倉敷孝古館

町家喫茶三宅商店

平翠軒

中橋

② 旅館くらしきレストラン
③ 倉敷川遊船

兒島虎次郎紀念館已於2017年12月27日閉館。

倉敷館
倉敷民藝館
鄉土玩具館

倉敷川沿岸

④ 倉敷 IVY SQUARE

クラシキ庭苑

高砂橋
前神橋

個性商店林立的懷舊老街

CHECK!
本町通的這裡!

倉敷格子
上方鑲嵌很多又細又短的木板是其特徵。是倉敷獨有的傳統格子。

本町通
★ほんまちどおり

與倉敷川僅一街之隔，兩旁古老的町家建築綿延長達500m。由町家改裝而成的商店、咖啡廳散落其中，若想尋找倉敷當地現代藝術家的作品來這兒準沒錯。

行程5 5小時王道

絕不可錯過!

涵蓋街道漫遊、參觀大原美術館等多采多姿行程的經典路線。

START 10:00
① JR倉敷站 → 步行15分 → 大原美術館 欣賞名畫 附錄P.6

12:00
② 旅館くらしきレストラン 享用町家午膳 附錄P.14
步行1分

13:30
③ 搭倉敷川遊船 遊覽街區 附錄P.4
步行即到

14:00
④ 漫步倉敷 IVY SQUARE 等景點 附錄P.5
步行5分

15:00
⑤ 林源十郎商店 購物&喝咖啡 附錄P.10
步行7分

GOAL
JR倉敷站
步行10分

美觀地區的遊逛方式

徒步可及的範圍
景點多集中在半徑300m內，是最適合徒步漫遊的區域範圍。當中有一些是步行才方便進入的狹窄巷道，還有許多町家咖啡廳可以坐下來歇腳。

以半天至一天為基準
只是遊逛街道和購物的話大約4小時，若要參觀美術館之類的設施則需8小時左右。日落後的夜間景觀照明也很漂亮，但須留意設施的閉館時間。

確認交通方式
電車：從JR倉敷站南口步行約10分鐘。背對車站的筆直街道就是倉敷中央通，很容易辨識。倉敷惠比壽商店街設有拱廊屋頂，下雨天也十分方便。

自駕：周邊有多座停車場，即使開車來訪也不需擔心。倉敷市藝文館地下停車場的車位數量較多，是首選推薦。（→本書P.19）

要注意公休日
大原美術館、林源十郎商店等設施大多是週一公休，此外包含商店在內，幾乎所有設施都只營業至18時，行前請記得確認營業日和營業時間。

善用觀光服務處
美觀地區以徒步觀光為基本，建議先將行李寄放再輕裝上路。觀光服務處內不僅有免費的休憩所，還設有投幣式置物櫃，可視情況靈活運用。
◎倉敷物語館（→附錄P.5）

倉敷川沿岸
★くらしきがわぞい★

白牆街道與兩岸柳樹綿延的區域，風情獨具。約300m長的河川沿岸，美術館、伴手禮店等各種設施比鄰而立。不妨悠閒地漫步其間，邊欣賞倉敷特有的建築樣式。

CHECK! 倉敷川沿岸的這裡！

楊柳岸
柳樹映照在川面上的美麗景致，已被選定為新‧日本街路樹100景

美麗迷人的白牆街道 為倉敷最具象徵性的景觀

林源十郎商店 ❺
倉敷物語館
全家
美觀地區入口
大原家住...
倉敷國際酒店
倉敷中央通
大原美術館 ❶
自然史博物館
中央圖書館
P 倉敷市中央停車場
倉敷市立美術館

由於改建的緣故，自2018年1月14日起預訂閉館2年，觀光服務處會暫時移至倉敷物語館。

News! 新景點陸續登場

2017年6月 OPEN!

美觀堂 ●びかんどう
以「岡山、倉敷的真正好物」為概念的選物店，販售當地的特色產品。這裡販賣的都是店家親自拜訪生產者和企業，精挑細選出試用後品質優良的商品。
MAP 附錄23C-2
☎086-486-2224
⏰11:00～17:00 休無休
所倉敷市本町2-15
🚉JR倉敷站步行15分
P無

特製韭黃醬油 1150日圓

黃ニラしょうゆ
疊緣小袋子 1728日圓

2017年3月 OPEN!

Kurashiki Craft Work Village
集合了5家倉敷手工藝店的複合設施。有的還附設能參觀製作過程的工房、舉辦工作坊的活動，能實際感受手工製品的魅力。
LINK 附錄 P.13
◎2樓設有茶室（採預約制）

以倉敷和岡山為主題的手巾
倉敷帆布的帆布托特包

乘船處的告示板

坐上小船來趟優雅的水上散步
一路欣賞白牆街道的風光

遊船 & 倉敷川沿岸 漫步

白牆町家、倉庫林立的倉敷川沿岸是美觀地區最主要的街道。
可隨意邊走邊逛或搭乘遊船悠悠前進，感受瀰漫著濃郁江戶風情的街景。

邊走邊逛吧

倉敷屏風節中的
展示屏風一例

倉敷川遊船
★くらしきかわふねながし

倉敷著名的觀光船，全程約20分鐘，航行於今橋與高砂橋之間的倉敷川。可一路聆聽船夫的導覽解說，享受優雅的水上散步之旅。每隔30分鐘運行，一般船可容納6人。

MAP 附錄23C-3
☎086-422-0542
（倉敷館觀光服務處）
🕘9:30（首班船）～17:00（末班船）　休第2週一（12～2月週一～五）、雨天
💴船票500日圓　📍倉敷市今橋～高砂橋　🚉JR倉敷站步行15分　🅿無

已登錄為國家有形文化財的優美洋風建築

原本作為町公所的洋風建築
現在成了觀光服務處

倉敷館　★くらしきかん

建於大正6（1917）年的倉敷町公所，屬於西式木造建築。目前作為觀光服務處、免費休憩所之用，館內備有觀光資料和自動販賣機。

MAP 附錄23C-3
☎086-422-0542
（倉敷館觀光服務處）
🕘9:00～18:00　休無休
📍倉敷市中央1-4-8
🚉JR倉敷站步行15分　🅿無

※2018年1月15日以後因改建工程預定閉館兩年，觀光服務處改移至倉敷物語館

擁有倉敷窗和倉敷格子的特色町家

大原家住宅
★おおはらけじゅうたく

大原美術館創辦人大原孫三郎的故居。包含寬政7（1795）年動工興建的主屋和客廳等，總共10棟建物皆被列為重要文化財。內部不對外開放，但每逢秋天的倉敷屏風節期間會打開格子窗展示珍藏的屏風。

MAP 附錄23B-2
☎086-422-0005
（大原美術館）
🕘可自由參觀外觀
📍倉敷市中央1-2-1
🚉JR倉敷站步行15分
🅿無

座落在今橋旁的江戶後期建物

2018年4月起大原本邸的一部分將改以「KATALYZER大原本邸」對外公開

向泉州谷川的窯場特別訂製的屋瓦

↑在白牆＆黑瓦的街道間顯得與眾不同

昭和天皇也曾下榻過的大原家舊別墅

有鄰莊 ★ゆうりんそう

昭和3（1928）年興建的大原家別墅。因屋瓦顏色而被當地人稱為綠御殿，融合日西式風格的優美宅邸由藥師寺主計所設計，內部裝潢則出自兒島虎次郎之手。如今每逢春秋兩季，會作為大原美術館的特別展會會場對外開放參觀。

MAP 附錄23B-2

☎086-422-0005（大原美術館）

可自由參觀外觀
倉敷市中央1-3-18
JR倉敷站步行15分 P無

雁木 ●がんぎ
殘留於川邊的石階，可一窺江戶時代曾作為川港的往日榮景。

真是超棒的拍照景點

紅磚上爬滿常春藤令人印象深刻的中庭

↑為了調節舊工廠內部的溫度而栽種的常春藤

瀰漫濃厚復古氛圍近代化產業遺產的紅磚建築

倉敷IVY SQUARE

★くらしきアイビースクエア

由創業於明治22（1889）年的倉敷紡績工廠遺跡重新開發的倉敷屈指觀光名勝。以英國工廠為藍本建造的紅磚洋館，依舊維持明治時代以來的樣貌。

LINK 本書 P.22

咖啡廳的暖簾是當地高中生的作品

↑還殘留江戶時代風情的長屋門和土造倉庫

地圖標示

諸国民芸ちぐさ A
倉敷物語館
レストラン亀遊亭
美觀地區入口
大原家住宅
大原美術館美術館商店
EL GRECO
大原美術館
大原家住宅 B
今橋
有鄰莊
料理旅館 鶴形
雁木 C
倉敷考古館
今橋 ●いまばし
中橋
倉敷珈琲館
倉敷館
倉敷川遊船搭乘處
常夜燈
倉敷民藝館
YAMAU coffee stand
日本郷土玩具館
倉敷川館
IVY學館
倉敷着物小町美觀地區店
クラシキ庭苑
倉敷丹寧街
倉敷 IVY SQUARE
高砂橋
前神橋

今橋 ●いまばし
橋上描繪的20頭龍是兒島虎次郎的作品。

常夜燈 ●じょうやとう

於寬政3（1791）年設置的川燈台，當時的倉敷川還是運河。

這裡可以租借和服

倉敷着物小町美觀地區店

★くらしききものこまちびかんちくてん

MAP 附錄23C-4

☎070-5676-4605

9:30～17:00 休不定休
¥3780日圓～（採預約優先制）
倉敷市本町5-10
JR倉敷站步行15分 P無

有不少人力車哦！

區域內

將江戶時代至昭和初期的建築物變身成為觀光設施

倉敷物語館 ★くらしきものがたりかん

位於美觀地區的入口，由江戶到昭和初期的建築物改建而成的觀光設施。除了介紹倉敷歷史文化的展示室外，還規劃有多功能廳、咖啡廳等設施。

☎086-435-1277 **MAP** 附錄23A-1

9:00～21:00（12～3月～19:00）
休無休 倉敷市
阿知2-23-18 JR倉敷站步行15分 P無

〜更充實！〜

還有這些遊逛方式

1 觀光志工導覽

由觀光志工為大家介紹倉敷美觀地區的景點。出發地點為倉敷物語館的臨時觀光服務處前，一天兩次，所需約1小時30分鐘。

☎086-425-6039（倉敷市觀光休憩所）
9:30～、13:30～ 休無休（12/28～1/4除外）
¥免費

2 人力車

可沿途聆聽個性十足的車夫穿插的導覽解說，同時欣賞比平常略高視角的風景。以倉敷物語館或遊船搭乘處旁為起點，提供各式各樣的遊覽路線。

☎086-486-1400（えびす屋 倉敷店）
9:30～日落（有季節性變動）
休無休 ¥一區間2人4000日圓～

漫步充滿雅趣的巷弄小徑「Hiyasai」

「Hiyasai」指的是住家與住家之間的狹窄巷弄，少有陽光照射因此稍有涼意。連自行車要會車都很勉強的道路，也是當地居民平日的使用道路。

↑諸国民芸ちぐさ的附近　↑大原家住宅的北側　↑料理旅館 鶴形一側

前進 大原美術館

大原美術館是倉敷美觀地區的象徵地標。
行前先確認參觀重點和遊逛方式，
盡情品味世界名畫的風采。

↑造型優美的本館

本館

莫內、畢卡索、高更等世界級名畫琳瑯滿目

在創設以來的希臘神殿風建築物與後來增建的新展示棟內，近現代西洋美術的不朽名作齊聚一堂。

鑑賞時間約 **50分鐘**

↑展示兒島虎次郎收集而來的西洋繪畫

向兒島虎次郎致敬
一踏入本館會先映入眼簾的作品，蘊含著「美術館的原點」之意。為悼念兒島虎次郎過世，於隔年創設了大原美術館，這幅作品也成為美術館的代表象徵。

本館1樓
穿著和服的比利時少女
兒島虎次郎　製作 明治44（1911）年

以顏色鮮明、筆觸強勁為特色，為比利時留學期間的作品。兒島虎次郎著重於追求「異文化的交流」，因此在這幅畫作中營造出超越國境的美感交流。

本館2樓
睡蓮
莫內　製作 1906年左右

於所有收藏中人氣最高的《睡蓮》系列。在印象派畫家莫內特有的表現技巧下，觀賞的角度若不同，景物的呈現也會隨之變化。

特別割愛給日本的畫作
兒島虎次郎親自造訪莫內的故居，並從莫內為了「日本的繪畫」所準備的數幅畫作中，挑選了這幅莫內已珍藏15年的作品帶回日本。

莫內是誰？
活躍於19～20世紀的法國畫家，為印象派的代表人物。有「光影畫家」的別稱，擅長從時間、季節的遷移捕捉光影和色彩的細微變化。

兩位關鍵人物

創設者
大原孫三郎
明治13（1880）～昭和18（1943）年
投入鉅額私人財產收集美術品的實業家，亦為當地企業倉敷紡績的社長，並從事許多社會服務事業。

廣蒐繪畫的畫家
兒島虎次郎
明治14（1881）～昭和4（1929）年
於美術學校在學期間得到大原孫三郎的資助前往歐洲留學，在個人的創作活動之餘也致力於收集作品。

大原美術館
★おおはらびじゅつかん

昭和5（1930）年開館，為日本第一間私設的西洋美術館。總共有4個展示館，豐富多元的收藏品以印象派西洋畫為中心，另外還有日本工藝、東亞和西亞的古美術等作品。

MAP 附錄23B-3
☎086-422-0005
🕐9:00～16:30（美術館商店～17:30）
休週一（逢假日則開館，夏季休假期間、10月無休）
¥入館費1300日圓　所倉敷市中央1-1-15
🚃JR倉敷站步行15分　Ｐ無

新展示棟2樓

受胎告知

埃爾·葛雷柯　製作 1590年左右~1603年

描繪大天使加百列向聖母瑪利亞告知她將孕育聖胎的瞬間，為強而有力、充滿神秘感的名作。

日本引以為傲的奇蹟畫作

兒島虎次郎在巴黎的畫廊看到此畫作，因金額過高無法馬上決定，因此向大原孫三郎發出「請寄錢來」的電報。60天後收到「買葛雷柯，我會匯錢」的回覆，終於順利買下畫作。

埃爾·葛雷柯是誰?

16世紀活躍於西班牙的畫家。作品長年以來並不受寵，直到其嶄新的手法受到畢卡索等多位前衛畫家重新評價，才重新在美術史上留名。

TOPICS

原田舞葉 著
於《畫布下的樂園》中登場!

環繞巨匠亨利·盧梭名作《夢》的近代西洋美術推理小說，從畫作中找出盧梭與畢卡索隱藏一生的秘密。小說中的日本人研究員早川織繪就是任職於大原美術館的監視員。本書於2012年入圍第147屆直木獎，並榮獲第25屆山本周五郎獎。

新潮社刊

幻想　夏凡諾

巴黎郊外　亨利·盧梭

書中還出現了這些名畫

這裡也很吸睛!

中庭
挑高的開放空間內備有椅子，可以坐下來小歇片刻。

古典圓窗
位於本館2樓後方的圓窗，窗外就能望見大原家住宅。

本館2樓

All Things Return to the Death, but God's Love Creates Again

萊昂·弗雷德里克　製作 1893~1918年

以基督教的故事為題材、耗時25年才繪製完成的7幅宗教畫，能見到教堂、十字架、善惡天秤等各種象徵物的細部描繪。

本館設計的關鍵

在展覽會中見到本畫作的兒島虎次郎認為「這幅將會是萊昂·弗雷德里克的代表作」，因此造訪畫家的工作室並直接買下。美術館設計之際，據說就是以該作品來決定建築物的寬幅。

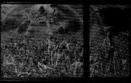

本館1樓

髮

艾德蒙亞蒙·尚　製作 1912年左右

在擺設整齊的房間內有兩位女性正在梳妝打扮。優美的色彩、充滿臨場感的描繪手法等，都對當時的日本畫家帶來廣大影響。

本館2樓

Land of Sensuous Pleasure

高更　製作 1892年

以大溪地的年輕妻子為模特兒所繪製的夏娃，象徵其對原始生活的嚮往。畫中以花朵代表禁忌的果實，引誘夏娃的蛇則以蜥蜴替代。

大原美術館的基石

於同一時期收集了高更、米勒、羅丹等諸多名作，10年內共買進近100幅的繪畫，如今都成了價值連城的不朽逸作。

高更是誰?

曾經是一位成功的股票經紀人，30歲之後才改行當畫家。往來於法國和大溪地並創作出多幅色彩鮮艷的作品，但在生前外界對於他身為一名畫家的評價並不高。

收藏作品第1號

明治45(1912)年兒島虎次郎結束5年的留歐生活欲返國之際，寫信給大原孫三郎希望能購買本畫作。隔年在東京公開此作品時得到廣大的迴響，也促成了之後展開收藏作品的活動。

工藝‧東洋館

由米倉改建的獨特展示室

分別為將活躍於民藝運動的6位藝術家作品分區展示的工藝館，以及陳列著東亞古美術的東洋館。

鑑賞時間約 **30分鐘**

工藝館
二菩薩釋迦十大弟子板畫柵

棟方志功 製作 昭和14（1939）年

為昭和31（1956）年獲得威尼斯雙年展最大獎殊榮的傑作，從此被譽為「世界的巨匠棟方」。

工藝館
青釉黑流大皿

濱田庄司 製作 昭和31（1956）年

透過釉藥呈現出豪邁的裝飾圖案，以手動轆轤完成直徑長達54.8cm的大盤也很引人目光。

芹澤銈介是誰？
不僅身兼染色家，還跨及書籍裝幀、建築等諸多領域的設計師。也受到海外的高度評價，曾獲選為文化功勞者。

東洋館
一光三尊佛像

作者不詳
製作 386～534年左右

高2.5m的石佛，中央為本尊、左右兩側是菩薩。屬於中國北魏時期的作品，已被列為重要文化財。

工藝館
風字麻地型染暖簾

芹澤銈介 製作 昭和52（1977）年

簡單卻讓人印象深刻的暖簾，能一窺擅長文字設計的藝術家特質。

TOPICS
出自芹澤銈介之手的建築藝術

改裝自大原家米倉的建物內，每位藝術家都有各自獨立的展示空間。從牆壁、窗戶、地板到展示櫃皆納入藝術家的個人特色，每一間的設計風格都各異其趣。

○禁止入內但拍照OK的中庭

↑行走時會聽到啵咕啵咕聲音的木磚地板 　↑看似電扶梯的樓梯扶手 　↑由芹澤銈介所設計的中庭桌椅組 　↑倉敷玻璃職人小谷真三的彩繪玻璃作品

○池面上有從莫內自宅庭園分株過來的睡蓮

分館

從近現代的日本西洋畫到最新作品

展示日本西洋畫與最新的現代藝術，感受大原美術館隨著時代遷移持續進化的歷史軌跡。

鑑賞時間約 **30分鐘**

分館
外房風景

安井曾太郎
製作 昭和6（1931）年

描繪從房總半島旅館眺望的景色，是用色明亮、對比鮮明的傑作。

關根正二是誰？
福島出身的畫家，以色彩豐富的風格見長。即便疾病、幻覺纏身依舊持續創作活動，但年僅20歲就離世。

分館
信仰的悲哀

關根正二 製作 大正7（1918）年

19歲時所繪製的代表作，為大原美術館所有展示藝術家中年紀最輕者。已列為重要文化財。

這裡也很吸睛！

地下展示室
展示在企畫展中介紹的當紅藝術家作品等。

新溪園
建於明治時代，原本是大原家的別墅和庭園。設有涼亭，可供休息。

↑裝飾著羅丹《步行者》等雕刻作品的前庭

2017年 12月27日 閉館

自2018年起，兒島虎次郎作品和東方藝術作品將移至大原美術館展示。

\可持共通參觀券入場的別館/
兒島虎次郎紀念館

鑑賞時間約 **30分鐘**

兒島虎次郎室
睡著的小模特兒

兒島虎次郎
製作
明治45(1912)年

以第一名畢業於根特皇家美術學院該年所完成的作品。

兒島虎次郎室
自畫像

兒島虎次郎
製作 大正11(1922)年左右

兒島虎次郎約40歲時的自畫像，也在同一年簽下了收購葛雷柯《受胎告知》畫作的臨時契約。

東方藝術室
愛西絲女神 或 奈芙緹絲像

作者不詳
製作 紀元前

從衣襟、腳踝、腳底台座的纖細紋樣，可一窺埃及裝飾的傳統特色。

兒島虎次郎紀念館
★こじまとらじろうきねんかん

由倉敷紡績的工廠倉庫改裝而成，是大原美術館的第4間展示室。展示兒島虎次郎的代表作，以及他所收集的古美術作品。

MAP 附錄22D-3 | 休準同大原美術館 | 所倉敷市本町7-2 | 交JR倉敷站步行20分 | P請利用倉敷IVY SQUARE停車場

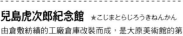

入館前先 **CHECK!**
大原美術館ＭＡＰ

腹地內有3座展示棟、倉敷IVY SQUARE內有1座展示棟，建議事先確認各設施的位置分配圖，也可多加利用免費的行李寄放處和休憩空間。沒有進入參觀的場館，只需出示票券翌日之後仍可入館。

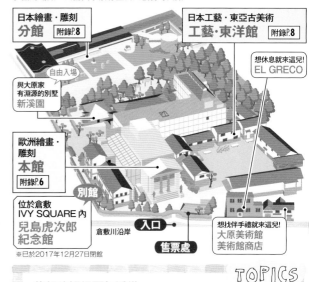

日本繪畫・雕刻
分館 附錄P.8

自由入場

日本工藝・東亞古美術
工藝・東洋館 附錄P.8

想休息就來這兒！
EL GRECO

與大原家有淵源的別墅
新溪園

歐洲繪畫・雕刻
本館 附錄P.6

別館
位於倉敷IVY SQUARE內
兒島虎次郎紀念館
※已於2017年12月27日閉館

想找伴手禮就來這兒！
大原美術館 美術館商店

倉敷川沿岸 | 入口 | 售票處

若想瞭解得更加透徹

能聽取美術館和作品相關故事插曲的導覽行程也很豐富。

藝廊導覽
由學藝員負責解說美術館歷史和作品的導覽團。舉辦時間為每週日13:30～，所需約45～60分鐘。僅支付入館費就能參加。

語音導覽
能聆聽本館主要作品的詳細解說，租借費1台500日圓。

對話型鑑賞團「Friendly Talk」
跟著美術館工作人員一起巡訪館內，在作品前分享感想邊聊尋找出自己喜歡的作品。舉辦時間為週六13:30～和週日11:00～，所需約30～60分鐘。費用只需支付入館費。

TOPICS

鑑賞後的樂趣♪
美術館咖啡廳＆商店

參觀完美術館後，不妨到商店挑選紀念品或是在咖啡廳小憩片刻，繼續沉浸在鑑賞作品的餘韻中。

↑初夏時節常春藤爬滿整面牆的模樣

↑咖啡＋生起司蛋糕的人氣餐點組合

能享受名畫風采的咖啡廳
EL GRECO

「讓美術館的來訪者品嚐美味的咖啡」，在大原孫三郎長男總一郎的提案下打造而成的咖啡廳。於挑高天井、櫸木桌椅等復古風情的空間內，能享用咖啡540日圓等品項。

MAP 附錄23B-2
☎086-422-0297
| 10:00～17:00 | 休週一(逢假日則營業) | 倉敷市中央1-1-11 | 交JR倉敷站步行15分 | P無

↑裝飾著葛雷柯作品的復古空間

琳瑯滿目的出色原創商品
大原美術館 美術館商店

以大原美術館收藏作品為題材設計的原創商品羅列。除了明信片之類的基本款外，還有這裡才買得到的獨特商品。商店面朝街道，即使沒有進入美術館參觀也能入店。

MAP 附錄23B-2

藝術印章
各900日圓
附對話框的印章，以高更、莫迪里亞尼、岸田劉生的作品為設計主題。

特製餅乾(16片裝)
1620日圓
食用完畢後還能留存利用的名畫書籍造型罐裝餅乾，蜂蜜口味、咖啡歐蕾口味各有8片。

手巾(天鵝)
1296日圓
繪有本館的圓窗、工藝館棟方志功窗的葫蘆窗和倉敷川的天鵝等圖案，提供粉紅色、綠色、藍色三種顏色。

特調茶包(10袋裝) 823日圓
大原美術館的原創設計包裝盒內，裝著新見市紅茶農園的濃郁香氣紅茶「Early Morning」

紙膠帶
324日圓～
印上美術館本館建物、圓窗和席涅克的點描畫等主題的圓點圖案。

※作品可能會因外借或展示替換而無法觀賞。此外，由於兒島虎次郎紀念館已經閉館，展示場所也可能會有所變動，敬請予以諒解。

本町通的 倉敷雜貨 巡禮

本町通上有許多倉敷在地創作者的作品，以及將傳統工藝注入新元素的設計商品。可在町家建築櫛比鱗次、滿溢江戶風情的氛圍中，盡情享受逛街的樂趣。

林源十郎商店

●はやしげんじゅうろうしょうてん
📍倉敷市阿知2-23-10
🚃JR倉敷站步行10分
🅿無

MAP 附錄23B-1

腹地MAP

```
HEART MADE BASE
inBlue          CONO foresta
                rosha deux
┌──────┐  ┌──────┐
│ 倉庫 │  │ 別棟 │     ── 三宅商店カフェ工房 3F
└──────┘  └──────┘     ── 林源十郎商店記念室 2F
          ┌────────┐    ── 生活デザインミュージアム倉敷
          │  主棟  │        ミュージアムショップ 2F
          └────────┘    ── 生活デザインミュージアム倉敷
   本館                      ミュージアムカフェ 2F
   ┌──┐                  ── 倉敷意匠アチブランチ 1F
   │本館│
   └──┘
══════════════
   本通
Café Gewa 1F
```

出自設計師和職人之手妝點日常生活的各式商品

「トラネコボンボン」的
琺瑯便當盒
S 4320日圓

陶藝家
Nishio Yuki的陶製人偶
穿長靴的貓
2376日圓

本館1F

倉敷意匠
アチブランチ

★くらしきいしょうアチブランチ

為根據地設在倉敷、創業約30年的生活雜貨製造商「倉敷意匠計畫室」的直營店。以從事手工創作的年輕設計師與職人合作開發的作品為主，總共收集了近2000件品項。

📞086-441-7710
🕙10:00～18:00 休週一（逢假日則翌日休、展示替換期間公休）

倉敷意匠アチブランチ
店舖限定商品
「おるがん社」Nishio Yuki設計的
桃太郎紙膠帶
291日圓

定期舉辦企畫展與工作坊

每個月會在藝廊推出企畫展，並利用商店後方空間舉辦創作者的講座和工作坊。

CHECK

●照片中是曾舉辦過的在企畫展，有時人氣商品在首週就會售罄。

型染設計師雙人組「kata kata」的
印判手小盤（美洲野牛）
1080日圓

「点と線模樣製作所」的
雙層紗手帕
972日圓

「点と線模樣製作所」的
刺繡提袋（紫陽花）
各2808日圓

⬆設在本館2F的林源十郎商店紀念室

北歐雜貨齊聚的生活設計商店

「食衣住」齊聚
林源十

位於本町通上的設計市集。以擁有350年歷史的藥材批發商林源十郎商店所興建的本館為中心，將主棟、別棟、倉庫重新改裝而成。目前腹地內有10家以「提供豐富生活」為主題的店舖進駐。

iittala的
Origo杯 0.05L
(綠色、紅色)
各2484日圓

三宅商店カフェ工房的
手作果醬
(左)大・倉敷産
草莓×奇異果
1026日圓

(右)小・岡山縣産
白桃
540日圓

KLIPPAN×minä perhonen的
棉毯
迷你尺寸 10800日圓

膠帶台
(CHOCO ウォルナット)
2808日圓
由Famo.DESIGN STUDIO
設計的三宅商店原創商品

koji 100 (贈禮用)
972日圓
與倉敷十八盛酒造
合作推出的甜酒

倉敷印章紙膠帶
各302日圓
橡皮擦印章設計師holic的
獨創圖案

本館2F

生活デザインミュージアム倉敷
ミュージアムショップ

★せいかつデザインミュージアムくらしきミュージアムショップ

蒐集「ARABIA」「iittala」等北歐品牌的餐具、嚕嚕米周邊商品之類的生活雜貨，還有倉敷的特產品以及與當地企業合作推出的品項。

☎086-423-6080
🕙10:00～18:00　休週一(逢假日則翌日休)

⬆重建於昭和9 (1934)年的本館

在腹地內小憩片刻♪
享用午餐＆咖啡的場所

⬆前菜、披薩or義大利麵、飲料的午餐組合1500日圓～

主棟

能眺望中庭邊品嘗拿坡里披薩
CONO foresta
★コノフォレスタ

☎086-423-6021
🕙8:30～11:00、11:30～18:00(週五～日、假日～21:00)　休週一(逢假日則翌日休)

⬆倉敷浪漫法國吐司950日圓

本館2F

親身體驗北歐家具、器皿的使用舒適度
生活デザインミュージアム倉敷
ミュージアムカフェ
★せいかつデザインミュージアムくらしきミュージアムカフェ

☎086-423-6080(生活デザインミュージアム)
🕙10:00～17:30　休週一(逢假日則翌日休)

2017年9月
OPEN!

主棟

⬆14KGF
卡倫銀耳環
各7020日圓

簡約優雅的珠寶飾品
rosha deux
★ロシャドゥ

本町通上人氣珠寶店「呂舍」的2號店。耳環、項鍊等商品設計精緻，映照出店內的古典氛圍。

☎086-442-8156
🕙10:00～18:00　休週一(逢假日則翌日休)

在充滿風情的街道上邊走邊逛

mt ex 金魚
15mm×10m 172日圓

清涼感十足的金魚悠遊圖案

圓形三角形正方形(粉紅色)
15mm×10m 140日圓

繽紛的幾何圖案
讓人印象深刻

倉敷町家製作委員會
町家紙膠帶
24mm×10m 432日圓

可成為美觀地區的旅遊回憶

企鵝紙氣球
170日圓

傻裡傻氣的表情十分可愛

擁有500多款的紙膠帶&
可愛復古雜貨
如竹堂
★にょちくどう

佔據賣場大半空間的紙膠帶種類
全國首屈一指,便箋、紙氣球之
類的懷舊雜貨也很引人目光。還
提供製作原創紙袋、團扇的裝飾
體驗。

MAP 附錄22F-2

📞086-422-2666
🕙10:00~17:30 休無休
📍倉敷市本町14-5
🚃JR倉敷站步行20分 🅿無

兼具古風與機能性的圍裙
Ray store
★レイストア

搜羅各式高品味商品的概念店,
有以圍裙為主力產品的品牌
「NAPRON」、與當地企業共
同開發的品項、海內外的優質雜
貨等。

MAP 附錄23C-2

📞086-424-0038
🕙10:00~18:00 休週一
📍倉敷市本町3-8
🚃JR倉敷站步行15分 🅿無

THE NAPRON
LUMBER CO.

LUMBER BIB APRON (YELLOW)
7020日圓

以歐洲的工作圍裙為
設計靈感

埠頭遺跡
●ふなつきばあと
遺保留著古時的埠頭,可得知這
裡曾經是海域。

地圖:
阿智神社
林源十郎商店
Kurashiki Craft Work Village
鶴形山公園
埠頭遺跡
藝文庫
吉井旅館
高田屋
バイストン美觀地區店
標立製帽所/倉敷本町支所
Ray store
三宅宅商店街
町家喫茶
平翠軒
本町通
紡tsumugu
如竹堂

麻花圖案針織帽
IND中色
7020日圓

使用柔軟舒適的特製針織

以靛藍染色紗線織成
漸層靛藍染色
蜂巢織紋圍巾
15984日圓

收集各種靛藍染色製品
的針織圍巾店
紡tsumugu
★つむぐ

靛藍染色製品的專門店。以
從一根紗線開始編織的藍色
針織圍巾為中心,另外還有
棉質、麻質布料的開襟毛衣
和小物等商品。

MAP 附錄22E-2

📞086-436-6022
🕙11:00~17:00 休不定休
📍倉敷市本町10-3 🚃JR倉敷
站步行15分 🅿無

質地堅固廣受愛用的
倉敷帆布包
バイストン
美觀地區店
★バイストンびかんちくてん

兒島織品老店的直營店。
以天然素材帆布製成的包
包、小物等商品羅列,強
韌度、耐久性、透氣性俱
佳,使用越久越有味道。

MAP 附錄22D-2

📞086-435-3553
🕙10:00~18:00 休無休
📍倉敷市本町11-33
🚃JR倉敷站步行15分
🅿無

橫式布邊托特包(中)
7020日圓

與設計師太治將典
合作推出的產品

倉敷帆布是什麼?
帆布屬於厚質耐用的平織布
料,明治時代後多做為卡車頂
篷、帳篷等產業用素材。其中
作工精細又高品質、被稱為
「一級帆布」的倉敷帆布,約
佔日本總生產量的七成左右。

6SHiKi
郵差包(M)
16200日圓

以顏色鮮明和
仿舊加工處理為特色

設有側邊使用方便
基帆船型筆袋(小)
1080日圓

以Made in倉敷的手工製品為主題的複合設施

2017年3月 OPEN!

☞改裝自屋齡近180年的兩層樓木造古民家

Kurashiki Craft Work Village

腹地內有縣產帆布、丹寧製品之類與倉敷工藝有關的5家店鋪進駐，2樓另設有品嘗正統抹茶的茶室和藝廊。有的店鋪還附設能觀賞製作過程的工房、舉辦工作坊的活動，可實地感受手工製品的魅力。

MAP 附錄22D-2
☎086-697-6515（くらし 器 てぬぐい Gocha）
◷10:00~18:00（全店鋪共通）
休週四（全店鋪共通）　所倉敷市本町1-30
ℝJR倉敷站步行15分　P無

倉敷散步
1296日圓
描繪漫步倉敷街道模樣的熱銷商品

桃
1296日圓
最適合當岡山伴手禮的可愛水蜜桃圖案

以倉敷和岡山為主題款式眾多的時尚圖案手巾

くらし 器 てぬぐい Gocha
★くらしうつわてぬぐいゴチャ

店內陳列著原創手巾、設計師作品、品牌商品等琳瑯滿目的手巾，隨時備有200種類以上。也有販售器皿和日本茶。
☎086-697-6515

Splash colors shirts
1800日圓
白底襯衫搭配五顏六色的潑墨圖案

訂製專屬於自己的原創倉敷帆布包

CRAFT WORK inc.
★クラフトワークインク

使用帆布製作的包包和小袋子、絹印T恤等商品羅列，也提供包包的半客製化服務。
☎086-489-0989

包身與提手共有9款顏色可以任選

帆布托特包
S+（左）8505日圓
M（右）9180日圓

耀眼奪目的纖細花紋引人目光

aun
★アウン

為玻璃藝術家江田明裕的工房兼店面。運用「熱塑加工」的技法，製作、販賣玻璃筆和飾品。
☎086-489-0988

玻璃墜飾
「閃爍」（左）
「雪花」（右）
各8640日圓
以大自然的幾何模樣為特徵

玻璃筆（大理石花紋）
7560日圓
滑順好寫又攜帶方便

越用越有質感的井原產丹寧布

BLUE TRICK
★ブルートリック

能買到將藍色加以變化、融合各種加工技法的牛仔褲和襯衫等商品，獨創性十足。
☎086-489-0994

拼布丹寧背心
14904日圓
使用提花布料製成

托特包
5292日圓
休閒風格的丹寧包也很適合買給自己當禮物

兼具流行性與機能性的產品

eritto store
★エリットストア

創業已55年餘的帽子製造商直營店，以「禮物、旅行、壁櫥」為設計概念。也有推出時尚漂亮的圍裙商品。
☎086-489-0987

亞麻圍裙
14040日圓
100%亞麻布製成的圍裙

含羞草帽
14040日圓
可折疊縮小放入背包內的紙帽

先貼著就很可愛♪

雜貨控女孩的必買清單
倉敷紙膠帶圖鑑

以mt品牌聞名的鴨井加工紙總社所在地的倉敷，正是紙膠帶的發祥地。美觀地區有好幾家販售各式各樣紙膠帶的店，找找看有沒有自己中意的款式花樣吧。

mt

複數條紋
（粉彩色）
15mm×10m 140日圓
無論從哪裡裁切都很可愛的mt基本款

mt ex baby animals
18mm×10m 194日圓
討喜的動物寶寶圖案令人心動

倉敷町家製作委員會

水蜜桃紙膠帶（桃色）
20mm×10m 383日圓
粉紅色的水蜜桃十分可愛有時還會發現葡萄

貓咪紙膠帶
24mm×10m 432日圓
每一隻手繪貓咪都有自己的名字

倉敷意匠計畫室

時髦的人
15mm×15m 205日圓
「夜長堂」設計象徵古老美好時代的圖案

牧場（紫羅蘭）
20mm×10m 259日圓
由「みはに工房」設計擁有療癒表情的動物圖案

這裡買得到!

倉敷No.1的紙膠帶專門店
如竹堂
★にょちくどう
LINK 附錄 P.12

「倉敷意匠計畫室」的直營店
倉敷意匠 アチブランチ
★くらしきいしょうアチブランチ
LINK 附錄 P.10

人氣紙膠帶大集合
生活デザイン ミュージアム倉敷 ミュージアムショップ
★せいかつデザインミュージアム くらしきミュージアムショップ
LINK 附錄 P.11

※商品款式與價格視店鋪而異

茶碗蒸

茄子紅鱸魚

飛龍頭

南蠻漬

鮪魚豆腐皮

在充滿倉敷風情的町家旅館
享用色彩繽紛的美味御膳

四季散步道御膳
（限定50份）1998日圓
有生魚片、烤物、炸物等
12道小鉢料理（餐點內容
視季節而異）

將屋齡250多年的
砂糖批發店的
主屋和米倉
改造成旅館利用

旅館くらしきレストラン

★りょかんくらしきレストラン

位於旅館くらしき（→本書P.24）一
角的餐廳。能品嘗季節感十足的午餐，
非住宿客也可利用。可預約的時段僅限
開店後的11時，最遲須於前一天預約。

MAP 附錄23C-3

☎086-422-0730
（旅館くらしき）

🕐11:00～14:00（週六日、
假日～17:00，午餐～
14:00）　㊡週一（逢假日
則營業）　所倉敷市本町
4-1 旅館くらしき內　🚃JR
倉敷站步行15分　P無

42席
可預約

Menu
旅館くらしき御膳…2700日圓
花咲散壽司…1836日圓

和食

⇦面朝庭園的桌席

⇦從餐廳望出去
的和風庭園

享受瀨戶內海的食材與優雅的空間

在町家&倉庫安靜享用午餐

⇦2樓的下嵌式座位

有許多使用近海魚和倉敷產蔬菜的地產地銷佳餚。
可於充滿歷史氣息、風情濃郁的空間，
盡情享受倉敷在地料理的好滋味。

松花堂便當
（數量限定）1300日圓
包含生魚片、炸物、煮
物等菜色（餐點內容視季
節而異）

桜草 ★さくらそう

選用當地的新鮮海味和蔬菜，費時費工烹調製成的料理有
口皆碑。設有吧檯座，一個人也能輕鬆入內。晚餐提供宴
席料理3500日圓～10000日圓（6000日圓以上為預
約制）和單品料理，可搭配當地酒或葡萄酒一起享用。

將原本
約200年屋齡
的商家
改造翻新

MAP 附錄23C-2

晚上也有營業

☎086-426-5010

🕐11:30～13:30、17:30
～21:30　㊡週一（每月有
1次週日公休）　所倉敷市
本町3-11　🚃JR倉敷站步
行15分　P無

70席
可預約

Menu
櫻草御膳…1600日圓
星鰻天麩羅重箱御膳
…1600日圓

大啖瀨戶內的
海鮮與季節食材

天麩羅蒸籠蕎麥麵
1240日圓
由第二代店主所設計的人氣
菜色，麵上有2尾炸蝦天麩羅

あずみ

大原家大力推薦的手打蕎麥麵

約50年前由大原總一郎從長野請來倉敷開店的信州蕎麥麵店。使用特別配方比例的信州蕎麥粉，以江戶時代傳承至今的手打手法製作出香氣馥郁的蕎麥麵。

MAP 附錄23B-2

晚上也有營業

☎086-422-8970
🕐11:00〜19:30（週三11:30〜18:30，售完打烊）
休週一（逢假日則翌日休）
所倉敷市中央1-1-8
🚃JR倉敷站步行15分 P無

46席
可預約

改裝自江戶時代興建的三軒茶屋，天井的梁柱還維持當時的原樣

Menu
山藥蕎麥麵…1030日圓
天麩羅蕎麥麵…1910日圓

在時尚古民家品嘗當地產地銷的南義料理

はしまや午餐
1800日圓
套餐包含前菜、湯品、有3種口味可以任選的義大利麵和天然酵母麵包

TRATTORIA はしまや

★トラットリアはしまや

由曾赴蘆屋、神戶的名店習藝的店主負責掌廚。新潮摩登的室內裝潢搭配和風建築的外觀，營造出和諧舒適的空間。因為是高人氣店家，建議事先預約。

MAP 附錄22F-2

晚上也有營業

☎086-697-5767
🕐11:30〜13:30、18:00〜21:30
休週二（逢假日則翌日休）
所倉敷市東町2-4
🚃JR倉敷站步行20分 P無

25席
可預約

Menu
主廚推薦午餐…1800日圓
はしまや午間特餐…4000日圓

天井挑高、開放感十足的店內

將屋齡已逾百年的和服店重新改造，保留原本的梁柱並呈現出時尚風格

裝滿倉敷食材的在地拉麵

倉敷らーめん 升家

★くらしきラーメンますや

使用嚴選倉敷產食材的拉麵店。配料有以當地出產的「老虎醬油」調味的糖心蛋、極粗筍乾和自家製叉燒，能品嘗滿滿的倉敷美味。

MAP 附錄23A-1   **晚上也有營業**

☎086-427-5225
🕐11:00〜14:30、17:00〜23:00
休週三
所倉敷市阿知2-22-3-2 奈良萬の小路内
🚃JR倉敷站步行10分 P無

17席

倉敷小魚乾拉麵
700日圓
使用瀨戶內魚乾和當地生產的醬油，味道十分濃郁

位於由江戶時代老字號旅館改造再生的設施「奈良萬の小路」內

Menu
拉麵午餐（限定30份）…880日圓〜
升家炒飯…500日圓

倉敷名物套餐 1000日圓
濃湯烏龍麵與借飯壽司（若無則以鯖魚壽司代替）的搭配組合

口耳相傳的當地人氣手打烏龍麵

おおにし

由家族經營的手打烏龍麵店。以古法製成的麵條，口感富含嚼勁。人氣招牌濃湯烏龍麵的高湯和麵條皆提供冷、熱兩種選擇，可憑自己喜好享用。

MAP 附錄23C-4

☎086-422-8134
🕐10:00〜16:00
（週六日、假日〜17:00）
休不定休
所倉敷市本町5-29
🚃JR倉敷站步行15分 P無

34席

Menu
山藥泥烏龍冷麵…850日圓
綜合烏龍麵…1000日圓

改裝自江戶時代興建的長屋，與左右的店鋪相連

在大橋家住宅的倉庫享用優雅的法國菜

主廚推薦午餐
2160日圓
有季節蔬菜濃湯、主菜等全部共7道，每個月會更換菜色

八間蔵 ★はちけんぐら

在大橋家住宅（→本書P.22）的倉庫改裝成的時尚空間內，能吃到使用瀨戶內產食材烹調的道地法國菜。由於建物的縱深達8間（約14.5m），因此取名為八間蔵。

MAP 29B-3   50席 可預約

晚上也有營業

☎086-423-2122
（倉敷皇家藝術酒店）
🕐11:30〜13:30、17:30〜20:30
休無休
所倉敷市阿知3-21-19 倉敷皇家藝術酒店1F
🚃JR倉敷站步行10分 P免費

Menu
蔵午餐（僅平日供應）…1620日圓
蔵牛排午餐…3240日圓

由屋齡約220年的大橋家住宅的米倉改裝而成、擁有美麗的海鼠牆

復古又時尚♪

造訪倉敷風格的咖啡廳

倉敷美觀地區有多家由古老町家或倉庫改裝而成的咖啡廳。可於別具韻味的空間內，品嘗使用岡山水果製作的甜點、招牌飲品享受悠閒時光。

人氣No.1

本店
草莓聖代 1620日圓
(11月下旬~6月中旬)
鋪上大量草莓的華麗聖代，酸酸甜甜的草莓與牛奶義式冰淇淋很搭。

本店
洋梨聖代 1296日圓
(9月上旬~2月下旬)
以洋梨獨特的綿密口感與芳醇香氣為特色。能品嘗當令西洋梨的美味，感受秋天的氣息。

本店
白桃聖代 1350日圓
(7月中旬~9月中旬)
使用一整顆以上的岡山縣產白桃，能享受白桃的甘甜香氣與多汁、滑嫩的口感。

滿滿水果的甜點
令人垂涎三尺

大啖水果專賣店的
奢侈甜點

くらしき桃子
倉敷本店

★くらしきももこくらしきほんてん

咖啡廳＆伴手禮店的人氣商品，是以岡山縣產水果為主要食材的聖代。使用直接向生產者採買的高品質水果並提供各式各樣的口味，正是經營蔬果店才做得到的特色。聖代一年共推出20多種口味選項豐富，且店內隨時備有4種類以上。由屋齡150年的町家改裝而成的建物1樓為賣店，2樓則是寬敞的咖啡廳空間。

MAP 附錄23C-3
☎086-427-0007
🕐10:00~18:00（週日、假日~17:30，11~2月~17:00，L.O.閉店前30分鐘）
休無休 倉敷市本町4-1
JR倉敷站步行15分 P無
位於遊船搭乘處的附近

POINT
艾米爾‧加萊的
玻璃作品

玻璃工藝家艾米爾‧加萊「提供真正好物」的創作態度與くらしき桃子的商品理念完全吻合，因此店內展示著約14件艾米爾‧加萊的作品。

本店
完熟芒果聖代 2160日圓
(5月中旬~8月下旬)
選用甜味濃厚又入口即化的國產完熟芒果和芒果布丁，是愛吃芒果的人絕對無法抗拒的美味。

本店
葡萄聖代 1620日圓
(7月中旬~12月下旬)
一次享用可連皮吃的晴王麝香葡萄、酸甜平衡的比歐內葡萄等不同品種葡萄。

本店 **中央店**
無花果聖代 1404日圓
(9月上旬~11月上旬)
無花果層層堆疊的美麗聖代，甘甜無花果搭配濃郁的牛奶義式冰淇淋和鮮奶油，風味絕佳。

↑從2樓吧檯座能眺望倉敷川和中橋

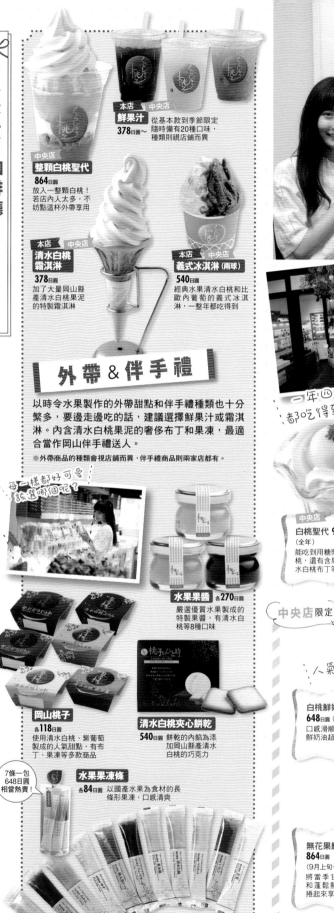

中央店
鮮果汁
378日圓~
從基本款到季節限定
隨時備有20種口味，
種類則視店鋪而異

中央店
整顆白桃聖代
864日圓
放入一整顆白桃！
若店內人太多，不
妨點這杯外帶享用

本店 **中央店**
清水白桃霜淇淋
378日圓
加了大量岡山縣
產清水白桃果泥
的特製霜淇淋

本店 **中央店**
義式冰淇淋（兩球）
540日圓
經典水果清水白桃和比
歐內葡萄的義式冰淇
淋，一整年都吃得到

外帶&伴手禮

以時令水果製作的外帶甜點和伴手禮種類也十分
繁多，要邊走邊吃的話，建議選擇鮮果汁或霜淇
淋。內含清水白桃果泥的奢侈布丁和果凍，最適
合當作岡山伴手禮送人。

※外帶商品的種類會視店鋪而異，伴手禮商品則兩家店都有。

每一樣都好可愛
該選哪個呢？

水果果醬
各270日圓
嚴選優質水果製成的
特製果醬，有清水白
桃等8種口味

岡山桃子
各118日圓
使用清水白桃、紫葡萄
製成的人氣甜點，有布
丁、果凍等多款商品

清水白桃夾心餅乾
540日圓 餅乾的內餡為添
加岡山縣產清水
白桃的巧克力

7條一包
648日圓
相當熱賣！

水果果凍條
各84日圓
以國產水果為食材的長
條形果凍，口感清爽

編輯協力：くらしき桃子 倉敷本店、倉敷中央店

くらしき桃子
倉敷中央店

★くらしきももこくらしきちゅうおうてん

位於美觀地區入口處的「くらしき桃
子」2號店。相對於以聖代為主力商
品的本店，這裡則是以可麗餅為主
軸。使用縣產arm黃金蛋與蒜山澤
西牛乳製作的0軟餅皮搭配甜度適中
的鮮奶油，更加凸顯出水果的鮮甜美
味。選用時令水果為食材的中央店限
定聖代，也是非吃不可的一品。

MAP 附錄23A-2
☎086-436-7111
🕙10:00~18:00（11~2月 ~17:00,
L.O.閉店前30分鐘）🈺無休
🚃倉敷市中央1-1-4 🚉JR倉敷站步行
10分 🅿無

POINT
藤田嗣治的繪畫
店後方的內食區展示了兩幅
藤田嗣治的畫作，與本店同
樣皆以「有美術作品的店」
為設計概念。

←店家正中央處
的巨大果樹相當
吸睛

一年四季，
都吃得到！

視覺效果絕佳！
豪邁地放上一整顆白桃

中央店 **白桃聖代 972日圓**
（全年）
能吃到用糖漿醃漬的清水白
桃，還有含果肉的果凍、清
水白桃布丁等的白桃饗宴。

中央店 **哈密瓜聖代 1080日圓**
（5月中旬~8月下旬）
下面放哈密瓜製成的果凍
和冰沙，上方則是滿滿的
哈密瓜塊。

中央店 **整顆白桃聖代 1350日圓**
（6月下旬~9月下旬）
將白桃去核挖空後，填入
鮮奶油和卡士達醬兩種奶
油。

中央店限定 當然不可錯過
可麗餅！

人氣超夯！

白桃鮮奶油
648日圓（全年）
口感滑順的白桃和
鮮奶油超級對味。

無花果鮮奶油
864日圓
（9月上旬~10月下旬）
將當季甘甜無花果
和蓬鬆鮮奶油一起
捲起來享用。

甘王雙份鮮奶油
864日圓
（2月上旬~5月中旬）
甘王草莓搭配滿滿的鮮
奶油，讓酸味與甜味達
到完美平衡。

POINT
中庭
擁有約400年歷史的日本庭園「古祿之庭」，夏天盛開的白色紫薇美不勝收！

← 位於倉敷老字號酒廠「森田酒造」的腹地內

POINT
前身為酒廠倉庫
由大正時代倉庫改裝而成的空間內，置有長約5m的糙葉樹原木桌以及玻璃作品、繪畫等擺飾

咖啡 300日圓
選用香氣濃郁的秘魯咖啡豆

想在**別具風情的空間裡**放鬆一下

繼承日用雜貨店的屋號風情獨具的町家咖啡廳

町家喫茶 三宅商店

★まちやきっさみやけしょうてん

以屋齡約150年的町家所改建的咖啡廳。除了水果聖代外，選用糙米飯的特製咖哩和自家製蛋糕也很受歡迎。

✆ 086-426-4600　MAP 附錄23C-2
🕐 11:30～17:30（視時期而異）　🈺 無休
🏠 倉敷市本町3-11　🚃 JR倉敷站步行15分　🅿 無

→ 還保有以前的看板

POINT
水果聖代
以岡山縣產白桃、葡萄等製成的季節名物，一年會更動8次食材的內容

Menu
★三宅咖哩飯
　…900日圓
★每日蛋糕套餐
　…800日圓

能眺望倉敷街道和庭園的藝廊咖啡廳

破"流知庵くらしき

★ばるちあんくらしき

位於食品選物店平翠軒（→附錄P.20）2樓的藝廊咖啡廳。菜單上只有飲料和冰淇淋，但可自由享用於平翠軒購買的食物。

MAP 附錄22D-2
✆ 086-427-1147（平翠軒）
🕐 10:00～17:00　🈺 週一
🏠 倉敷市本町8-8 平翠軒2F
🚃 JR倉敷站步行15分　🅿 免費

Menu
★血橙果汁…300日圓
★Gelateria Capri
　冰淇淋…300日圓

POINT
泥地&土牆
江戶時代後期町家風貌依舊的復古空間

由120年歷史的米倉改裝而成的懷舊空間

夢空間はしまや

★さろんはしまや

將國家重要文化財「楠戶家住宅」的米倉改造後利用的藝廊咖啡廳。店內陳列著倉敷當地藝術家的作品，還會不定期舉辦作品展、音樂會等活動。

はしまや下午茶
3500日圓（照片中為3人份）
以季節水果等餐點搭配葡萄酒的奢侈享受。2人以上可點餐，最遲須於2天前預約（一日限定3組）

MAP 附錄22F-1
✆ 086-451-1040
🕐 10:00～17:30　🈺 週二，會有不定休　🏠 倉敷市東町1-20　🚃 JR倉敷站步行20分　🅿 無

Menu
★抹茶（附和菓子）
　…550日圓
★手作蛋糕套餐
　…850日圓

POINT
原先為米倉
由米倉改造利用的空間，之前的所有者是創業於明治2（1869）年的はしまや吳服店

← 葡萄聖代（9月上旬～9月下旬）900日圓

← 蘋果聖代（11月上旬～12月下旬）900日圓

白桃冰沙聖代
（7月中旬～8月下旬）**900日圓**
優格風味的白桃冰沙搭配糖漬白桃和覆盆莓

→ 面朝中庭的咖啡廳入口

品嘗**人氣甜點和麵包**

↘經過店前就能聞到剛出爐的麵包

香氣四溢、滋味豐富的天然酵母麵包

Boulangerie & cafe mugi

★ブーランジェリーアンドカフェムギ

以嚴選小麥和天然酵母烘焙製成，有硬式麵包、裸麥麵包等豐富種類。2樓的咖啡廳也備有早餐和午餐菜單。

POINT
內用OK
可將1樓購買的麵包拿至2樓咖啡廳享用

↗開放感十足的2樓咖啡廳

↗小紅莓核桃麵包 248日圓

MAP 附錄23B-1

☎086-427-6388
🕐7:30～19:00 休無休
📍倉敷市阿知2-25-40
🚃JR倉敷站步行10分
🅿無

Menu
★拿鐵咖啡…700日圓
★本日午餐…1500日圓

↘法式藍絲可可頌 270日圓

麵包Menu
★紅豆粒餡麵包…140日圓
★全麥粉巧克力麵包…248日圓

↗司康（2個）390日圓

蜂蜜吐司　500日圓
熱騰騰的麵包再加上蜂蜜和香草冰淇淋

POINT
傳說中的幸福甜點
在享用布丁前，進行某個儀式就有可能得到幸福！

在古民家民宿品嘗知名排隊甜點

有鄰庵

★ゆうりんあん

將海內外遊客造訪的民宿交流空間改造成為咖啡廳。猶如起居室般的空間，散發出一股懷舊的溫馨氣氛。

幸福布丁　350日圓
使用蒜山牛乳、美星町雞蛋製成的可愛笑臉布丁

MAP 附錄23C-2

☎086-426-1180
🕐11:00～17:00（幸福布丁售完即打烊）休不定休
📍倉敷市本町2-15
🚃JR倉敷站步行15分 🅿無

↘奶凍 420日圓

↘改裝自屋齡超過百年的古民家

↗白桃果汁 600日圓

Menu
★清水白桃蘇打…650日圓
★黃韭醬油生蛋拌飯…650日圓

最適合漫步街道時利用的道地咖啡站

↘寫著「蒲鉾」的招牌十分醒目

YAMAU coffee stand

★ヤマウコーヒースタンド

原本是創業於明治45（1912）年的魚板老店，如今搖身一變成了咖啡站。能輕鬆享用味道溫和順口的咖啡。

MAP 附錄23C-3

☎090-2006-7886
🕐9:00～18:00（週五、六～21:00）休不定休
📍倉敷市本町5-4
🚃JR倉敷站步行15分
🅿無

Menu
★美式咖啡…380日圓
★抹茶拿鐵…480日圓

拿鐵咖啡 Hot/Ice 各430日圓
選用玉野市「31 coffee」的烘焙咖啡豆。將中烘焙的程度降低一些，讓苦味減少

POINT
由江戶時代町家改造而成的店內，備有店主親手製作的長椅可供內用客人使用

品味**特別的一杯**

在古物空間內品味一杯職人芳醇咖啡

倉敷珈琲館

★くらしきこーひーかん

能享用深烘焙咖啡豆的法蘭絨濾布手沖咖啡。店內只提供咖啡一項商品，亦即所謂的咖啡專門店。

POINT
45年不變的風味
自昭和46（1971）年開店以來就堅持只做自家烘焙

MAP 附錄23C-3

☎086-424-5516
🕐10:00～17:00 休無休
📍倉敷市本町4-1
🚃JR倉敷站步行15分 🅿無

Menu
★咖啡…570日圓～
★琥珀女王（10～6月）…780日圓

維也納咖啡　720日圓
搭配甜味鮮奶油享用的甜點風味咖啡

↗店內角落設有中庭營造出異國風情

美食

café BISCUIT

岡山縣民的人氣零食

★カフェビスキュイ

為昭和19（1944）年以來持續生產餅乾的老字號製菓廠「梶谷食品」的直營咖啡廳。除了享用咖啡外，也是挑選伴手禮的好地方。

MAP 附錄23C-4
☎086-427-5515
⏰8:00～18:00　休無休
🏠倉敷市本町5-27クラシキ庭苑內
🚃JR倉敷站步行15分　P無

梶谷食品的瓶裝手指餅
(150g)700日圓
風味歷久不變的香濃餅乾

村雀
(1個)140日圓
以可麗餅般的餅皮包裹北海道紅豆粒餡的點心

橘香堂 美觀地區店

倉敷名產村雀的發祥店

★きっこうどうびかんちくてん

設在倉敷美觀地區的和菓子店。自明治時代承襲至今的招牌商品「村雀」，是倉敷代表性的著名點心。現場提供製作體驗，年齡限制為小學生以上、身高120cm以上。

MAP 附錄23A-2
☎086-424-5725
⏰9:00～18:00（喫茶～17:30）　休無休
🏠倉敷市阿知2-22-13
🚃JR倉敷站步行10分　P無

樂趣十足的DIY體驗！
手烤村雀
在職人的指導下親手製作，並當場享用烤好的完成品。體驗時間10～16時。

費用	普通尺寸(3個)600日圓
時間	約5分鐘

倉敷名物伴手禮

當地人愛不釋口的著名點心、地酒等美食，手工製作、代代傳承下來的傳統工藝品都很適合買來當伴手禮。來看看有哪些連自己都想私藏的逸品吧。

爺爺婆婆
(菊池酒造、720mℓ)1580日圓
入喉清爽順暢的超辛口酒，為廣受歡迎的長壽之酒

桃酒 桃娘 (500mℓ)1390日圓
以白桃為原料製作的甘口酒，推薦加冰塊或蘇打水飲用

土手森

由倉敷的酒廠所釀造的地方酒

★どてもり

以江戶中期建物改裝而成的倉敷、岡山地酒專賣店。有水果酒、當地酒廠釀造的特製酒等，選擇性豐富多元。

MAP 附錄23C-3
☎086-423-1221
⏰9:00～18:00　休無休
🏠倉敷市本町5-31
🚃JR倉敷站步行15分　P無

倉敷上玄米茶
(100g)650日圓
蘊含糙米香氣與萊茶甘甜的調和風味

倉敷焙茶 (100g)750日圓
能品嘗茶葉原本的風味與香氣，也很適合做成奶茶

つねき茶舖 倉敷美觀地區店

倉敷獨創的日本茶

★つねきちゃほくらしきびかんちくてん

以稍微保留茶葉青綠色澤的「淺切煎」方式為特色的日本茶專門店，店頭還置有焙茶機現場製作販售。

MAP 附錄23C-2
☎086-422-1427
⏰10:00～18:00
休不定休
🏠倉敷市本町3-9
🚃JR倉敷站步行15分　P無

嚴選美食名店 平翠軒 的 推薦好物

第1名 酒宝 あかひら
(100g) **1944日圓**

將近海烏魚的卵巢放入森田酒造的純米酒粕醬醃漬，為該店特製的下酒菜。以克為單位計價。

第2名 滿滿西班牙伊比利豬肉的夢幻咖哩
1296日圓

選用口感圓潤、脂肪豐厚的豬肉，歷經無數次的試作才誕生的原創咖哩。

第3名 油漬烤牡蠣
1099日圓

瓶裝的瀨戶內產碩大牡蠣，海水的香氣會在口中散發開來。搭配義大利麵等佳肴都很對味。

平翠軒 ★へいすいけん

由美食家老闆從日本各地精選而來的食品，總計超過了1500種以上。2樓為咖啡廳「破"流知庵くらしき」(→附錄P.18)。

MAP 附錄22D-2
☎086-427-1147
⏰10:00～18:00
休週一
🏠倉敷市本町8-8
🚃JR倉敷站步行15分　P免費

←老闆 森田先生

倉敷玻璃的美麗造型令人醉心
サイドテラス

商店位於日本鄉土玩具館內的挑空中庭，外觀為整面的玻璃牆。陳列著餐具、花瓶之類的倉敷玻璃製品。

MAP 附錄23C-3
☎086-422-8058
（日本鄉土玩具館）
🕐10:00～18:00
休無休
所倉敷市中央1-4-16
日本鄉土玩具館內
🚃JR倉敷站步行15分
P無

小花瓶 5940日圓
以有「小谷藍」之稱，別具韻味的藍色為特徵

倉敷玻璃
出自倉敷玻璃藝術家小谷真三之手的口吹玻璃器皿，目前長男小谷榮次也以後繼者之姿活躍中。

民藝品

倉敷手毬
由倉敷民藝館的首任館長、民藝運動家外村吉之介負責教導推廣。先手工將棉線染色，再進行縫製。

倉敷手毬吊飾
各950日圓
施以可愛的刺繡花紋

琳瑯滿目的
倉敷在地民藝品
倉敷民藝館賣店

★くらしきみんげいかんばいてん

店家設在倉敷民藝館入口處的空間，擺滿著倉敷近郊製作的民藝品。可免費入店參觀。

MAP 附錄23C-3
☎086-422-1637
🕐9:00～16:45
（12～2月～16:00）
休週一
（逢假日則開館，8月無休）
所倉敷市中央1-4-11
倉敷民藝館內
🚃JR倉敷站步行15分
P無

花蓆
為藺草職人三宅松三郎的涼蓆作品，將藺草莖染色後編織成幾何圖案。目前已接班給第三代的當家三宅隆。

花蓆杯墊
5個一組 1700日圓
吸水性佳，顏色豐富多樣

世代傳承的手織技法
倉敷本染
手織研究所

★くらしきほんぞめておりけんきゅうじょ

從日本各地招募研修生學習製作倉敷椅墊、杯墊等藝品的工房，並於每年11月舉辦展示會。

MAP 附錄23C-3
☎086-422-1541
🕐10:00～16:00（需事前預約）
休不定休
所倉敷市本町4-20
🚃JR倉敷站步行15分
P無

倉敷椅墊
由外村吉之介所設計的椅墊，以毛線編織而成具有厚度、緩衝性佳。現任指導者為倉敷本染手織研究所的石上信房所長。

倉敷椅墊
各21600日圓
將160根毛線綑成一束，以純手工編織而成的倉敷椅墊

倉敷紙糊老虎玩偶
3號 10800日圓
4號 11448日圓
搖頭動作詼諧有趣，十分討喜

邂逅熟悉的懷舊玩具
日本鄉土玩具館

★にほんきょうどがんぐかん

展示從日本各地蒐集而來、涵蓋江戶時代至現代的5000件玩具，每一樣都具有豐富的鄉土色彩。腹地內的商店、藝廊、咖啡廳均可免費進入。

LINK 本書 P.23

倉敷紙糊玩偶
起源於倉敷人偶師生水多十郎所製作的紙糊老虎，如今是由第五代的生水洋次繼承家業。

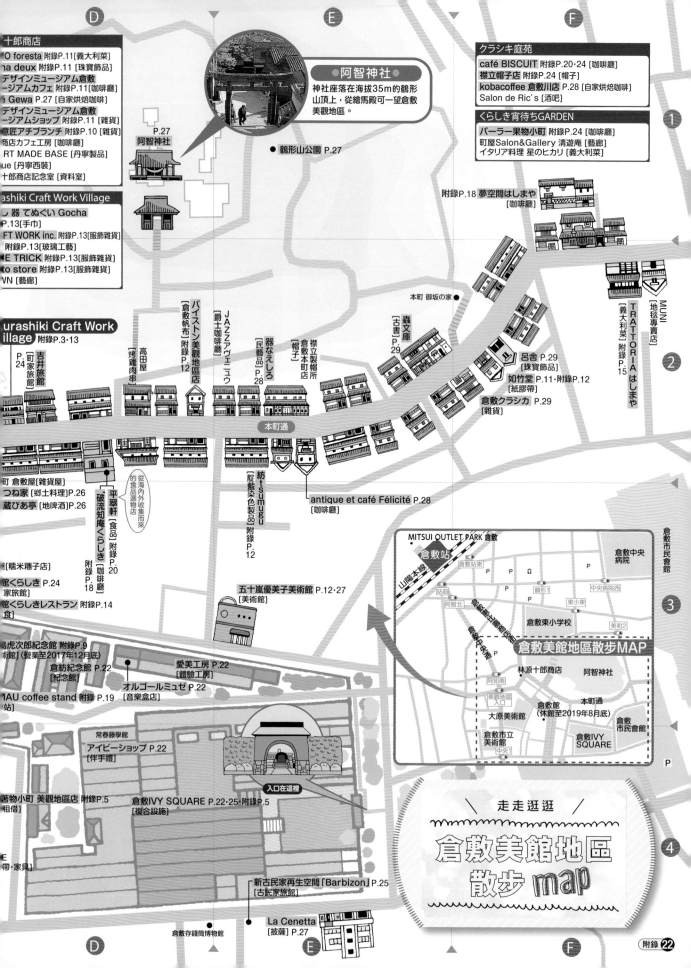

十郎商店
- ○ foresta 附錄P.11 [義大利菜]
- ha deux 附錄P.11 [珠寶飾品]

デザインミュージアム倉敷
- ージアムカフェ 附錄P.11 [咖啡廳]
- ○ Gewa P.27 [自家烘焙咖啡]

デザインミュージアム倉敷
- ージアムショップ 附錄P.11 [雜貨]
- 意匠アチブランチ 附錄P.10 [雜貨]
- 商店カフェ工房 [咖啡廳]
- RT MADE BASE [丹寧製品]
- ue [丹寧西裝]
- 十郎商店記念室 [資料室]

ashiki Craft Work Village
- し 器 てぬぐい Gocha P.13 [手巾]
- FT WORK inc. 附錄P.13 [服飾雜貨]
- 附錄P.13 [玻璃工藝]
- E TRICK 附錄P.13 [服飾雜貨]
- to store 附錄P.13 [服飾雜貨]
- VN [藝廊]

● 阿智神社
神社座落在海拔35m的鶴形山頂上，從繪馬殿可一望倉敷美觀地區。

P.27 阿智神社

● 鶴形山公園 P.27

クラシキ庭苑
- café BISCUIT 附錄P.20·24 [咖啡廳]
- 襟立帽子店 附錄P.24 [帽子]
- kobacoffee 倉敷川店 P.28 [自家烘焙咖啡]
- Salon de Ric's [酒吧]

くらしき宵待ちGARDEN
- パーラー果物小町 附錄P.24 [咖啡廳]
- 町屋Salon&Gallery 清遊庵 [藝廊]
- イタリア料理 星のヒカリ [義大利菜]

附錄P.18 夢空間はしまや [咖啡廳]

本町 御坂の家 ●

MUNI [地毯專賣店]

TRATTORIA はしまや [義大利菜] 附錄P.15

urashiki Craft Work illage 附錄P.3·13

P.24 [町家旅館] 吉井旅館

バイストン美觀地區店 [倉敷帆布] 附錄P.12

JAZZアヴェニュウ [爵士咖啡廳]

器なえしろ [民藝品] P.28

襟立製帽所 倉敷本町店 [帽子]

蟲文庫 [古書] P.29

高田屋 [烤雞肉串]

呂舍 P.29

如竹堂 P.11·附錄P.12 [紙膠帶]

倉敷クラシカ P.29 [雜貨]

本町通

antique et café Félicité P.28 [咖啡廳]

紡 i-sumugu [靛藍染色製品] 附錄P.12

町 倉敷屋 [雜貨屋]

つね家 [郷土料理] P.26

蔵びあ亭 [地啤酒] P.26

破流知庵くらしき [食品] 附錄P.20

平翠軒 [食品] 附錄P.20 從海內外收集而來的食品選物店

[糯米糰子店]

館くらしき P.24 [町家旅館]

館くらしきレストラン 附錄P.14 [食]

五十嵐優美子美術館 P.12·27 [美術館]

島虎次郎紀念館 附錄P.9 (營業至2017年12月底)

倉紡紀念館 P.22 [紀念館]

愛美工房 P.22 [體驗工房]

オルゴールミュゼ P.22 [音樂盒店]

1AU coffee stand 附錄P.19 站]

常春藤學館
アイビーショップ P.22 [伴手禮]

入口在這裡

倉敷IVY SQUARE P.22·25·附錄P.5 [複合設施]

菁物小町 美觀地區店 附錄P.5 租借

帶・家具]

新古民家再生空間「Barbizon」P.25 [古民家旅館]

倉敷存錢筒博物館

La Cenetta [披薩] P.27

倉敷美館地區散步MAP

MITSUI OUTLET PARK 倉敷
倉敷站
山陽本線
倉敷站東
站前
阿智南
鶴形1
中央病院西
東小東
倉敷中央病院
倉敷市民會館
倉敷東小學校
美和2
林源十郎商店
阿智神社
本町通
倉敷館 (休館至2019年8月底)
大原美術館
倉敷市立美術館
中央1
倉敷IVY SQUARE
倉敷市會館

走走逛逛
倉敷美館地區 散步 map

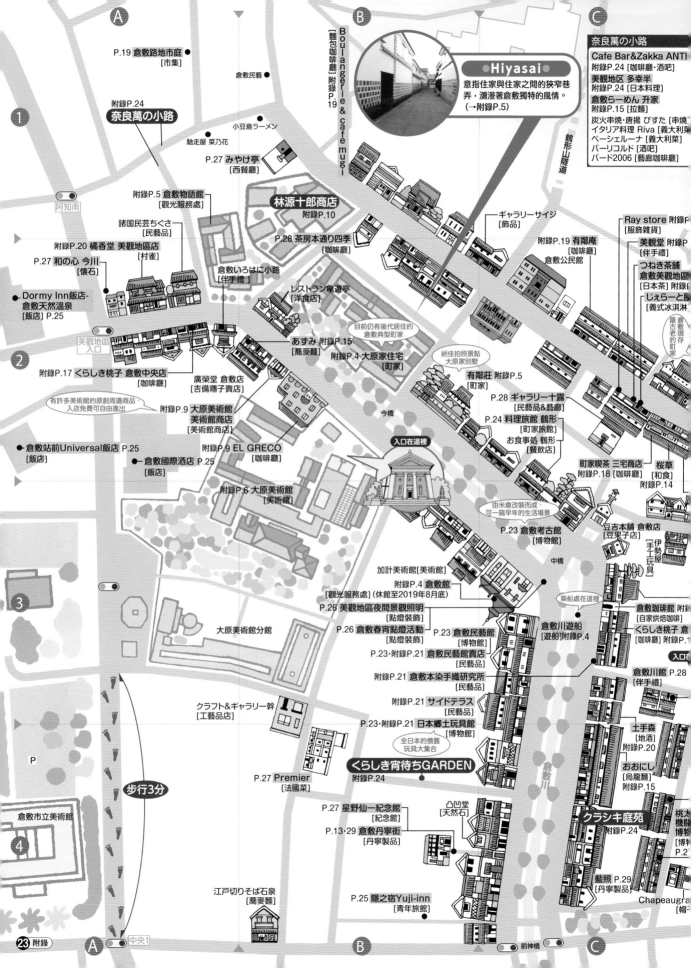

●Hiyasai●
意指住家與住家之間的狹窄巷
弄，瀰漫著倉敷獨特的風情。
(→附錄P.5)

P.19 倉敷路地市庭
[市集]

倉敷民藝

小豆島ラーメン

馳走屋 菜乃花

附錄P.24
奈良萬の小路

P.27 みやけ亭
[西餐廳]

Boulangerie & cafe mugi [麵包咖啡廳] 附錄P.19

奈良萬の小路
Cafe Bar&Zakka ANTI
附錄P.24 [咖啡廳・酒吧]
美觀地區 多幸半
附錄P.24 [日本料理]
倉敷らーめん 升家
附錄P.15 [拉麵]
炭火串燒・唐揚 ぴすた [串燒]
イタリア料理 Riva [義大利]
ベーシェルーナ [義大利菜]
バーリコルド [酒吧]
バード2006 [藝廊咖啡廳]

鶴形山隧道

附錄P.5 倉敷物語館
[觀光服務處]

諸国民芸ちぐさ
[民藝品]

附錄P.20 橘香堂 美觀地區店
[村雀]

P.27 和の心 今川
[懷石]

Dormy Inn飯店-
倉敷天然温泉
[飯店] P.25

林源十郎商店
附錄P.10

P.28 茶房本通り四季
[咖啡廳]

倉敷いろはに小路
[伴手禮]

レストラン亀遊亭
[洋食店]

ギャラリーサイジ
[飾品]

附錄P.19 有鄰庵
[咖啡廳]
倉敷公民館

Ray store 附錄
[服飾雜貨]

美觀堂 附錄
[伴手禮]

つねき茶舗
倉敷美觀地區店
[日本茶] 附錄

じぇらーと屋
[義式冰淇淋]

最古老的町家

美觀地區
入口

附錄P.17 くらしき桃子 倉敷中央店
[咖啡廳]

廣榮堂 倉敷店
[吉備糰子賣店]

あずみ 附錄P.15
[蕎麥麵]

目前仍有後代居住的
倉敷典型町家

附錄P.4 大原家住宅
[町家]

有許多美術館的原創周邊商品
入店免費可自由進出

附錄P.9
大原美術館
美術館商店
[美術館商店]

附錄P.9 EL GRECO
[咖啡廳]

絕佳拍照景點
大原家別墅

有鄰荘 附錄P.5
[町家]

P.28 ギャラリー十露
[民藝品&藝廊]

P.24 料理旅館 鶴形
[町家旅館]
お食事処 鶴形
[餐飲店]

町家喫茶 三宅商店
附錄P.18 [咖啡廳]

桜草
[和食]
附錄P.14

今橋

倉敷站前Universal飯店 P.25
[飯店]

倉敷國際酒店 P.25
[飯店]

入口在這裡

由米倉改裝而成
可一窺早年的生活景象

P.23 倉敷考古館
[博物館]

豆吉本舖 倉敷店
[豆果子店]

伊勢屋
手工玩具

附錄P.6 大原美術館
[美術館]

大原美術館分館

加計美術館[美術館]

附錄P.4 倉敷館
[觀光服務處] (休館至2019年8月底)

P.26 美觀地區夜間景觀照明
[點燈裝飾]

P.26 倉敷春宵點燈活動
[點燈裝飾]

中橋

倉敷川遊船
[遊船] 附錄P.4

乘船處在這裡

倉敷珈琲館 附
[自家烘焙咖啡]

くらしき桃子 倉
[咖啡廳] 附錄P

入口在

P.23 倉敷民藝館
[博物館]

P.23・附錄P.21 倉敷民藝館賣店
[民藝品]

附錄P.21 倉敷本染手織研究所
[民藝品]

倉敷川館 P.28
[伴手禮]

クラフト&ギャラリー幹
[工藝品店]

附錄P.21 サイドテラス
[民藝品]

P.23・附錄P.21 日本郷土玩具館
[博物館]

全日本的懷舊
玩具大集合

土手森
[地酒]
附錄P.20

おおにし
[烏龍麵]
附錄P.15

P.27 Premier
[法國菜]

くらしき宵待ちGARDEN
附錄P.24

倉敷川

クラシキ庭苑
附錄P.24

桃太
機關
博物

博

P

歩行3分

倉敷市立美術館

P
P.27 星野仙一紀念館
[紀念館]

P.13・29 倉敷丹寧街
[丹寧製品]

凸凹堂
[天然石]

藍照 P.29
[丹寧製品]

Chapeaugra

江戸切りそば石泉
[蕎麥麵]

P.25 隱之宿Yuji-inn
[青年旅館]

倉敷魅力店家大集合！
老屋改造景點導覽

奈良萬の小路
林源十郎商店　阿智神社
大原美術館　Kurashiki Craft Work Village
くらしき宵待ち GARDEN　倉敷IVY SQUARE
クラシキ庭苑

漫步在還保留江戶時代風采的倉敷美觀地區時，會發現有許多已翻修改造的町家和別具韻味的古老建築，而且完全融入街景氛圍之中。以下是3間複合設施的介紹，一次網羅美食、雜貨等人氣店家。

享受倉敷及瀨戶內的美味！
奈良萬の小路
★ならまんのこうじ　**MAP** 附錄23A-1

將舊白井邸的古民家改造重生的美食景點，與江戶時代興建的舊奈良萬旅館只相隔一條小巷。以「選用高梁川流域和瀨戶內海等在地食材的美食」為概念，共有8家店鋪進駐。

所 倉敷市阿知2-21-10
交 JR倉敷站步行10分　P無

能飽嘗在地食材的美食百貨店

奈良萬1·2F
以瀨戶內的海鮮為主角的和食名店
美観地区 多幸半
★びかんちくたこはん

能享用瀨戶內新鮮海味的日本料理店。鰆魚、星鰻之類的當地魚，是老闆從岡山著名漁港「寄島」從事漁業的老家直接進貨。透過專業職人的料理可一嘗瀨戶的食材美味。

☎086-430-5645
🕐11:30～13:30、17:30～22:30
休週三

⊕由生魚片、天麩羅等菜色搭配組合的多幸半膳2052日圓〔附煮付〕

白井邸1·2F
在復古時尚的空間享受咖啡時光
Cafe Bar&Zakka ANTICA
★カフェバーアンドザッカアンティカ

不僅提供以當季蔬菜烹調的午餐菜色，還能在充滿氣氛的酒吧喝杯人氣原創雞尾酒。2樓則設有販售藝術家作品、古董雜貨的空間。

☎086-486-1455
🕐11:00～18:00（咖啡廳·雜貨屋）、18:00～翌日1:00（酒吧）
休不定休

⊕置有大沙發的60年代風格擺設

⊕古董胸針(上)9180日圓、(下)7452日圓

⊕有兩款每天更換菜色的今日午餐1080日圓，皆附沙拉和飲料

2F
重視舒適感與小細節
襟立帽子店
★えりたてぼうしてん

岡山縣帽子製造商「襟立製帽所」的直營店。以自家公司的原創製品為中心，另外還網羅了帽子設計師和各品牌的商品。夏天為麻帽、紙編帽；冬天則以皮帽、毛帽為主。

☎086-422-6545
🕐10:00～18:00
休週二

⊕Emily
16200日圓
優雅又可愛的草帽

1F
由當地製菓廠推出的新形態咖啡廳
café BISCUIT
★カフェビスキュイ

以「梶谷手指餅乾」廣受歡迎的梶谷食品的直營店，能買到岡山木村屋特製奶油、瓶裝餅乾等商品（→附錄P.20）。店內還備有11種口味的沾醬，可搭配餅乾享用。

☎086-427-5515
🕐8:00～18:00
休無休

⊕岡山木村屋特製的香蕉奶油(280g)500日圓

⊕餅乾和沾醬350日圓
可從5種餅乾中挑選3種放入的餅乾杯以及4種沾醬

個性獨具的在地實力店
クラシキ庭苑
★クラシキていえん　**MAP** 附錄23C-4

改裝自屋齡200年的古民家。保留舊梁柱、深長通道等町家的優點，同時在中央處增設綠意盎然的中庭。進駐商家包含有倉敷市內人氣店的相關店家和姊妹店。

所 倉敷市本町5-27
交 JR倉敷站步行15分　P無

町家建築與街景相互映襯

也有以老屋風格呈現的複合設施！

擁有竹林庭園、美食與藝術兼具的複合設施
くらしき宵待ち GARDEN
★くらしきよいまちガーデン　**MAP** 附錄23B-4

位於美觀地區主要街道旁的小巷內，擁有置身秘境般的氣息。在灰泥牆和瓦片屋頂的新築町家建物內，設有水果甜點店、義大利餐廳、町家沙龍&藝廊等3家店鋪。竹林庭園可自由入內散步。

點燈活動從日落到22:30為止

所 倉敷市中央1-4-22
交 JR倉敷站步行15分　P無

東棟1F
享用縣產水果製成的甜點
パーラー果物小町
★パーラーくだものこまち

以眾多岡山縣特產水果為食材的特製霜淇淋很有人氣，還能品嘗出自法籍主廚之手的水果聖代、鬆餅等甜點。

☎086-425-7733
🕐10:00～18:00
休週一（逢假日則翌日休）

⊕使用時令水果的本日聖代900日圓～（會依季節變換水果種類）

⊕瀰漫著大正浪漫氛圍的店內

人人出版・旅遊書的專家

讓我們用小小的篇幅告訴你為什麼日本這麼好玩
因為日本有好棒的吃喝玩樂、百樣豐富
總讓人想要一去再去呀

不怕日文不通，用最簡單手指，就能吃到最道地的美味！

燒酎、泡盛的豐富國度！薰・熟・爽・醇，帶您品嚐日本米釀、

-手指壽司-
定價 **250** 元

-燒肉手帳-
定價 **250** 元

-日本酒-
定價 **250** 元

-燒酎手帳
定價 **250**

-日本觀光列車
之旅-
定價 **450** 元

-日本神社與
寺院之旅-
定價 **450** 元

-日本絕景之旅-
定價 **450** 元

-風日本自行車-
定價 **320** 元

-日本絕美祕境-
定價 **320** 元

-日本市集
定價 **300**

還有更多好書，帶你探索世界之美……

特別附錄 陪你一起散步
倉敷美觀地區 出遊 MAP BOOK

倉敷美觀地區 出遊 MAP BOOK

請詳細閱讀下列事項 ■本書刊載的內容為2017年7～10月採訪、調查時的資訊。

本書出版後，餐飲店菜單和商品內容、費用等各種資訊可能有所變動，也可能因為季節性的變動和臨時公休等因素而無法刊載。因為消費稅的調高，各項費用可能變動，消費之前請務必確認後再出發。因本書刊載內容而造成的糾紛和損害等，敝公司無法提供補償，請在確認此點之後再行購買。

■各類資訊以下列基準刊登。
✆**電話號碼**／本書標示的是各設施的洽詢用號碼，因此可能會出現非當地號碼的情況。使用衛星導航等設備查詢地圖時，可能會出現和實際不同的位置。基本上使用的語言是日文，撥打時可能採國際電話費用計算，請知悉。
⌚**營業時間・開館時間**／標示實際上可使用的時間。餐飲店為開店至最後點餐的時間；設施則是標示開館至可以入館的最晚時間。

💤**公休日**／原則上只標示公休日，基本上省略過年期間、黃金週、于蘭盆節和臨時修業等情況。
¥**費用・信位**／●各種設施的費用，基本上標示成人1位的費用。●住宿費用原則上標示的是2人1間的費用。若標示有「1泊附早餐」、「1泊2食」、「純住宿一晚」則是1人的費用。標示「1泊室料」的則是2人份的費用。標示的費用雖然已包含服務費、消費稅，但隨著季節與週間或週末、房型的差異等，費用會有所異動，預約時務必確認。
🚋**交通方式**／原則上標示最近的車站。所需時間為粗估時間，有可能隨著季節與天候、鐵路運行時刻更改而變動。
🅿**停車場**／表示有無停車場。若有，會標示「付費」或「免費」。

本書的標示 📷 景點 🥿 玩樂 🍴 美食 ☕ 咖啡廳 🛍 購物 ♨ 不住宿溫泉

日本旅遊情報網站

DiGJAPAN!

繁體中文

深度挖掘日本好玩、好吃、好看的旅遊資訊!!
無論您是旅遊日本的入門者還是重度使用者
DiGJAPAN! 都將帶給您最新鮮、有趣的精彩內容!

✔最新資訊滿載

人氣景點、觀光資訊、日本國內話題
商品以及賞櫻、賞楓等季節性活動,
快速掌握和發送日本最新且精彩
的旅遊情報。

✔高CP值行程規劃

多樣主題性的周遊行程規劃。教您
如何在有限的旅遊天數內,有效地
使用電車或巴士觀光、購物和享用
美食。

✔豐富的旅遊資訊

羽田機場到東京的交通方式、迴轉
壽司如何吃才道地、還有鞋子衣服
尺寸對應表,無論初次或多次旅遊
日本都可方便使用的實用資訊。

DiGJAPAN!	Search

https://digjapan.travel/zh_TW/

馬上來看DiGJAPAN!
精彩的日本旅遊資訊

 粉絲突破40萬人!每日發送日本最新旅遊情報!
日本旅遊達人, MAPPLE   https://www.facebook.com/mapple.tw

超夯景點一次玩個夠

岡山

就是這樣的地方！

與中國山地及瀨戶內海為鄰的岡山縣，正如「晴天之國」的稱號，降雨量少，全年氣候溫和。坐擁山珍海味食材豐富，歷史景點也為數眾多。首先來瞧瞧各區域有何魅力和特色吧。

地圖標示

- 蒜山
- 岡山縣
- 奧津溫泉
- 蒜山高原 湯原·津山
- 湯原溫泉
- 備中松山城 高梁·吹屋
- 高速道路 約1小時20分
- 津山
- 勝山 かつやま
- 湯鄉溫泉
- 新見 にいみ
- 快速 約1小時10分
- 吹屋
- 備前·日生
- 高梁 びっちゅうたかはし
- 特急 約30分
- 岡山空港
- 高速道路 約30分
- 備前
- 日生 ひなせ
- 吉備路
- 約30分
- 倉敷
- 岡山市區
- 岡山市區·吉備路
- 1小時 約20分
- 犬島
- 快速 約25分
- 笠岡 かさおか
- 約20分
- 水島灘
- 兒島 こじま
- 豐島
- 直島
- 瀨戶大橋
- 瀨戶內海
- 岡山縣在這！

暢玩岡山的祕訣

① 初次造訪該去哪兒？

代表性的觀光景點為倉敷美觀地區和岡山後樂園周邊，要享受在地美食、購物的話就到岡山市區或倉敷。若想一親大自然芳澤，則推薦前往蒜山高原開車兜風。

② 要住哪裡？

最方便的旅遊據點即岡山市區，倉敷站周邊從休閒飯店到老字號旅館應有盡有。位居岡山縣北邊的湯原、湯鄉、奧津三個溫泉鄉，也有多家溫泉旅館可供選擇。

③ 便捷的移動方式？

在徒步為主的岡山市區和倉敷搭電車都十分方便。岡山市區另有路面電車運行。除此之外觀光地間距離遠又缺乏公共交通工具，開車自駕會比較有效率。

美食和景點聚集的岡山觀光據點

岡山市區 吉備路 P.36

●おかやまタウン・きびじ

能享用名物散壽司、滿滿特產水果的甜點等，景點則有日本三名園之一的岡山後樂園、岡山城以及桃太郎傳說發源地吉備路。以現代藝術展示受到矚目的瀨戶內海島嶼群，也相當值得一訪。

推薦
- 岡山後樂園···P.38
- 岡山在地美食···P.44
- 吉備路···P.58

水果王國獨特水果凍糕

吉備路自行車遊

鄉土料理散壽司

◎岡山城和岡山後樂園

蒜山高原上可見放牧飼養的澤西牛

享受高原兜風、溫泉泡湯樂，在地美食也很豐富

蒜山高原 湯原・津山 P.73

● ひるぜんこうげん・ゆばら・つやま

自然美景綿延的蒜山高原是熱門的兜風路線；湯原、湯鄉、奧津的溫泉則可放鬆身心一掃旅途的疲憊。蒜山炒麵、津山內臟烏龍麵等在地美食也絕不可錯過。

推薦
絕景兜風…P.74
美食…P.78・79
溫泉…P.82

以味噌醬汁為底的蒜山炒麵

湯原溫泉的著名砂湯

日本的愛琴海牛窗與備前燒的故鄉

備前・日生 P.93

● びぜん・ひなせ

備前市擁有千年以上歷史的備前燒傳統工藝；加入特產牡蠣的御好燒——日生牡蠣燒是當地的人氣美食；從牛窗可眺望瀨戶內的美麗海景風光。

推薦
備前燒…P.94
牡蠣燒…P.98
牛窗…P.100

備前燒的酒杯

能吃到滿滿牡蠣的牡蠣燒

↑曾為電影取景地的岡山縣牛窗遊艇碼頭

昔日榮景依稀可見的歷史街道與山城

備中松山城 高粱・吹屋 P.65

● びっちゅうまつやまじょう・たかはし・ふきや

引起熱烈討論的天空之城——備中松山城雄偉矗立；武家宅邸和商家林立的高粱、因出產「弁柄」而盛極一時的吹屋街道也很適合漫步閒逛。新見有多處神秘的鐘乳石洞，可一睹大自然的鬼斧神工傑作。

推薦
備中松山城…P.66
鐘乳石洞…P.71
吹屋…P.72

↑由雲海營造出夢幻般氛圍的備中松山城

保留江戶時代街道樣貌的岡山縣人氣No.1觀光地

倉敷 P.18

● くらしき

吸引各地無數遊客造訪的倉敷美觀地區，美麗的白牆倉庫、宅邸並排而立，洋溢著懷舊的氛圍。大原美術館欣賞名畫後不妨找家町家咖啡廳小歇一下；日本國產牛仔褲的發祥地兒島以及笠岡也很吸睛。

推薦
倉敷美觀地區…P.20・特別附錄
兒島…P.30・笠岡…P.34

岡山觀光的焦點
倉敷美觀地區

倉敷是紙膠帶的發源地

可買倉敷名物村雀當伴手禮

別具韻味的町家咖啡廳

暢玩岡山的關鍵！

5 瀨戶內海的島嶼群
搭船前往小島，度過一段自在悠閒的離島時光也是種享受。同時以島嶼為舞台陸續進駐了各種現代藝術，每三年還會舉辦一次瀨戶內國際藝術祭。

4 大自然＆溫泉
悠閒恬靜風光的蒜山高原、歷經長年累月才形成的新見鐘乳石洞，盡情倘佯在壯闊的自然美景中。湯原、湯鄉、奧津這三個溫泉以優良泉質著稱，泡個湯暖暖身子吧。

3 街道
河川兩岸種滿楊柳樹、白牆黑瓦的土造倉庫和町家櫛比鱗次的倉敷美觀地區，因弁柄產地而繁榮的吹屋、橋前垂掛著五顏六色暖簾的城下町勝山等，可漫步其間感受美麗街道的魅力。

2 在地美食
除了瀨戶內海的魚貝料理，鄉土佳餚散壽司外，還有蒜山炒麵、津山內臟烏龍麵、蝦飯、日生的牡蠣燒等多樣地方名菜。

1 水果
「水果王國」岡山是日本屈指可數的白桃和葡萄產地，清水白桃、岡山比歐內葡萄、瀨戶巨人葡萄等當地品牌都很推薦。

該如何安排行程？一舉公開！

岡山這樣逛就對了！

岡山觀光絕不可錯過的有倉敷美觀地區、岡山後樂園和岡山城，以及瀨戶內海的島嶼群、瀨戶大橋的美景。

在古城旅遊熱潮中打開知名度的備中松山城、蒜山高原等景點也很值得造訪。

除了經典路線外，還可將祭典活動、電影取景地也排入行程中。

推薦 1泊2食之旅

開車自駕 適合重遊者

進階路線

登上日本海拔最高的山城——備中松山城後，前往自然景色豐沛的縣北恣意兜風，再到湯原溫泉、蒜山高原一遊。

第1天

10:00

前往天空之城 備中松山城 P.66

視季節有時能眺望到絕美雲海景致的山城，有「備中小京都」之稱的城下町高梁也很值得逛逛。

13:00

到新見享用 千屋牛午餐&鐘乳石洞探險 P.71

午餐就選岡山的品牌牛「千屋牛」一飽口福，接著前往能感受大自然神秘力量的鐘乳石洞探險！

16:00

湯原溫泉 泡湯暖身 P.82

岡山縣北端也是廣為人知的溫泉地。湯原溫泉與湯鄉、奧津同列為美作三湯，砂湯相當著名。

下榻湯原溫泉的旅館 P.82

第2天

10:00

蒜山高原 暢快兜風 P.74

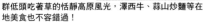

欣賞青青草原上放牧牛群低頭吃著草的恬靜高原風光，澤西牛、蒜山炒麵等在地美食也不容錯過！

15:00

悠遊漫步 勝山 街道 P.92

瀰漫著城下町風情的勝山已被指定為街道保存地區，能欣賞石州瓦白牆建築物加上各異其趣的暖簾裝飾。

搭乘JR&巴士 適合初遊者

基本路線

首先從岡山站搭乘路面電車或巴士前往岡山後樂園、岡山城。在岡山市區住一晚，第2天再造訪倉敷美觀地區。

第1天

10:00

岡山後樂園&岡山城 P.38・40

先到名勝岡山後樂園欣賞漂亮的庭園，接著越過月見橋步行前往岡山城。

搭JR移動↓

14:00

吉備路 自行車遊 P.58

租輛自行車輕鬆暢遊桃太郎的淵源地。可至吉備津神社體驗鳴釜神事，或是順路逛逛農產品琳瑯滿目的產地直銷市場。

搭JR移動↓

18:00

岡山市區 吃晚餐 P.46

被瀨戶內海和中國山地環繞的岡山擁有豐富的山海食材，能一嘗新鮮魚貝、品牌牛、散壽司和B級美食。

搭JR移動↓

入住岡山市區的飯店 P.52

第2天

10:00

遊遍 倉敷美觀地區 P.20・特別附錄

倉敷美觀地區是岡山觀光的最大亮點，可邊漫步在白壁建築林立的街道邊享受購物樂趣，走累了就到町家咖啡廳休息一下。

搭JR&巴士移動↓

15:00

從 鷲羽山 眺望 瀨戶大橋 P.30

鷲羽山是最佳的觀景點，能一次將瀨戶大橋和瀨戶內海的島嶼群盡收眼底，也是欣賞夕陽的著名場所。

優雅、輕鬆、活力！來趟列車旅行吧

舒適單車之旅的後勤支援
La Malle de Bois

行駛於岡山～尾道、岡山～宇野、岡山～高松之間的全車對號座列車。設有高腳椅吧檯座位、自行車放置區，還能買到結合在地特產的商品。

HP http://www.jr-odekake.net/navi/kankou/lamalledebois/

由兩節車廂組成

令人懷念的昭和風情列車
美作懷舊觀光列車

重現昭和30～40年代的復古色調與內部裝潢的復刻版列車。遇節慶祭典時會沿線推出相關活動、車內販售等，平時則與其他車廂連結，行駛於岡山～津山之間。

HP http://www.jr-odekake.net/navi/kankou/kankou12.html

懷舊風格的色調

享受如豪華飯店般的優雅旅程
TWILIGHT EXPRESS 瑞風

從宛如高級飯店的車廂即可飽覽日本美景的熱門列車。提供兩天一夜的單程路線、三天兩夜的周遊路線等5種行程方案，其中也有造訪岡山、倉敷的路線。

HP http://twilightexpress-mizukaze.jp/

↑以復古摩登為設計概念

©Royal Twin客房

具季節性的節慶祭典和活動最能直接感受各地的特色，
若時間上能配合，不妨排入預定行程中吧。

活動行事曆

10月 20・21日（第3週日與前一天的週六）
備前
所 備前燒傳統產業會館、JR伊部站周邊

備前燒祭 ◎びぜんやきまつり
從備前燒傳統產業會館所在的伊部一帶有陶器市集，還可至陶友會公會會員的藝廊、窯場享受20%的優惠折扣。

煙火

8月 上旬
岡山市區
所 旭川西中島河原一帶

岡山桃太郎祭 ◎おかやまももたろうまつり
岡山最具代表性的夏天祭典。妝扮成鬼神溫羅模樣的舞者們，在街上跳起「溫羅舞」，場面相當熱鬧。

所 市役所筋、表町商店街、下石井公園等

溫羅舞

7月 下旬
倉敷
所 倉敷中央通、倉敷美觀地區周邊、Ario倉敷等

倉敷天領夏日祭 ◎くらしきてんりょうなつまつり
倉敷最大的祭典。主會場在倉敷中央通，會進行「代官囃子舞」、「OH！代官囃子舞」等盛大的表演。

5月 2～6日（預定）
倉敷
所 倉敷美觀地區一帶

Heartland倉敷慶典 ◎ハートランドくらしき
會有身穿白無垢和服的新娘坐在小船上，搭配民謠和尺八吹奏的音調航行於倉敷川的「瀨戶新娘遊船」等多姿多彩的活動。

4月 上旬
岡山市區
所 岡山後樂園東側旭川堤防

岡山櫻花嘉年華 ◎おかやまさくらカーニバル
會於賞櫻時期配合岡山後樂園東側旭川堤沿岸的染井吉野櫻開花時間。屆時會有整排的攤販，還能欣賞夜櫻。

3月 中旬左右
倉敷
所 倉敷市藝文館、倉敷市民會館、倉敷美觀地區等

倉敷音樂祭 ◎くらしきおんがくさい
以「地域間音樂文化交流」為宗旨，介紹各地方特色音樂的主題型音樂節。

2月 17日（第3週六）
岡山市區
所 西大寺觀音院

西大寺會陽 ◎さいだいじえよう
以裸祭聞名的日本三大奇祭之一，為國家指定的重要無形民俗文化財。晚間10時後熄燈，由約一萬名只穿兜檔布的男性展開兩根寶木的爭奪戰。

1月 3日 2018
吉備路
所 吉備津神社

矢立神事 ◎やたてのしんじ
將已於本殿進行除機儀式的弓矢放在矢置岩上，祈求天下太平、國泰民安、五穀豐收，並朝四方射箭消災解厄。

《午睡公主 ～不為人知的故事》

與父親一起住在倉敷市的女高中生心羽（配音：高畑充希），專長是睡午覺。午睡時，心羽會在現實世界和夢中世界來來去去。舞台的設定在瀨戶大橋旁的下津井地區。

電影《午睡公主～不為人知的故事》
Blu-ray & DVD發售中
VAP inc

©2017《午睡公主》製作委員會

心羽每天早上上學時跑下階梯的畫面。以瀨戶大橋和大海為背景，眼下就是下津井的街道。

這裡

田土浦坐神社附近的風景
★たつちのうらにましますじんじゃ
MAP 31B-2
從延伸至田土浦坐神社的階梯走到頂，附近的展望視野絕佳。

心羽上學通勤時利用的「田の浦港前」巴士站是實際存在的場景♪

在電影劇情的最高潮，陸與葵海等樂團成員進行現場演出的活動會場。

這裡

岡山縣牛窗遊艇港
★おかやまけんうしまどヨットハーバー
MAP 100A-2
☎0869-34-5160
🕘9:00～17:00
週二（逢假日則翌日休）
所 瀨戶內市牛窗町牛窗5414-7
岡山BLUE LINE邑久IC車程7km ℗免費

與陸一起生活的俊太郎叔叔所經營的咖啡廳。在露天座有陸和葵海兩人一起作曲的畫面，也有彼此挨近讓人臉紅心跳的鏡頭。最後陸因思念葵海而放聲大哭的地方也是在這間咖啡廳。

這裡

岩風呂
★いわぶろ
LINK P.100

在岡山之旅中多安排1個重點！

尋訪電影取景地

以瀨戶大橋為背景，瀰漫著漁村氣息的兒島、有日本愛琴海之稱的牛窗等岡山風景也經常出現在大螢幕中。不妨跟著人氣電影的經典畫面和景色，一睹拍攝場景的風采吧。

《與妳的第100次愛戀》

一部描述青春純愛的電影，為守護深愛的女友葵海（miwa）而欲扭轉命運的陸（坂口健太郎），以及為守護陸的未來而努力面對命運的葵海。電影的舞台設定在瀨戶內的美麗大海，但絕大部分的拍攝地點都在以牛窗為中心的岡山。

電影《與妳的第100次愛戀》
Blu-ray & DVD發售中
Sony Music Records

©2017《與妳的第100次愛戀》製作委員會

在令人怦然心動的畫面中陸溫柔輕拍著葵海的頭♥同時也是小時候陸彈吉他唱歌給葵海聽，充滿兩人回憶的場所。

這裡

王子岳
★おうじがたけ
LINK P.33

按讚25連發!! 岡山熱搜關鍵字#

從岡山當地的特色風景到適合拍照上傳的景點、美食應有盡有,先來瞧瞧岡山目前有哪些超夯的旅遊主題吧!

引爆少女心的瘋狂奶昔 2讚

在自行車店2樓的咖啡廳目擊到令人驚訝的光景!不僅提供3～100層數的鬆餅任選,還可在視覺味覺兼具的空間享用日本極為少見的超大杯奶昔。

瘋狂奶昔
1580日圓
隨時備有原味奶昔、餅乾奶昔、限定奶昔3種口味

Restaurant And Bicycle
MAP 107A-2
☎086-241-3783
⏰11:00～17:30 休週四
🏠岡山市北区下中野468-7 2F 🚃JR備前西市站步行7分 🅿免費

從瀑布內側往外眺望!? 1讚

沿著四季景致優美的山徑走約10分鐘,眼前即高10m的瀑布。山徑一路延伸至瀑布的內側,距離甚近幾能觸摸到水流的程度。瀑布底部湧出的清水被稱為「求子之水」,已被評為日本名水百選之一。

美麗的天然水簾

岩井瀑布
いわいだき
MAP 115B-1
☎0868-54-2987
(鏡野町產業觀光課)
🏠鏡野町上齋原中津河 🚗院庄IC車程40km 🅿免費

超COOL的黑牆城堡! 3讚

在豐臣秀吉的主導下由位列五大老之一的宇喜多秀家於慶長2(1597)年築城,因外牆的黑色雨淋板而有「烏城」的別稱。現存的天守閣於昭和41(1966)年重建完工。

岡山城
おかやまじょう
LINK ▶P.40

岡山城精選♪

烏黑之城倒映在河面上的幻景

曾與mt合作於期間限定推出的普普風造型

每逢櫻花季節城堡周邊就會渲染成一片淡粉

雄偉壯觀的天守閣

美星天文台
びせいてんもんだい

MAP 109C-1

☎0866-87-4222

🕐9:30～15:30
（天體觀測18:00～21:30）
休週四、假日翌日（天體觀測週
二～四、假日翌日休）
¥入館費300日圓
所井原市美星町大倉1723-70
🚗笠岡IC車程22km P免費

↑可一窺宇宙的天體觀測站

仰望滿天的星斗 5讚

以美麗星空著稱的井原市美星町，是日本第一
個實施光害防制條例的地區。因星尾降神傳說
而有「許願町 美星」的別名，不妨在這個擁有
繁星綿延的星星故鄉許個願試試吧。

©ir.bisei

田園中的倫敦雙層巴士 7讚

在藍天綠地間，眼前突然現身
一輛紅色的雙層巴士。以歐洲
進口古董器具打造而成的時髦
咖啡廳，不僅能感受異國風情
還能品嘗不遜色於吸睛外觀的
美味佳餚。

MONTAGUE
●モンタギュー

MAP 108F-1

☎080-4555-5328

🕐11:30～16:30、19:00～
22:30 休週二 所岡山
市北区東野山町11-2
🚗岡山IC車程6km
P免費

MONTAGUE
午間套餐
1330日圓
酪梨綠咖哩＋
桃子拉西

採購自倫敦的雙層巴士

紙膠帶的發祥地 4讚

位在倉敷的紙膠帶製造商「鴨井加工
紙」於2008年推出「mt」，美麗的
設計顛覆了工業用可撕膠帶的概念，
一躍成為高人氣的文具用品。如今形
形色色的品牌董出，獨特創新的紙膠
帶商品也紛紛問世。

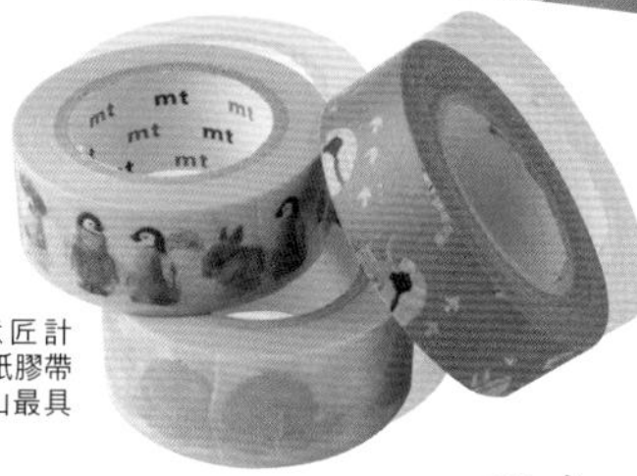

↑「mt」、「倉敷意匠計
畫室」、「倉敷町家紙膠帶
製作委員會」為岡山最具
代表性的三大品牌

這裡買得到！
如竹堂 等
にょちくどう
LINK 附錄P.12

參加「mt factory tour」

能踏入鴨井加工紙的工廠參觀紙膠帶
的所有製程。每年舉辦一次、約開放
10日左右，必須事先預約。設有體驗
工作坊的空間，也買得到原創款等相
關商品。

鴨井加工紙總公司・工廠
所倉敷市片島町236
HP www.masking-tape.jp/

認識岡山市民
愛用的岡電

DESIGNED BY EIJI MITOOKA
+DON DESIGN ASSOCIATES

等你來喵♪

貓館長駐守的博物館 6讚

能近距離參觀從大正時代沿用
至今的岡電（岡山電氣軌道）車
庫和修理工廠。時尚風格的館
內設計出自水戶岡銳治之手，
設有鐵道模型火車運行的展示
間、小劇場等可闔家同歡。

↑代理館長
SUN玉玉

岡電博物館＋水戶岡銳治設計
おかでんミュージアムプラスみとおかえいじデザイン

MAP 107A-1 ☎086-272-5520（岡山電氣軌道 電車營業部）

🕐10:00～16:00 休週二 ¥入館費1000日圓 所岡山市中区東山
2-3-33 🚃JR岡山站搭岡電東山線17分，終點站下車即到 P無

按讚25連發!! 岡山熱搜關鍵字#

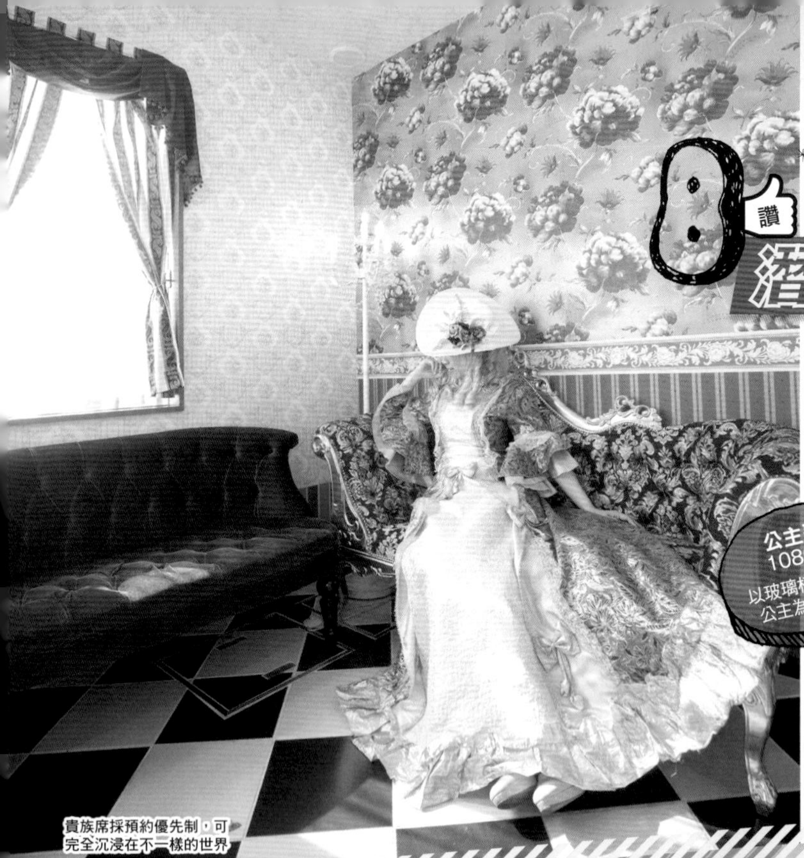

貴族席採預約優先制，可完全沉浸在不一樣的世界

8讚 潛入公主咖啡廳

附設於美術館、2016年才剛開幕的咖啡廳，內部完整呈現出「公主」的世界。可穿上洋裝喝茶或用餐的貴族席，還提供預約限定的午茶甜點和品茶時光。

五十嵐優美子美術館

いがらしゆみこびじゅつかん

LINK P.27

Cafe Princess

準同美術館的開館時間。17:00以後有包場服務，需於3天前預約

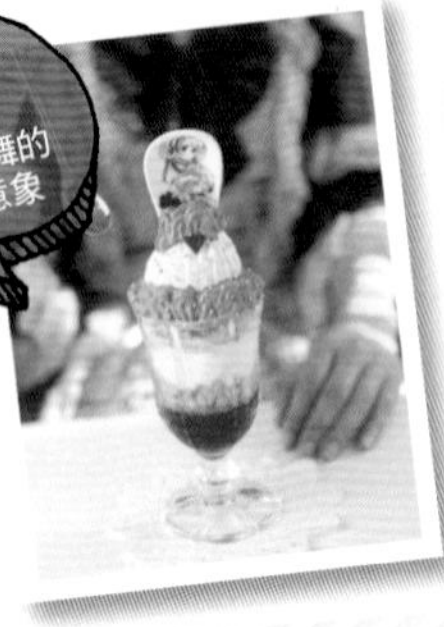

公主聖代 1080日圓 以玻璃杯上漫舞的公主為設計意象

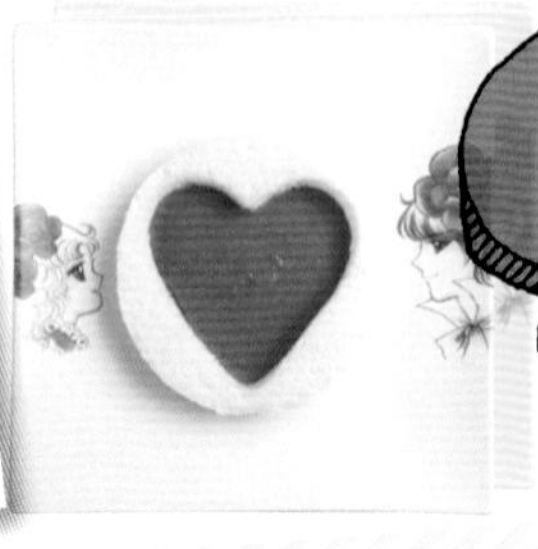

公主粉紅咖哩 1296日圓 加了紅酒的咖哩口感芳醇濃郁

10讚 最上鏡風景的弁柄老街

吹屋的「弁柄」產量為日本之冠，因此曾盛極一時，以紅銅色石州瓦、弁柄色外觀統一樣貌的建築物並排而立。漫步在街道保存地區中，還有機會能見到用於活動和導覽行程的紅色復古牛頭巴士。

吹屋

ふきや

LINK P.72

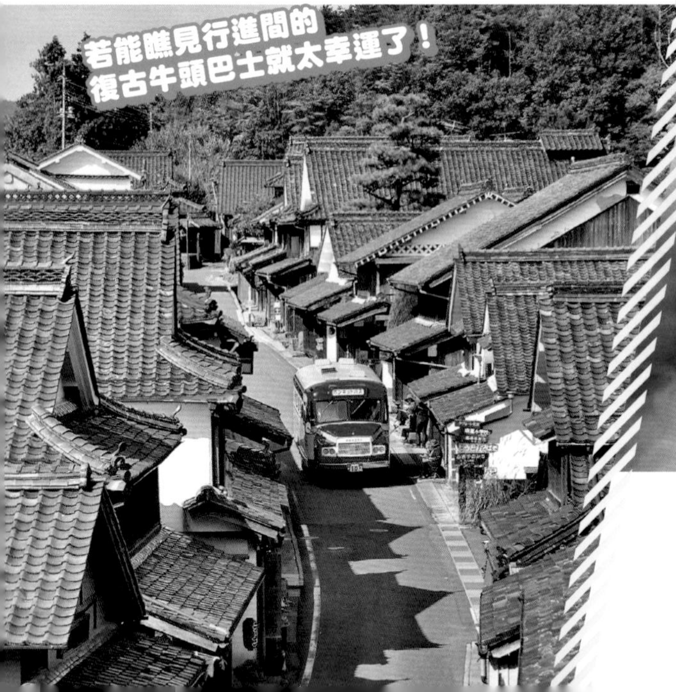

若能瞧見行進間的復古牛頭巴士就太幸運了！

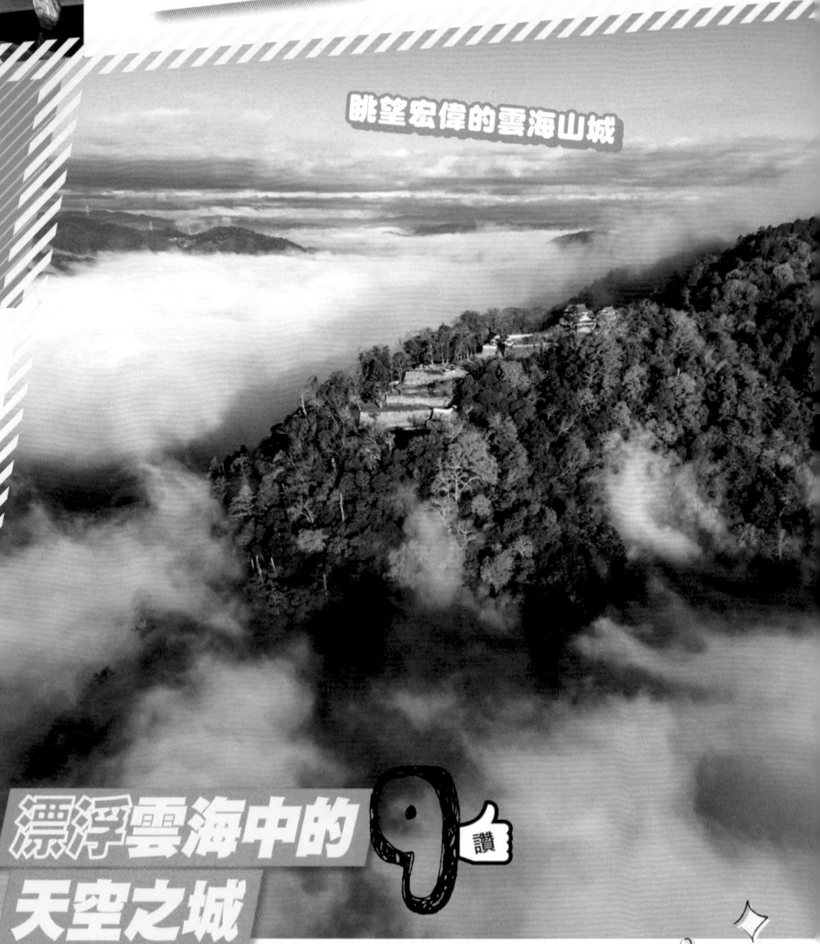

眺望宏偉的雲海山城

9讚 漂浮雲海中的天空之城

備中松山城以雲海中載浮載沉的夢幻景觀博得人氣，目前的城郭是天和3（1683）年由水谷勝宗所修建。想看雲海的話，9月下旬～4月上旬的黎明時分至8時左右是最佳時機。

備中松山城

びっちゅうまつやまじょう

LINK P.66

當海風揚起時
恐怖程度也會倍增！

12 讚

全世界最恐怖!?
遊樂設施

鷲羽山
巴西主題公園
ブラジリアンパークわしゅうざんハイランド
LINK ▶ P.30

在洋溢著森巴舞熱情節奏的巴西主題公園內，最具話題性的就是比雲霄飛車還要可怕的空中自行車了。邊眺望瀨戶大橋的絕景邊從 16m 高處腳踏踏板前進的爽快感，不妨親身體驗看看吧。

11 讚

地酒風潮盛起！

掀起全日本地酒旋風的頂級酒米山田錦的始祖，正是發祥於岡山市的雄町米。備有 GOZENSHU9（NINE）、燦然、嘉美心、多賀治等多款銘酒，能一嘗雄町米特有的芳醇濃郁風味。

╲ 這裡買得到！ ╱

おかやまの酒ばぁ
さかばやし 等
おかやまのさけばーさかばやし
LINK ▶ P.47

➡ 熊屋酒造 HARE
特別純米生酒
（6色）
（500㎖）1002日圓

➡ 菊池酒造 燦然
純米大吟釀雄町
精米步合50%黑標
（720㎖）1816日圓

➡ 辻本店 GOZENSHU9
（NINE）（500㎖）972円

14 讚

嘗嘗藍色的
丹寧美食

丹寧漢堡
350 日圓
極具視覺衝擊性的藍染漢堡

倉敷丹寧街
くらしきデニムストリート
LINK ▶ P.29

丹寧肉包
350 日圓
不禁讓人聯想到RPG遊戲中的知名怪物

丹寧霜淇淋
380 日圓
以彈珠汽水口味為基底，帶點微微的藍莓香氛

國產牛仔褲的發祥地岡山，推出了一種乍看之下無法引起食慾的「藍色」美食。第一口確實需要點勇氣，但竟出乎意外地好吃，來挑戰看看吧！

代代承襲下來的日本傳統工藝

會有志工解說員提供詳細介紹

刀劍女子的聖地 13 讚

受到熱門遊戲等因素的影響，散發神秘光芒的日本刀目前在女性間大為流行。平安時代末期至室町時代有刀劍王國之稱的備前國—岡山，由於擁有歷史淵源的景點和博物館，因此吸引日本各地的刀劍迷前來朝聖！

備前長船刀劍博物館
びぜんおさふねとうけんはくぶつかん
LINK ▶ P.95

➡ 備前燒

➡ 倉敷玻璃

民藝&
傳統工藝
的復興 15 讚

倉敷出身的實業家大原總一郎是民藝運動的支持者，在他的援助下於昭和23（1948）年在倉敷成立了日本第二間的民藝館，同時也是舊建築物再生利用的首例。有機會接觸當地的民藝、傳統工藝品，亦為旅遊途中的樂趣之一。

備前燒
びぜんやき
LINK ▶ P.94

倉敷
くらしき
LINK ▶ 附錄 P.21

➡ 倉敷椅墊

吸睛的扇形車庫
16 讚

津山鐵道
教育館
つやままなびのてつどうかん
LINK ▶ P.88

能輕鬆學習鐵道歷史與構造的博物館，最大的焦點則是現存扇形機關車庫中規模排名第二的「舊津山扇形機關車庫」。所保管的 13 節車廂皆屬罕見的車型，吸引各地鐵道迷的目光。

津山的珍貴鐵道遺產

18 讚

元祖TKG

為促進地域活性化而誕生的美咲町在地美食「TKG＝生蛋拌飯」的排隊名店。使用當地食材製作，風味樸實擁有不少忠實顧客。醬料、配料等均可按照自己的喜好自由搭配。

黃福定食
350日圓
食材均來自美咲町

食堂かめっち。
○しょくどうかめっち

MAP 111A-1
☎0868-66-1123
（美咲物産）
🕐9:00～16:30 休無休
🏠美咲町原田2155 美咲町中央運動公園內
🚃JR龜甲站步行15分
🅿免費

生蛋拌飯定食
600日圓
附韭黃搭配黑豬肉餡的手工水餃

たまごかけごはんの店 らん
○たまごかけごはんのみせらん

MAP 111C-2 ☎0868-62-0416
🕐11:00～16:00
休週一～五（逢假日則營業）
🏠美咲町吉ヶ原873-2
🚃津山IC車程17km 🅿免費

按讚25連發‼ 岡山 熱搜 關鍵字

桃太郎故事的原型 鬼之城

17 讚

以「溫羅傳說」的發源地廣為人知的古代山城，留有許多文獻中毫無記載的謎團。海拔400m的鬼城山上築有長約2.8km的城牆，高達6m的土壘和高石垣，規模屈指可數。地理位置極佳，可眺望瀨戶內海。

鬼之城
○きのじょう
LINK ▶P.60

以實物大小復原的鬼之城西門

30 讚

最新型 圖書館的誕生

座落於2017年2月才開幕的複合設施內，為「TSUTAYA」負責營運的全日本第4間蔦屋圖書館。1樓設有巴士站和餐飲店，2樓還有觀光服務處，也很適合作為觀光的起點。

可買特產品當伴手禮

高梁市圖書館
○たかはしししょかん

MAP 70A-2
☎0866-22-2912
🕐9:00～21:00（視設施而異）
休無休
🏠高梁市旭町1306
🚃直通JR備中高梁站
🅿前30分鐘免費（之後每60分鐘100日圓）

↑橫跨2～4樓，且藏書達12萬冊的圖書館
Photo：NACASA&PARTNERS

牛窗西瓜
700日圓
（7月上旬～8月中旬）

牛窗BLUE
500日圓

透沁涼的夏季限定 可愛刨冰

19 讚

從2016年開始推出的夏日期間限定店。選用牛窗在地食材的刨冰不僅造型可愛，高達20cm的十足分量也讓人心動不已。在可欣賞海景的露天座，來碗刨冰讓暑氣全消吧！

※營業期間和開店時間請上Facebook或Instagram確認。

ikazumodori
○イカズモドリ

MAP 100B-2 ☎無
🕐4月下旬～9月中旬的11:00～16:30 休週二～五
🏠瀨戶內市牛窗町牛窗3911-20
🚃岡山BLUE LINE・邑久IC車程8km 🅿免費

直立造型的炸蝦蓋飯

分量飽滿的炸蝦蓋飯是擁有大批粉絲的人氣餐點。不光有肉質彈牙的炸蝦,米飯裡還參雜著小蝦。塔塔醬搭配日式高湯的風味,讓人愛不釋口。

22 讚

梶屋 かじや **MAP** 107B-1

☎ 086-297-3600
🕐 11:00~15:00、17:00~21:00
(週六日、假日11:00~21:00)
休 週一 所 岡山市東區竹原1356-1
�car 山陽IC車程8km P免費

> 炸蝦蓋飯
> 850日圓
> 滿到無法蓋上的分量
> 相當物超所值

已入選為夜景100選之列的美麗夜景

21 讚

近未來的夜景!?

面朝瀨戶內海的廣大腹地上有超過200家工廠林立的水島工業區,如寶石般閃耀的夜景博得不少人氣。縣道393號(鷲羽山公園線)的水島展望台是最推薦的觀景點。

水島工業區夜景 みずしまコンビナートやけい

MAP 108E-3
☎ 086-426-3411
(倉敷市觀光課)
所 倉敷市水島
🚗 水島IC車程7km

邂逅日本的原風景

位於海拔400m的山間,能欣賞到以360度環狀延伸的850塊梯田交織而成的曲線美。隨著四季更迭會展現出不同的景致,令人懷念的恬靜風景也已被列入日本梯田百選。

讚

大垪和西梯田 おおはがにしのたなだ

MAP 111A-2
☎ 0868-66-1118
(美咲町產業建設觀光課)
所 美咲町大垪和西418-1
🚗 院庄IC車程17km

> 自然環境得天獨厚的
> 美咲町梯田

鋪著備前燒瓦片的紅色屋頂十分優美

日本最古老的平民學校

由被譽為江戶時代三名君的備前藩主池田光政所興建,是一所以平民教育為目的的學校。為現存江戶時代屈指可數的教育設施,300餘年歷史的講堂也已被指定為國寶。

23 讚

舊閑谷學校 きゅうしずたにがっこう

LINK P.95

比歐內葡萄

巨峰與麝香青葡萄的混種。具備無籽、顆粒大、甜度高等3樣條件，加上水分多、恰到好處的酸甜風味，不帶籽所以容易入口。外皮上的白粉即新鮮的證據。

產期：9月上旬～10月上旬

岡山 **TOP3 品牌！**

亞歷山大麝香葡萄

原產於北非的古老品種，相傳連埃及艷后也愛不釋口，因此有「水果女王」之稱。以優雅香水般的馥郁香氣和餘韻清爽為特色，全日本市佔率九成以上都是產自岡山。

產期：7月下旬～9月下旬

清水白桃

岡山代表性的白桃品牌，據說是昭和7（1932）年偶然在岡山市一宮（清水）發現的品種。香氣濃烈、甜味溫和圓潤，清透的白色果皮則是採用傳統套袋栽培方式的緣故。

產期：7月下旬～8月中旬

讚25 水果王國的香甜誘惑♡

岡山受惠於瀨戶內的溫暖氣候，為全日本屈指的「水果王國」。除了最具代表的白桃和葡萄外，還有以果肉甘甜、入口即化自豪的足守哈密瓜、個頭碩大但口感細緻多汁的愛宕梨等，一年四季都有當令水果可以享用。

※上市時間會因氣候等因素而變動。

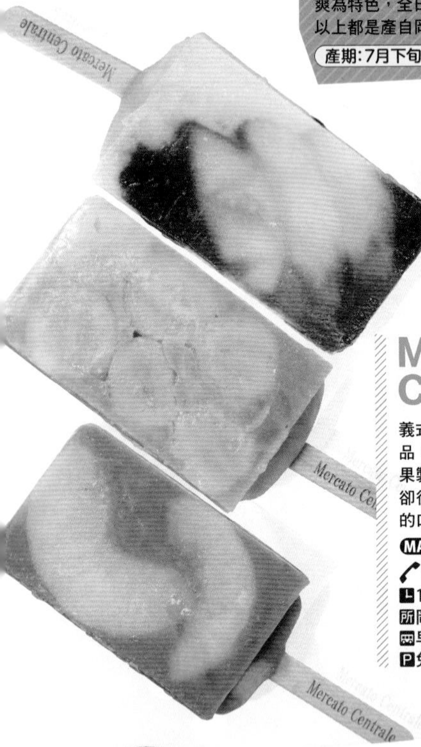

◁（上）岡山產白桃梅爾芭 490日圓
（中）岡山產麝香葡萄＋紅麝香葡萄（7～12月）530日圓
（下）岡山產白桃＋紅桃 490日圓

以岡山白桃和紅薯製成的冰棒（各421日圓）

BLOCK natural ice cream

ブロックナチュラルアイスクリーム

以國產新鮮蔬果為主要食材的冰棒，隨時備有30種以上的多樣口味。可愛的動物圖案紙杯也很吸睛。

MAP 57A-3
☎086-207-2650
（earth music&ecology）
⏰10:00～21:00 休無休
🏠岡山市北區下石井1-2-1 AEON MALL 1F
🚃JR岡山站步行5分
🅿請利用AEON MALL的停車場

水果冰棒

Mercato Centrale

義式冰淇淋店內的人氣商品，就屬加了滿滿岡山水果製成的冰棒。味道濃郁卻很清爽，宛如吃水果般的口感令人著迷。

MAP 107A-2
☎086-264-3435
⏰11:30～15:30 休週三
🏠岡山市南區市場1-1
🚃早島IC車程16km
🅿免費

享受各式各樣的水果饗宴

採果趣

尋找掛在枝頭上的葡萄串

採果Data
白桃麝香	9月上旬～11月上旬 2270日圓（隨意吃到飽，附伴手禮）	
比歐內葡萄	8月下旬～10月上旬 1700日圓（隨意吃到飽）	
貝利A葡萄	8月下旬～10月中旬 1360日圓（隨意吃到飽，附伴手禮）	

8月下旬～11月上旬開園

くぼ農園

くぼのうえん

觀光農園內有提供葡萄、栗子、番薯、柿子等採收體驗。葡萄有麝香等3種品種，以溫室栽培因此下雨天也不用擔心。直賣所內一年到頭都能買到當季的蔬菜和水果。

MAP 112F-3
☎086-726-0511
⏰10:00～17:00
休期間中無休
🏠岡山市北區御津紙工2747-1
🚃JR金川站搭計程車10分
🅿免費

7月～10月上旬開園

桃茂実苑

ともみえん

可於縣內最大規模的觀光農園體驗採收桃、葡萄等水果的樂趣，園內種有清水白桃等25種左右的水蜜桃。直賣所內還能買到白桃霜淇淋300日圓，絕不可錯過。

MAP 111B-4
☎086-958-5444
⏰9:00～16:00（採預約制，預約截止至前日17:00）
休期間中無休 🏠赤磐市上市218-1 🚃山陽IC車程2km
🅿免費

輕輕轉動即可摘下

採果Data
白桃	7月～9月中旬	1000日圓（試吃1顆，採收1顆） 1800日圓（試吃2顆，採收2顆）
麝香葡萄	9月中旬～10月上旬	1900日圓（試吃約20粒，採收1串）
比歐內葡萄	8月下旬～9月中旬	1900日圓（試吃約20粒，採收1串）

就算你不是鐵道迷也心動！
世界鐵道系列
日本
觀光列車之旅
新鮮又好玩！
坐火車去吧！
人人出版
搭乘特色觀光列車
感受沿線風情
人人出版　定價450元
おれんじ食堂
ORANGE食堂號
肥薩橙鐵道
關東鐵道啤酒列車
會津鐵道展望列車
四國麵包超人列車
看書籍
精彩內容

散發歷史與傳統文化氣息的街道
以及濱海景觀都極具魅力

倉敷

楊柳白牆風景優美的天領地
倉敷美觀地區，
美術館與老屋再生的新店比鄰而立
成為大受歡迎的觀光地。
兒島、笠岡一遊這一點到
也很推薦走遠一點到
兒島、笠岡一遊
眺望瀨戶大橋和群島之美。

精彩亮點 1

倉敷美觀地區 P.20

可巡訪歷史悠久的美術館、復古懷舊的咖啡廳等美觀地區特有的設施和商店，邊漫步在風情獨具的街道。

特別附錄
可拆下隨身攜帶
倉敷美觀地區出遊 MAP BOOK

就是這個區域

蒜山
湯原溫泉・奧津溫泉
蒜山高原・湯原・津山
新見・津山
吹屋・湯郷溫泉
備中松山城・高梁・吹屋
備前・日生
高梁・岡山市區・吉備路
吉備路・岡山・牛窓
倉敷美觀地區・備前・日生
笠岡・兒島

精彩亮點 3

笠岡 P.34

從倉敷站搭電車約25分

能吃到使用大量雞肉烹調製成的「笠岡拉麵」、高人氣的「蝦蛄井飯」等當地知名美食。

當當從湯頭到配料都是雞肉食材的笠岡拉麵

KOJIMA JEANS STREET

One Point

建議

須留意車站前和主要道路的壅塞情況
開車通勤者居多的倉敷，即使平日一到上下班尖峰時間都會塞車。尤其倉敷車站前和主要道路更是車多擁擠，請多預留些充裕的時間。

週六日、假日的停車場一位難求
倉敷美觀地區周邊的停車場，每逢週六日、假日一下子就會客滿。最好選擇稍微遠一點的停車場，或是利用大眾交通工具前往倉敷站。

不要錯過超值票券！
提供JR新幹線來回普通車廂對號座、周遊區間內乘車券、大原美術館等設施入場券的「岡山、倉敷周遊券」相當划算！詳情請參閱P.101。

交通方式

往倉敷

🚃	岡山站	JR山陽本線 17分/320日圓	倉敷站 步行15分	倉敷美觀地區
🚗	岡山IC	山陽自動車道 約15km/580日圓	倉敷IC 國道429號 約4km	
🚌	岡山機場	中鐵巴士或下電巴士 約35分/1130日圓	倉敷站 北口 步行15分	

往兒島

🚃	倉敷站	JR山陽本線 17分/320日圓	岡山站 JR快速Marine Liner號 23分/500日圓	兒島站
🚗	兒島IC	國道430號 約2km/約5分		

往笠岡

🚃	倉敷站	JR山陽本線 26分/500日圓	笠岡站
🚗	笠岡IC	縣道34號 約5km/約10分	

18

坐上美觀地區著名的「倉敷川遊船」
仰望白牆街道的風光

倉敷美觀地區 實用.info

① 停車場

美觀地區周邊停車位多、位置便利的停車場
如下所列，若想確保有車位請盡早出門。

A 倉敷IVY SQUARE停車場
◯ 平面24小時
¥ 30分200日圓
171輛

B 倉敷市藝文館地下停車場
◯ 7時～23時
¥ 30分100日圓
173輛

C 倉敷市中央停車場
◯ 平面24小時 地下7時～23時
¥ 30分100日圓
120輛

② 租借自行車

水島臨海鐵道倉敷市站內設有「レンタル自転車利用・倉敷 健彩館」，提供1小時～等多種租借方案自由選擇。租借自行車的使用者，可於營業時間內免費使用置物櫃。週三公休，若逢假日、活動則照常營業。

◯ 8:00～18:00
¥ 1小時200日圓、3～6小時600日圓等方案

③ 導覽志工

倉敷美觀地區設有導覽志工可提供詳細的解說服務。因「倉敷館」進行改裝的緣故，2018年1月15日以後的集合場所改為倉敷物語館臨時觀光服務處。

LINK 附錄 P.5

④ 觀光服務處

車站周邊和美觀地區內都設有出遊好幫手的觀光服務處，請多多善加利用。

倉敷站前觀光服務處
（西ビル2F）
◯ 9:00～19:00
（10～3月～18:00）

倉敷物語館
LINK 附錄 P.5

精彩亮點 2

從倉敷站搭電車約45分
兒島 P.30

到以纖維之城廣為人知的兒島，尋找自己中意的丹寧布製品。瀨戶大橋周邊的兜風路線、水島工業區的夜景也都很值得一遊。

特色店家齊聚的牛仔褲街上的顯眼招牌

倉敷地區的吸睛活動

※以下為2017～2018年的預計日期。

4月28、29日（最後一個週六日）

布料纖維之城兒島慶典

● せんのまちこじまフェスティバル　MAP 31B-1

於春秋兩季舉辦的大型活動之一。設有販售纖維製品的帳篷區，還有下津井的「章魚飯」等小吃攤。

☎ 086-472-4450（兒島商工會議所）
◯ 9:00～17:00　🅿 兒島站周邊、三白市、牛仔褲街（秋天在兒島競艇場的停車場）

↑以當地織維廠商為主軸的大型市集帳篷蓮村

冬:1月中旬～3月中旬（預定）
夏:7月中旬～9月下旬（預定）

倉敷Afternoon Tea

● くらしきアフタヌーンティー

將源自英國的品茶文化加入倉敷元素的「倉敷 Afternoon Tea」活動，以提供大量岡山產水果為最大特色。

☎ 086-421-0224（倉敷觀光會議局）
◯ 視店鋪而異　🅿 倉敷市內

← 夏天 Afternoon Tea 的餐點示意圖

一年4次 第5週日

倉敷懷舊古董市集

● くらしきなつかしマーケット　MAP 29B-3

約70家攤位齊聚的古董市集，有日本和西洋的古董家具、懷舊雜貨、古布等商品。

☎ 090-4570-8446（倉敷懷舊古董市集實行委員會）
◯ 8:00～傍晚左右　🅿 倉敷市藝文館中庭廣場

← 擺得密密麻麻的古董

每個週六

倉敷路地市庭

● くらしきろじいちば　MAP 附錄23A-1

於倉敷美觀地區附近巷道開設的在地特色市場，「市庭咖哩」500 日圓等美味餐點也廣受好評。

☎ 086-422-0001（獎農土地）
◯ 9:00～15:00　🅿 倉敷市阿知2-20-10

← 當地蔬菜、海鮮等時令食材羅列

（地圖內文字）
藝文廣場　岡山站 天滿屋　倉敷IC　カトリック教会　倉敷中央病院　美和(1)
駅北口　站北口　サンステーション　花時計　鶴形北　美和町第一公園
倉敷駅　倉敷ねまち堂　鶴形1　郵便局前　青陵高中　備中縣民局南
レンタル自転車利用,倉敷 健彩館　倉敷デパート　郵便局前　美和2
伯備線　山陽本線　BIOS（センター街）　鶴形二丁目　東小東
水島臨海鐵道　阿知北　倉敷車站南館　鶴形山公園　青陵高前
ホワイトイン　中四　APA飯店倉敷站前　東橫INN倉敷站南口　阿智神社　美和町第二公園
川西町　阿知中　倉敷路地市庭・阿知南　美和2
這一帶即 倉敷美觀地區
建議走 ①商店街路線 ②倉敷中央通路線 前往美觀地區
川西町西口　元町　倉敷物語館　林源十郎商店
川西町　川北　一番街　阿知平和遊園
兒島玉島　川二橋　從JR倉敷站到倉敷市中心步行約15分鐘
稻荷町　大原美術館　美觀地區入口　今橋　本町　市民会館
自然史博物館　中橋　東町
中央図書館　倉敷考古館　五十嵐優子美術館　フローラルコート　市民会館前
クラシキゴールデン横丁　大原美術館　倉敷川　白壁通り　羽島
南町　倉敷民藝館　中央1　前神橋　倉敷IVY SQUARE
玉島8　南町　中央(2)　船倉町　卍長蓮寺
國道2號　老松3　中央(1)　倉敷市藝文館　國道2號　倉敷懷舊古董市集

江戶知名建築林立
漫步白牆老街
附錄P.4

倉敷曾以江戶幕府的直轄領地「天領」盛極一時,從白牆宅邸、木造町家櫛比鱗次的倉敷美觀地區即可一窺昔日風華。景點幾乎集中在半徑300m的範圍內,最適合徒步遊逛。安排行程時不妨分成兩大區域,一為白牆宅邸和連綿楊柳充滿景圍的倉敷川沿岸,一為木造町家相連洋溢著江戶風情的本町通。

穿上丹寧和服漫步街頭或搭乘小船遊河,度過優雅的片刻時光吧

本町通上有許多由町家建築改造成的時尚咖啡廳和商店

倉敷川沿岸的建築物大多建於江戶時代後期,白牆黑瓦的鮮明對比景色優美

倉敷的魅力在這裡!

倉敷美觀地區

玩樂方式CHECK!

倉敷美觀地區是穩坐人氣No.1的岡山觀光景點。白牆楊柳交織景致美麗的倉敷川畔、江戶時代町家建築林立的本町通上,博物館和商店錯落其間。出門前先掌握好倉敷當地的玩樂方式,再帶著滿滿的美好回憶回家吧。

欣賞倉敷格子和建築物
交織的夢幻夜色
P.26

以微光妝點而成的「美觀地區夜間景觀照明」是全年皆有的人氣活動,點燈範圍從倉敷川周邊到倉敷IVY SQUARE。被點亮的町家映照在川面上的景致,猶如電影畫面般的浪漫迷人。日落後開始點燈,夏天至22時結束,冬天只到21時。

不妨到蠟燭製造商的直營店「キャンドル卓 渡邊邸」,享受一頓美味的晚餐饗宴

出自世界級照明設計師石井幹子之手的夢幻燈飾

倉敷美觀地區玩樂方式CHECK！

將原本製藥公司的建物改造成衣食住設計市集的林源十郎商店

CHECK 3

除了大原美術館外 還有許多個性十足的博物館

有昭和5（1930）年開館、日本首間私營西洋美術館的大原美術館，以及由明治時代紡績工廠改建而成的倉敷IVY SQUARE、展示約15000件民藝品的倉敷民藝館等別具特色的博物館。重生再利用的歷史建築物本身也是很值得欣賞的藝術。

P.22・附錄P.6

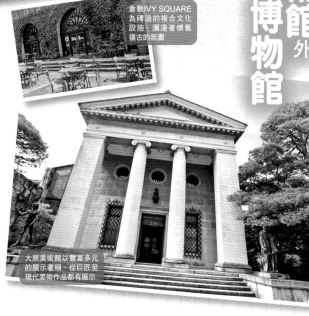

倉敷IVY SQUARE為磚造的複合文化設施，瀰漫著懷舊復古的氛圍

大原美術館以豐富多元的展示著稱，從巨匠至現代美術作品都有展示

CHECK 4

聚集倉敷最夯元素的 人氣複合設施

倉敷美觀地區內有5間複合交流設施。有高感度選物店、咖啡廳進駐的「林源十郎商店」，以及將江戶時代旅館再生利用、餐飲店聚集的「奈良萬の小路」等。出遊前可先查詢瞭解各自的風格特色，當拿不定主意該逛哪家店時來這兒準沒錯。

附錄P.10・24

CHECK 5

由古民家或町家 改建的人氣時尚咖啡廳

在古老建築物林立的倉敷美觀地區，能見到多間以町家、倉庫改造而成的咖啡廳。使用白桃、麝香水果製作的聖代，一定要來嘗嘗看。許多都還來留原本的梁柱等建築設計，很值得細細品味。

附錄P.16

三宅商店的季節聖代是非吃不可的一品

CHECK 6

從紙膠帶到民藝品應有盡有 選購倉敷製伴手禮

顏色繽紛又實用的紙膠帶是誕生於倉敷的人氣商品。當地酒、著名點心之類的美食伴手禮也相當繁多，不妨花些時間慢慢挑選。質感柔和的倉敷玻璃、曾獻給昭和天皇的花蓆等代代承襲下來的民藝品，也都不容錯過。

附錄P.10・20

提供種類豐富的倉敷特色點心和民藝品

特色博物館

除了大原美術館外 也很值得造訪的

倉敷美觀地區有保留江戶時代風韻的宅邸，以及由明治時期的紅磚建築改造而成的紀念館、博物館等各式各樣設施，邊漫步其間邊欣賞建築之美也別有一番樂趣。

擁有紅磚牆與常春藤蔓外觀的復古西洋建築

倉敷 IVY SQUARE
くらしきアイビースクエア

前身是明治22（1889）年開業的倉敷紡績工廠，經保存與再生後成了住宿、文化設施的聚集地。以紅磚建築和常春藤為象徵的廣大腹地內，有飯店（→P.25）、資料館、體驗工房、商店等多元設施進駐。

MAP 附錄22D-4
☎086-422-0011
🕐視設施而異
🏠倉敷市本町7-2
🚃JR倉敷站步行15分
🅿30分200日圓

腹地內的推薦設施

❶ アイビーショップ
販售倉敷、岡山的著名點心與特產品，以雄町米、麝香葡萄等岡山代表食材釀造的酒款也很吸引人。
☎086-424-2160
🕐8:00～20:00
🏠無休

❷ 倉紡記念館
●くらぼうきねんかん
將建於1889年的倉敷紡績創始工廠倉庫改裝成紀念館，並按年代順序展示相關照片、模型等。
☎086-422-0011（倉敷IVY SQUARE）
🕐9:00～16:45
🏠無休 💴入館費250日圓

❸ オルゴールミュゼ
入口置有百年古董音樂盒迎接來客的音樂盒專賣店。從可愛雜貨、平價商品，到高級的瑞士製品應有盡有，還可依喜好自選曲子訂製音樂盒。
☎086-427-3904
🕐9:00～17:30 🏠無休

❹ 愛美工房
●あいびこうぼう
能輕鬆嘗試彩繪上色體驗、刮除釉藥體驗、岡山特有的備前燒體驗，還可至賣店選購民藝品。
☎086-424-0517
🕐9:00～17:00 🏠無休 💴彩繪體驗1100日圓～、手拉坯體驗2200日圓

倉敷町家的獨特建築樣式

❶ 倉敷格子
1樓正面等處鑲上的格子。上下相通的親竪子之間裝入3條短樓。

❷ 倉敷窗
裝設於2樓正面，由角柄窗形式組成，裝入3條或5條竪子。

❸ 本瓦葺屋簷
平瓦與圓瓦交錯而成的屋簷。隔熱性佳，可防雨水滲入。

❹ 海鼠牆
外牆建造方式的1種。將大量灰泥嵌入瓦的接縫處，形成海鼠般的外型。

🎬站在街上就能觀賞的影繪，投影時間為日落～23時

🎬全部約有20個房間，每一間都能欣賞到庭園景致

倉敷唯一開放參觀內部的町家

大橋家住宅
●おおはしけじゅうたく

於江戶時代靠開發鹽田、水田而致富的大地主宅邸。已列為重要文化財，展示舊日用品、家具等物。紙拉門、欄間等細部的出色設計也很吸睛。

☎086-422-0007
MAP 29B-2
🕐9:00～17:00（4～9月的週六～18:00）
🏠無休（12～2月的週五休，逢假日則開館）
💴入館費550日圓 🏠倉敷市阿知3-21-31
🚃JR倉敷站步行10分 🅿無

能一睹手作逸品風采的倉敷特色博物館

倉敷民藝館
●くらしきみんげいかん

昭和 23（1948）年開館，由江戶後期的米倉改裝而成。收藏多達 15000 件來自世界各地的陶瓷器、玻璃、染織品、竹籃等民藝品，3 棟建物的空間約可展示 700 件。

MAP 附錄23C-3
☎086-422-1637
🕐9:00～16:45（12～2月～16:00）　休週一（逢假日則開館，8月無休，展示更替期間休館）　¥入館費700日圓　所倉敷市中央1-4-11　🚶JR倉敷站步行15分　P無

伴手禮這裡買
倉敷民藝的選物店
倉敷民藝館賣店　●くらしきみんげいかんばいてん
倉敷民藝館附設的商店空間。提供當地周邊出產的民藝品，此處才買得到的原創商品，是搜尋伴手禮時的最佳首選。

LINK 附錄 P.21

備中和紙小紙袋
（5入）500日圓
印有與入館券同樣圖案的小紙袋套組

手毬型針包
各2200日圓
倉敷手毬針包與玻璃小盒的套組

∖ VIEW POINT ∕

A 紅磚拱門引人目光的正面玄關
聳立於宏偉拱門後方的舊紡績工廠建物群十分有看頭，已被認定為近代化產業遺產。

B 倉敷罕見的洋風建築
常春藤（IVY）攀爬的紅磚牆、鋸齒狀屋簷等以英國工廠為藍本的建物風采依舊，洋溢著濃郁的異國情調。

C 莫內的睡蓮
睡蓮是大原美術館從莫內的自宅庭園分株而來，之後又進行過多次分株繁殖。

∖ VIEW POINT ∕

2樓的眺望視野
由白牆黑瓦交織而成的美麗景致，因英國詩人艾德蒙·布倫登的讚揚而一躍成名。

能欣賞到這些作品

特設藝廊
平常是常設展示的空間，有時會另外推出特設藝廊發表、販售已根深蒂固於生活中的工藝品。

竹籃
陳列品由喜愛竹籃的首任館長外村吉之介從國內外蒐羅而來，收藏量在全日本的民藝館中首屈一指。

李朝陶器
朝鮮李王朝時代的陶瓷器正是柳宗悅發起民藝運動的契機，可實地感受白瓷的柔和質感。

倉敷玻璃
以適當厚度營造出溫潤感的倉敷在地民藝品，展示有小谷真三從初期到現在的作品。

與大原家的淵源
大原孫三郎是大原美術館的創立者，此外大原家族還以倉敷 IVY SQUARE 為基地成立了倉敷紡績所（現在的倉敷紡績株式會社），提供米倉作為倉敷民藝館利用，為後世留下美術館以及諸多功績。故居大原家住宅（→附錄 P.4）就在大原美術館的對岸，可散步逛逛感受一下大原家與倉敷的淵源歷史。

↑大原家住宅為饒富倉敷特色的町家建築

懷舊玩具羅列的博物館
日本鄉土玩具館
●にほんきょうどがんぐかん

收藏江戶時代到現代於日本各地製作的特色鄉土玩具和工藝品，隨時備有 5000 件展示品。腹地內附設的商店、藝廊、咖啡廳皆可免費入內。

MAP 附錄23C-3
☎086-422-8058
🕐9:30～17:00（有時節性變動，商店～18:30）　休無休　¥入館費400日圓　所倉敷市中央1-4-16　🚶JR倉敷站步行15分　P無

∖ VIEW POINT ∕

米倉
展示館由綠意中庭前方的舊米倉改裝而成。海鼠牆、館內的梁柱和土牆都還維持原樣，相當值得一看。

在江戶時代的米倉一窺昔日生活樣貌
倉敷考古館
●くらしきこうこかん

由江戶後期的兩層樓土造倉庫改建再生的設施，展示從吉備地方遺跡挖掘出土的生活用具，古墳陪葬品等考古資料。

MAP 附錄23C-3
☎086-422-1542
🕐9:00～16:30　休週一、二（逢假日則開館）　¥入館費500日圓（特別展費用另計）　所倉敷市中央1-3-13　🚶JR倉敷站步行15分　P無

∖ VIEW POINT ∕

海鼠牆與近代建築
外牆東側的整面皆裝飾著海鼠牆，對面建築物右側邊的拱型牆和小窗則是昭和32（1957）年增建的近代建築。

安閒舒適的倉敷住宿

美觀地區與郊外的溫泉旅館

若想沉浸在倉敷的特色風情中，不妨選擇美觀地區周邊由町家改建的老舖旅館。簡約內斂風格的城市飯店和郊外的溫泉旅館，也都很有吸引力。

也廣受文人墨客青睞的時尚復古旅館

【美觀地區】
旅館くらしき
●りょかんくらしき

座落於美觀地區的中心位置，前身是江戶後期生意興盛的砂糖批發店。由舊宅的倉庫和別棟改建而成的旅館共有 8 間客房，房型均為和室搭配西式床房的大套房。晚餐則提供以瀨戶內當地食材為主角的懷石料理。

MAP 附錄23C-3
☎086-422-0730
IN 15:00・OUT 11:00
¥1泊2食36800日圓~
倉敷市本町4-1
JR倉敷站步行15分
P免費

↓能欣賞四季景致的中庭

【這裡最棒!】
由屋齡已 250 多年的糧倉改裝的「巽之間」，是棟方志功、司馬遼太郎最喜愛的房間

老舖才能感受到的貼心服務

【美觀地區】
吉井旅館
●よしいりょかん

利用已有 270 年歷史的江戶後期民房改裝的老字號旅館。6 間客房的設計皆各異其趣，天花板、紙拉門的設計也都別具巧思。選用鰆魚、壽南小沙丁魚等在地知名食材入菜的懷石料理，也是一大吸睛焦點。

☎086-422-0118　MAP 附錄22D-2
IN 15:00・OUT 10:00　¥1泊1食28080日圓~
倉敷市本町1-29　JR倉敷站步行15分　P免費

↑座落於本町通上

↓可享用鰆魚等岡山食材的懷石料理

【這裡最棒!】
充滿情調的「楓之間」是坂本龍馬曾下榻過的房間

在傳承歷史與傳統的和風旅館享受舒適自在

【美觀地區】
料理旅館 鶴形
●りょうりりょかんつるがた

旅館由建於延享元（1744）年的倉敷第二古老商家建物改裝而成。客房內保留了刻畫歲月痕跡的梁柱和地板，營造出低調沉穩的空間。晚餐能享用以主廚嚴選的瀨戶內海魚貝和季節食材烹調的宴席料理。

☎086-424-1635　MAP 附錄23C-3
IN 15:00・OUT 10:00　¥1泊2食17820日圓~　倉敷市中央1-3-15
JR倉敷站步行15分　P免費

【這裡最棒!】
從「阿知」房間的緣廊即可眺望聳立著樹齡 400 餘年老松的廣大庭園

令人期待的倉敷夜色！

漫步柔和燈光映照的倉敷川周邊
（→P.26）

※ 住宿費用原則上為 2 名 1 室利用時的費用。標示「1泊附早餐」、「1泊2食」、「1泊純住宿」代表 1 人份的費用，標示「1泊房間費用」則代表 2 人份的費用。

※ 住宿費用會依房型、時期而變動，請事前確認。

美觀地區周邊 在豪華客房享受奢侈時光
倉敷皇家藝術酒店
●くらしきロイヤルアートホテル

挑高至頂樓的入口大廳開放感十足，所有客房皆規劃為40m²以上的寬敞空間。備有改裝自江戶時代糧倉的歐風餐廳，其他設施也很充實。

MAP 29B-3

☎ 086-423-2400
🕐 IN 15:00、OUT 12:00
¥ 雙床房1泊房間費用32000日圓～
🏠 倉敷市阿知3-21-19
🚃 JR倉敷站步行10分
Ⓟ 1泊600日圓

↑外觀相當時髦的11層建築

(這裡最棒!)
皇家樓層提供更高等級的室內裝潢＆設計，所有客房皆配備大理石衛浴

(這裡最棒!)
常春藤蔓爬滿紅磚牆上的外觀令人印象深刻，已被認定為近代化產業遺產

美觀地區 紡績工場を文化施設が並ぶ複合ホテルに
倉敷IVY SQUARE
●くらしきアイビースクエア

利用明治時代紡織工廠紅磚建物改造成的飯店，佈滿著常春藤的外牆也別具一番風情。客房均採歐風設計，也提供無浴室、可使用公共大浴池的低價房型。腹地內還有餐廳、藝廊、工房等多樣文化設施。

MAP 附錄22D-4

☎ 086-422-0011
🕐 IN 14:00、OUT 11:00
¥ 雙床房1泊
房間費用13500日圓～
🏠 倉敷市本町7-2
🚃 JR倉敷站步行15分
Ⓟ 1泊500日圓

↑陽光穿透圓頂窗灑落在長廊上

美觀地區 最適合逛完美術館後的下榻飯店
倉敷國際酒店
●くらしきこくさいホテル

與大原美術館毗鄰的歐洲風格飯店。室內掛有棟方志功、兒島虎次郎等人的作品，散發出高格調的空間氛圍。從東側的高樓層客房能一望倉敷美觀地區。

☎ 086-422-5141
🕐 IN 14:00、OUT 11:00
¥ 雙床房1泊房間費用19008日圓～
🏠 倉敷市中央1-1-44
🚃 JR倉敷站步行15分
Ⓟ 免費（13:00～翌日11:00）

MAP 附錄23A-2

豪華邊間雙床房

(這裡最棒!)
裝飾在大廳的棟方志功版畫作品是全世界最大的木版畫

還有還有 推薦住宿

♨=有溫泉　Ⓟ=有停車場　Ⓒ=可用信用卡
※房間費用中的 S=單人房、T=雙床房、W=雙人房、
S為1人入住、T·W為2人利用時的1泊房間費用。
標示「1泊2食」則代表2人利用時的1人份費用。

倉敷站前Universal飯店
くらしきえきまえユニバーサルホテル
IN 16:00 OUT 10:00 PC♨ 飯店
☎ 086-434-0111
🏠 倉敷市中央2-1-15
¥ S4620日圓～／T8324日圓～／W8324日圓～
※稅金及服務費另計
🚃 JR倉敷站步行8分
MAP 附錄23A-2

倉敷車站旅館
くらしきステーションホテル
IN 15:00 OUT 10:00 PC 飯店
☎ 086-425-2525
🏠 倉敷市阿知2-8-1
¥ S5500日圓～／T1万1500日圓～／W9600日圓～
🚃 JR倉敷站步行3分
MAP 29B-2

Dormy Inn飯店-倉敷天然溫泉
てんねんおんせんあちのゆドーミーイン くらしき
IN 15:00 OUT 11:00 PC♨ 飯店
☎ 086-426-5489
🏠 倉敷市阿知3-21-11
¥ S7000日圓～
🚃 JR倉敷站步行15分
※停車場按先來後到順序
MAP 附錄23A-2

APA 飯店 倉敷站前
アパホテルくらしきえきまえ
IN 15:00 OUT 11:00 PC 飯店
☎ 086-426-1111
🏠 倉敷市阿知1-7-2
¥ S12000日圓～／T20000日圓～
🚃 JR倉敷站下車即到
MAP 29A-2

東橫INN倉敷站南口
とうよこイン くらしきえきみなみぐち
IN 16:00 OUT 10:00 PC 飯店
☎ 086-430-1045
🏠 倉敷市阿知2-10-20
¥ S5724日圓～／W6804日圓～
🚃 JR倉敷站步行5分
MAP 29B-2

↑外觀為倉敷特色的白牆和海鼠壁

倉敷美觀地區的New Wave
萬眾矚目的古民家旅館！

萬眾矚目的古民家旅館！
新古民家再生空間「Barbizon」
●しんこみんかさいせいくうかんバルビゾン

位於倉敷IVY SQUARE對面的絕佳地理位置，為一天只接待1組客人的包棟旅館。每個週日還會舉辦「彩繪玉島不倒翁」1800日圓、「手織藺草杯墊」1500日圓之類的倉敷傳統體驗。

MAP 附錄22E-4

☎ 090-2001-3251
🕐 IN 16:00、OUT 10:00
¥ 包棟1泊（最多9名）32400日圓～
🏠 倉敷市船倉町1223-1
🚃 JR倉敷站步行20分　Ⓟ 免費

↑由古民家改造的時尚空間

↑體驗彩繪玉島不倒翁

可與來自世界各地的旅人交流分享
隱之宿Yuji-inn
●かくれやどユウジイン

位於美觀地區內，由舊旅館改造而成的交流型青年旅館。宛如古民宿般充滿和風韻味，住起來舒適宜人。

MAP 附錄23B-4

☎ 086-441-1620
🕐 IN 16:30、OUT 10:00
¥ 多人房1泊3800日圓～
🏠 倉敷市中央1-10-13
🚃 JR倉敷站步行15分　Ⓟ 無

→從倉敷川畔走進小巷即可看到

倉敷美觀地區的
夜景欣賞

倉敷美觀地區曾作為江戶幕府的直轄領地「天領」而繁榮興盛,如今則是現代與復古融合成一體。日落後的點燈裝飾,營造出一股如夢似幻的療癒氛圍。不妨到處走走逛逛,欣賞迥異於白天的建築物與巷道景致。

3月上旬～中旬的週末

↑色彩鮮明的「和傘燈」浮現在黑暗中

➡瀰漫日式風情的「竹燈」蠟燭

➡由每位參加者寫下心願的「許願燈」

將美觀地區一帶以和風燈飾點綴
倉敷春宵點燈活動
●くらしきはるよいあかり

每年的和風燈飾都魅力無窮,能感受美觀地區的春夜之美。投射在町家建築的影繪燈、和傘燈、竹燈等將街道妝點得璀璨繽紛,另外還有和服體驗、工作坊、燈飾巡禮等各項活動(部分為付費活動)。

MAP 附錄23C-3
☎086-421-0224
(倉敷觀光會議局)
🕐18:00～21:00 倉敷物語館、倉敷川周邊、新溪園等

柔和燈光映照下的夜晚風情
美觀地區 全年
夜間景觀照明
●びかんちくやかんけいかんしょうめい

江戶時代優美景觀依舊的倉敷美觀地區夜間照明活動,出自擁有彩虹大橋等著名作品的照明設計師石井幹子之手。日落後美觀地區整個籠罩在和照的燈光中,倉敷格子、白牆建物也呈現出不同於白天的夢幻風情。

↑點燈後映照在川面上的街道景色也相當迷人

MAP 附錄23C-3
☎086-426-3411(倉敷市觀光課)
🕐日落～22:00(10～3月日落～21:00)
倉敷川周邊、倉敷IVY SQUARE一帶

品味瀨戶內的海鮮鄉土菜
つね家 ●つねや

能吃到瀨戶內海的小魚料理和鄉土佳餚的餐廳。黃韮什錦炒蛋、白燒星鰻等單品料理相當豐富,還提供特製的吟釀酒。午餐備有3種口味的便當。

➡充滿氣氛的空間與鄉土料理都令人大大滿足

MAP 附錄23C-2
☎086-427-7111
🕐11:00～14:00、17:00～22:00(逢假日則翌日休)
倉敷市本町3-12
JR倉敷站步行15分 P無

推薦餐點
下津井章魚炸春捲 ‥‥‥972日圓
つね家御膳 ‥‥‥3024日圓

開懷暢飲岡山縣的當地啤酒
蔵びあ亭 ●くらびあてい

提供從岡山縣內6座釀酒廠直送過來的當地啤酒。店內常設有10～13種類的生啤酒桶,可搭配每月更換的單品菜單一起享用。

➡可至吧檯確認每日最新的酒單

MAP 附錄23C-2
☎086-441-0707
🕐11:00～22:00 第1、3週二 倉敷市本町3-12 JR倉敷站步行15分 P無

推薦餐點
燻製拼盤 ‥‥‥530日圓
生魚片拼盤 ‥‥‥810日圓

享用私房推薦的晚餐料理

由燭光鋪陳出夢幻的用餐空間
キャンドル卓 渡邉邸 ●キャンドルたくわたなべてい

以倉敷為據點的日本著名蠟燭製造商「Pegasus Candle」的直營店。主廚曾任職於知名外資系飯店的料理部門,以當地時令食材烹調出富季節感的創作法國菜很值得一嘗。

➡享用主廚的招牌創作法國菜度過美妙時光

➡以桌上的蠟燭燈妝點出用餐空間

MAP 29B-3
☎086-435-3930
🕐11:30～13:30、18:00～21:30(藝廊&蠟燭店11:30～18:00)
週一、二(逢假日、活動舉辦日照常營業)
倉敷市中央2-5-19
JR倉敷站步行15分 P無

推薦餐點
每月更換菜色的主廚精選全餐 ‥‥‥4536日圓

倉敷

欣賞倉敷美觀地區的夜景／倉敷AREA GUIDE

岡山市鄉土美食 瀨戶內島波海道 尾道・鞆之浦 廣島・宮島

想多知道一些！

倉敷

くらしき

以倉敷美觀地區為中心，有許多博物館、美食、伴手禮店等吸睛景點。

洽詢處　倉敷觀光會議局
☎086-421-0224

和食
木庵
●もくあん
MAP 29A-2

享受鋼琴旋律與真心誠意的料理

餐廳由屋齡80餘年的商家和倉庫改建而成，充滿木質的溫暖調性。能品嘗單品料理的木庵全餐與每月替換菜色的午餐是最佳選擇，週四至週日還有鋼琴的現場演奏。

🍴木庵全餐3240日圓

☎086-421-9933
🕙11:00～14:00、17:30～21:30　休週三（週二不定休）
所倉敷市川西町18-23　🚇JR倉敷站步行10分　🅿免費

法國菜
Premier
●プルミエ
MAP 附錄23B-4

地產地銷的美味

使用下津井產的海鮮、在地蔬菜的平價法國菜餐廳，清水白桃、茄子湯等以時令食材製作的原創菜色也很吸引人。

☎086-422-3600
🕙11:30～14:30、17:30～21:00　休週三　所倉敷市中央1-5-13　🚇JR倉敷站步行15分　🅿免費

披薩
La Cenetta
●ラ・チェネッタ
MAP 附錄22E-4

遠赴當地習藝的正宗石窯披薩

以北義大利的道地披薩為自豪招牌，最推薦選用吉田牧場莫札瑞拉起司製作的瑪格麗特披薩1500日圓。

☎086-434-3069
🕙12:00～14:30、17:00～21:00（週六日、假日12:00～21:00）　休週一（逢假日則翌日休）　所倉敷市船倉町1700　🚇JR倉敷站步行20分　🅿免費

自家烘焙咖啡
Café Gewa
●カフェゲバ
MAP 附錄23B-1

站著喝的咖啡店

傳承京都「オオヤコーヒー焙煎所」烘豆手法的咖啡店。以略帶苦味與甜味的特調咖啡最有人氣，也提供咖哩飯之類的輕食。

☎086-441-7890
🕙8:00～18:00（早餐～10:00）　休週四　所倉敷市阿知2-23-10 林源十郎商店1F　🚇JR倉敷站步行10分　🅿無

美術館
五十嵐優美子美術館
●いがらしゆみこびじゅつかん
MAP 附錄22E-3

令人怦然心動的少女漫畫世界

陳列著五十嵐優美子作品的美術館。備有換裝禮服拍照的公主體驗1000日圓～，和服出租的服務也很受歡迎（預約制）。

☎086-426-1919
🕙10:00～17:00　休無休　💰入館費600日圓　所倉敷市本町9-30　🚇JR倉敷站步行20分　🅿免費

紀念館
星野仙一紀念館
●ほしののせんいちきねんかん
MAP 附錄23B-4

出身倉敷的星野仙一棒球人生

介紹星野仙一的紀念館內有手套、制服等450件充滿回憶的展示品，還能欣賞從幼年到樂天總教練時代的珍貴回顧影片。

☎086-426-1001
🕙10:00～17:00　休無休　💰入館費500日圓　所倉敷市中央1丁目10-11 ヒルトップビルC棟2F　🚇JR倉敷站步行15分　🅿無

洋食
みやけ亭
●みやけてい
MAP 附錄23B-1

入口即化的絕品燉牛舌

以岡山縣產牛肉烹調的燉牛舌為招牌菜的休閒式西餐廳，自創業以來不變的老味道廣受當地居民的愛戴。

☎086-421-6966
🕙11:30～13:50、17:30～20:50　休週一（逢假日則翌日休）　所倉敷市阿知2-23-8　🚇JR倉敷站步行10分　🅿免費

和食
和の心 今川
●わのこころいまがわ
MAP 附錄23A-2

細緻的擺盤為餐點增添風味

將瀨戶內海捕獲的魚貝製成佳餚後，以有田燒、備前燒的器皿擺盤端上桌。千屋牛料理、自家製豆腐都是必點美味，冬季限定的松葉蟹懷石也非吃不可。

☎086-434-2557
🕙11:30～13:30、17:30～21:00　休週二　所倉敷市阿知2-22-17　🚇JR倉敷站步行10分　🅿無

和食
蔵Pura 和膳 風
●くらプーラわぜんふう
MAP 29A-2

令人嘖嘖稱奇的「返し寿司」

能品嘗以瀨戶內海鮮魚、當地蔬菜為食材的日本料理，最推薦將飯盒上下翻轉後打開可見豪華菜色的「返し寿司」2000日圓。

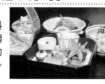

☎086-435-2211
🕙11:30～14:00、17:00～21:00　休週三　所倉敷市阿知3-18-18　🚇JR倉敷站步行10分　🅿免費

公園
鶴形山公園
●つるがたやまこうえん
MAP 附錄22E-1

從鶴形山上俯瞰市區

位於海拔35m的鶴形山頂附近。幽靜公園內設有完善的步道，也是欣賞櫻花、杜鵑花、藤花的名勝地。山頂建有阿智神社，供奉著倉敷的總守護神。

☎086-426-3495（倉敷市公園綠地課）
🕙入園自由　所倉敷市本町794-1　🚇JR倉敷站步行15分　🅿無

阿智神社
●あちじんじゃ
MAP 附錄22D-1

舊倉敷村的總鎮守神社，擁有日本最早的蓬萊樣式古代庭園。境內有棵名為「阿知之藤」的曙藤巨木，還可眺望倉敷美觀地區的風光。

☎086-425-4898
🕙境內自由（授與所7:00～17:00，祈禱受理8:30～16:00）　休無休　所倉敷市本町12-1　🚇JR倉敷站步行15分　🅿免費

博物館
桃太郎機關博物館
●ももたろうのからくりはくぶつかん
MAP 附錄23C-4

一窺桃太郎的秘密

展示桃太郎相關資料的博物館，另外還有利用眼睛錯覺的機關遊戲、驚悚刺激的洞窟探險等玩樂設施。

☎086-423-2008
🕙10:00～17:00　休無休　💰入館費600日圓　所倉敷市本町5-11　🚇JR倉敷站步行15分　🅿無

中四國地方最大級的暢貨中心
MITSUI OUTLET PARK倉敷
みついアウトレットパークくらしき
MAP 29A-1

暢貨中心內有近120家國內外品牌進駐,從流行服飾到生活雜貨、戶外用品等各式各樣店家都有。

☎086-423-6500
🕐10:00～20:00(電話受理～18:00)
💤不定休
📍倉敷市寿町12-3
🚃JR倉敷站步行3分

↑MITSUI OUTLET PARK倉敷的通道開放感十足

↑提供寬敞草坪和長椅設施的倉敷未來公園

從專賣店到美食一應俱全!
Ario倉敷
アリオくらしき
MAP 29A-1

可直通JR倉敷站北口的大型購物商場,設有商店、餐廳&咖啡廳和美食街。

→岡山伴手禮羅列的天滿屋ふるさと館

☎086-434-1111
🕐9:00～21:00(餐廳11:00～22:00)
💤無休
📍倉敷市寿町12-2
🚃JR倉敷站下車即到

停車場info MITSUI OUTLET PARK 倉敷和 Ario 倉敷共設有約2800個車位的停車場,平日前3小時、週六日和假日的前1小時免費(之後每30分鐘150日圓)。

酒津
離倉敷美觀地區車程5分鐘。春天有櫻花盛開,初夏還可在螢火蟲漫天飛舞的美麗水渠畔享受自在悠閒的時光。

以「水與櫻」為主題規畫而成的公園
酒津公園
さかつこうえん
MAP 108E-2

春天有染井吉野櫻、八重櫻美麗綻放,可於配水池欣賞水鳥悠閒嬉戲以及倒映在水面的櫻花景致。

☎086-426-3495(倉敷市公園綠地課)
🕐入園自由 📍倉敷市酒津1556
🚃倉敷IC車程4km 🅿免費

倉敷美觀地區「町家喫茶三宅商店」的2號店
三宅商店 酒津
みやけしょうてんさかつ
MAP 108E-2

由屋齡60年的民家改造而成的水邊咖啡廳,就位於酒津公園櫻花林蔭道的盡頭處。除了季節聖代外,早餐和午餐的選項也很豐富。

☎086-435-0046
🕐9:00～17:00(週六日7:00～,視時期會有變動) 💤無休
📍倉敷市酒津2829 🚃JR倉敷站搭計程車7分 🅿免費

---

kobacoffee 倉敷川店

●コバコーヒーくらしきがわてん MAP 附錄23C-4

可選擇烘焙風味和沖泡方式的招牌咖啡

自家烘焙咖啡的專門店。「倉敷特調咖啡」的烘焙風味有溫和、微苦、濃烈三種,沖泡方式則可從濾紙手沖、虹吸壺、濾壓壺中任選。

☎086-425-0050
🕐10:00～18:00 💤週二(逢假日則營業) 📍倉敷市本町5-27 クラシキ庭苑内 🅿無

咖啡
茶房本通り四季
●さぼうほんどおりしき MAP 附錄23B-1

傑出創作者的器皿與料理

以岡山品牌牛「千屋牛」烹煮的牛肉燴飯、軟綿綿的鬆餅等咖啡餐點,皆選用創作者的器皿盛盤上桌。店內還設有器皿的展示、販售區。

☎086-422-1011
🕐11:00～17:30 💤週一 📍倉敷市阿知2-24-1
🚃JR倉敷站步行15分 🅿無

咖啡
antique et café Félicité
●アンティークエカフェフェリシテ MAP 附錄22E-2

法式風情的可愛空間

以古董雜貨營造出法式氛圍的店內極具特色,附現烤司康、吉田牧場起司的午間套餐也十分推薦。

☎086-423-5277
🕐10:30～17:00 💤週一、二(逢假日則翌日休)
📍倉敷市本町10-6 🚃JR倉敷站步行15分 🅿免費

倉敷川館
●くらしきがわかん MAP 附錄23C-3

美食伴手禮琳瑯滿目

販售倉敷著名點心、當地酒之類的在地美食,以岡山縣產水果製成的甜點廣受好評。

☎086-427-3800
🕐9:00～18:00(12～2月10:00～17:00) 💤無休
📍倉敷市本町5-3 🚃JR倉敷站步行15分 🅿無

購物 | 工・民藝品
器なえしろ
●うつわなえしろ MAP 附錄22E-2

質感溫潤的器皿

由在倉敷市酒津設有遊樂窯的陶藝家苗代康男所經營,店內陳列著以轆轤製作的小鉢1700日圓～等諸多實用商品。

☎086-427-1418
🕐10:00～18:00 💤週一(逢假日則營業)
📍倉敷市本町11-27 🚃JR倉敷站步行15分 🅿無

購物 | 工・民藝品
ギャラリー十露
●ギャラリーじゅうろう MAP 附錄23C-2

當地創作者的生活器物作品

在橫跨天井的大梁引人目光的建物內,陳列著藺草杯墊800日圓以及酒津燒、漆器等倉敷民藝品。

☎086-423-2577
🕐10:00～18:00(冬天～17:00) 💤無休
📍倉敷市本町3-9-1 🚃JR倉敷站步行15分 🅿無

倉敷丹寧街
●くらしきデニムストリート

[購物] [デニム] MAP 附錄23B-4

從服飾、雜貨到食品清一色都是丹寧藍

價格便宜的丹寧雜貨類商品、原創品牌「和蔵」等10家兒島品牌種類齊全，藍色美食羅列的外帶區也不容錯過。

☎086-435-9135（倉敷丹寧街雜貨館）
🕐9:30～17:30（12月11日～3月10日10:00～17:00）
休無休 🏠倉敷市中央1-10-11ヒルトップビル1F
🚃JR倉敷站步行15分 🅿無

蟲文庫
●むしぶんこ

[購物] [書籍] MAP 附錄22E-2

環境舒適自在的古書店

由屋齡百年以上的民家改造而成的店內擺滿了古書、CD等商品，還能瞧見由苔蘚愛好者的老闆親自執筆的書《昔とあるく》1680日圓與散文書籍。

☎086-425-8693
🕐11:00左右～19:00左右 休不定休 🏠倉敷市本町11-20
🚃JR倉敷站步行20分 🅿無

呂舍
●ろしゃ

[購物] [珠寶飾品] MAP 附錄22F-2

古董空間內的細膩質感珠寶飾品

販售在附設工作室製作的原創珠寶飾品，以容易搭配的簡單款式最有人氣。

☎090-5700-6652
🕐12:00～17:00 休不定休 🏠倉敷市本町14-5
🚃JR倉敷站步行20分 🅿無

じぇらーと屋
●じぇらーとや

[購物] [義式冰淇淋] MAP 附錄23C-2

黃豆×冰淇淋的新嘗試

能吃到以黃豆製成的極品義式冰淇淋、從安富牧場直送過來的新鮮義式冰淇淋，顏色鮮艷的紫心番薯奶昔500日圓也很熱賣。

☎070-5051-5566
🕐10:30～19:00（週日、假日9:00～）休無休
🏠倉敷市本町3-9-1 🚃JR倉敷站步行15分 🅿無

藍照
●あいたる

[購物] [丹寧製品] MAP 附錄23C-4

Made in兒島的牛仔褲店

除了以刷破牛仔褲為主要產品的原創品牌「曉JEANS」外，還有120~130款牛仔褲齊一堂。帆布包、丹寧布製品都很適合買來當伴手禮。

⬆整排的牛仔褲和雜貨商品

☎086-424-2700
🕐10:00～18:00 休不定休 🏠倉敷市本町5-24
🚃JR倉敷站步行15分 🅿無

倉敷クラシカ
●くらしきクラシカ

[購物] [生活雜貨] MAP 附錄22F-2

感受古老美好的倉敷風情

有印上昭和40年代倉敷景致的明信片、文具等，自創設計的商品項目眾多。

☎086-424-3559
🕐11:00～17:00
休週二、三（逢假日則翌日休）
🏠倉敷市本町14-2
🚃JR倉敷站步行20分 🅿無

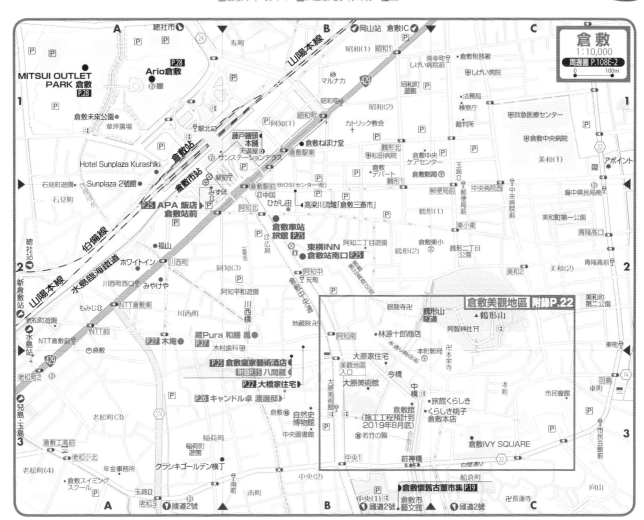

●景點 ●玩樂 ●美食 ●咖啡廳 ●溫泉 ●購物 ●住宿

瀨戶大橋周邊兜風趣

想一睹瀨戶內海×瀨戶大橋的絕景就來這兒

鷲羽山 ●わしゅうざん

兒島IC下來後往靠海的縣道21號行駛，連接至通往展望台的上坡道路。於途中的停車場下車，沿著步道走約5分鐘即可抵達展望台。

MAP 31B-2
☎086-479-9164
（鷲羽山休息所）
🕐自由參觀　📍倉敷市下津井田之浦
🚃JR兒島站搭下電巴士30分，鷲羽山第二展望台下車步行5分　🅿免費

從第一展望台旁的眺望景色

傍晚的景色也很特別！
已入選為「日本夕陽百選」，挑黃昏時分前往賞景也很棒。週六和假日的日落後瀨戶大橋會點亮燈飾，能欣賞迥異於白天的另種風情。

巡訪可一望瀨戶大橋美景的濱海區

倉敷市區南方約30㎞處的兒島、鷲羽山周邊是岡山屈指的濱海區，有諸多景點散佈其間。欣賞瀨戶大橋的風光、品嘗下津井章魚的美味，來趟享受海風與絕景的兜風之旅吧！

櫃石島，屬於香川縣境內

道路下方是鐵道

橋梁部分**全長約10km！**

體驗馳騁於世界最大級的橋梁

瀨戶大橋 ●せとおおはし

為連結岡山縣與香川縣的瀨戶中央自動車道，橫跨在長9.4km海峽區間的6座橋梁總稱為「瀨戶大橋」。吊橋、斜張橋、桁架橋等世界級規模的橋梁跨島相連，畫面十分壯觀。

MAP 31B-2
☎0877-43-0502
（與島PA受理服務時間9:00～17:00）
📍倉敷市兒島～香川縣坂出市
💴兒島IC～坂出北IC普通車3600日圓（單程）

與島PA迴轉OK！
中途的與島PA是絕佳的觀景點。可以從這裡掉頭折返，所以不妨順便到瀨戶內海的小島逛逛吧。
💴兒島IC～與島PA普通車3000日圓（來回）

由正下方仰望瀨戶大橋

田土浦公園 ●たづちのうらこうえん

可從橋墩處抬頭欣賞瀨戶大橋，近距離感受其宏偉氣勢。附近還有充滿漁港風情的田之浦港，是一處能享受悠閒時光的私藏景點。

MAP 31B-2
☎086-473-1116
（倉敷市兒島支所建設課）
📍倉敷市下津井田之浦1-13-30　🚃JR兒島站搭下電巴士20分，田の浦港前下車步行5分　🅿免費

可由瀨戶大橋正下方的角度仰望欣賞

瀨戶大橋與大海盡收眼底 位置絕佳的遊樂園

鷲羽山 巴西主題公園 ●ブラジリアンパークわしゅうざんハイランド

遊樂園座落在可俯瞰瀨戶內海和瀨戶大橋的鷲羽山。只需支付入園費就能無限暢玩園內的遊樂設施，高空彈跳（需另付1700日圓，附T恤）與彷彿一路通往瀨戶大橋般，刺激度百分百的空中自行車都很有人氣。

MAP 31A-2
☎086-473-5111
🕐10:00～17:00（視時期會有夜間營業）　🈺無休
💴2800日圓（含遊樂設施費用）　📍倉敷市下津井吹上303-1　🚃JR兒島站搭下電巴士10分，鷲羽山ハイランド遊樂地前下車即到　🅿免費

➡欣賞巴西舞者的森巴舞表演感受嘉年華的氣氛

➡從離地16m高的軌道上自行腳踩前進的空中自行車

1day行程

```
倉敷IC
↓ 24km 20分
兒島IC
↓ 4km 5分
鷲羽山
↓ 2km 5分
田土浦公園
↓ 3km 5分
鷲羽山巴西主題公園
↓ 2km 5分
古老下津井運輸船行
↓ 6km 10分
舊野崎家住宅
↓ 2km 5分
ふゅ～ちゃ～
↓ 1km 即到
あっちゃん
↓ 2km 5分
兒島IC
```

認識下津井的歷史與文化
古老下津井運輸船行

●むかししもついかいせんどんや
位於下津井街道保存地區的中心。整修復原明治時代從事批發居間商的高松屋主棟、鯡魚倉庫等建築物，展示與下津井有關的文物資料。附設有海產販賣店、和食店。

MAP 31A-2
☎086-479-7890
🕐9:00～16:30
🈺週二（逢假日則為翌日休）
🉐入館免費
📍倉敷市下津井1-7-23 🚌JR兒島站搭下電巴士20分，下津井漁港前下車即到 🅿免費

→完全融入老街風情中的白牆建物

→展示下津井歷史的相關資料

漫步下津井街道保存地區
MAP 31A-2

下津井曾作為北前船的停靠港口而盛極一時。沿海的舊街道上還保留當時的商家、倉庫等建築物，能一窺本瓦葺、灰泥牆、格子窗等歷史景觀的風采。

→還殘留著濃厚的漁村氣息

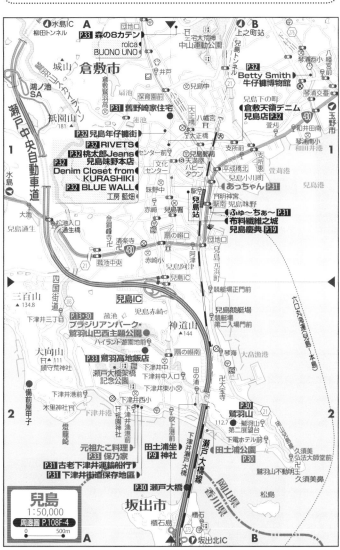

兒島
1:50,000
周邊圖 P.108F-4
0　　　500m

一窺江戶時代的兒島風貌
舊野崎家住宅

6個倉庫中的其中2棟目前為展示館

●きゅうのざきけじゅうたく
以製鹽業在兒島致富的野崎武左衛門的大庄屋宅邸。約3000坪的腹地內有縱深42m的主屋、土造倉庫群、茶室、水琴窟，已被指定為重要文化財。製鹽體驗為預約制。

MAP 31A-1
☎086-472-2001
🕐9:00～16:30
🈺週一（逢假日則翌日休）
🉐參觀費500日圓
📍倉敷市兒島味野1-11-19 🚌JR兒島站搭下電巴士4分，大正橋下車步行5分 🅿免費

→擁有壯麗的建築群與優美庭園

因為是縣漁連的直營店
才能有如此便宜的價格
ふゅ〜ちぁ〜

位於兒島觀光港旁的岡山縣漁連水產物展示直賣所，從瀨戶內海捕獲的魚貝海鮮成排羅列。還有岡山名產醋醃壽南小沙丁魚、蔬菜、水果、吉備糯子等近500種商品任君挑選。

章魚飯調理包
870日圓

MAP 31B-1
☎086-473-2778
🕐8:00～17:00
🈺無休
📍倉敷市兒島駅前3-23 🚌JR兒島站下車即到 🅿免費

醋漬壽南小沙丁魚
1080日圓

品嘗兒島的在地美食
あっちゃん

30年來廣受當地居民愛戴的御好燒店。能吃到兒島的在地美食「鹽味章魚炒麵」，以及咖哩風味炒章魚飯、花枝天麩羅的大份量あっちゃん燒735日圓等佳餚。

☎086-472-9108 **MAP** 31B-1
🕐11:30～14:00、17:30～22:00（週日晚～21:00）
🈺週一（逢假日則翌日休）📍倉敷市兒島駅前1-88 🚌JR兒島站步行5分 🅿免費

鹽味章魚炒麵735日圓
採用水煮章魚的簡單料理，為了能保有章魚本身的美味，不添加額外的調味。

小知識 下津井的章魚
代表岡山海產的海鮮之一。在洋流湍急中打撈上岸的章魚，由於都攀附在充滿急流的岩場中生長，因此腳夠粗，身軀也很結實。可以作成生魚片、或是蒸章魚，有各種烹調方法品嘗美味。

CHECK!
也很推薦走到山頂上！
休息所內除了有滿滿的海鮮佳餚可吃，伴手禮的選項也很多。前往第一展望台的途中，還會經過曾於廣告中出現的大岩石。可從山頂再走到東屋展望台，欣賞腳底下的瀨戶大橋景色。

→從東屋展望台能俯瞰正下方的瀨戶大橋風光

從鷲羽山眺望的景色，藍色大海與白色橋梁的對比美不勝收

●景點 ●玩樂 ●美食 ●咖啡廳 ●溫泉 ●購物 ●住宿

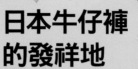
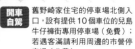
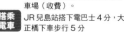

↑印有一條巨大的牛仔褲的JR兒島站的階梯上

日本牛仔褲的發祥地

開車自駕 舊野崎家住宅的停車場北側入口，設有提供10個車位的兒島牛仔褲街專用停車場（免費）；若遇客滿請利用周邊的市營停車場（收費）。

搭乘電車 JR兒島站搭下電巴士4分，大正橋下車步行5分

兒島牛仔褲街

↑原創牛仔褲丹寧製品雜貨的店家齊聚

兒島引以為傲的高級牛仔褲
桃太郎Jeans 兒島味野本店
●ももたろうジーンズこじまあじのほんてん

知名度與人氣度最高的兒島牛仔褲店。以「能穿上10年的日常服」為宣傳標語，堅固耐穿的質料與基本款牛仔褲10年保固的服務極具吸引力。

MAP 31A-1
☎086-472-1301
🕐10:00～19:00 休無休
所倉敷市兒島味野1-12-17

↓能一目瞭然版型差異的牆面展示

出陣品牌
特濃女緊身直筒牛仔褲
22680日圓
以口袋上的兩條線為顯著標誌

兒島年仔褲街位於充滿古趣的味野商店街內。近**400m**長的街道上聚集了40多家店，以國產牛仔褲的發祥地吸引各地粉絲朝聖。

追求造物精神的兒島在地牛仔褲品牌
倉敷天領デニム 兒島店
●くらしきてんりょうデニムこじまてん

古老美好的美國流行元素結合日本精湛的製造技術所造就出的復古風格原創品牌，店內羅列著從布料到縫製、剪裁、顏色、細節都很講究的牛仔褲產品。

MAP 31A-1
☎086-441-2518
🕐10:00～18:00
休週四，另有不定休
所倉敷市兒島味野2-2-66-102

觀光據點 先來這裡！
「RIVETS」

「藍色」為牛仔褲的代表顏色／店內以牛仔褲的藍色為基調

兒島年仔褲街第一個成立的地區交流站，還附設能吃到下津井章魚可樂餅、甜點等的咖啡廳和丹寧布雜貨選貨店。

MAP 31A-1
☎086-441-9100
🕐11:00～15:00（週六日～16:00）
休週二、三 所倉敷市兒島味野2-5-3

兒島牛仔褲街是什麼？

兒島自古以來就譽為纖維城市，以纖維產業及學生服製造為中心發展奠定基礎；到了昭和40（1965）年發表日本最初的國產牛仔褲，成為牛仔褲的發源地。這兒不只有牛仔褲製造工廠，還林立各種丹寧雜貨店、咖啡廳等店家。想要盡情購物、體驗的話，至少需要2小時。

佛卡夏三明治（右）**450日圓**
咖啡（左）**350日圓**
餐點、飲料皆提供外帶服務

日本罕見的牛仔褲資料館
Betty Smith牛仔褲博物館

也來這兒逛逛吧！

由牛仔褲製造商「Betty Smith」設立的資料館；介紹牛仔褲的歷史與製造工程。除附設暢貨中心外，還推出了牛仔褲製作體驗（所需1小時，7560日圓～）。

MAP 31B-1
☎086-473-4460
（Betty Smith）
🕐9:00～18:00 休無休
所倉敷市兒島下之町5-2-70
🚗兒島IC車程4km
P免費

→木屋風格的外觀很吸睛

蒐羅眾多的高品味丹寧雜貨
BLUE WALL
●ブルーウォール

自家品牌「SETTO」的直營店，從托特包、化妝包等小物品到服飾、觀葉植物都有。

MAP 31A-1
☎086-476-3008
🕐10:00～18:00 休無休
所倉敷市兒島味野2-5-3

皮革把手托特包（S）
7560日圓

符合女性身材曲線的牛仔褲
Denim Closet
from KURASHIKI
●デニムクローゼットフロムクラシキ

以靛藍染色製品為大宗的女牛仔褲專賣店。立體服裝紙型皆出自原創設計，以舒適性為追求目標。

MAP 31A-1
☎086-441-7372
🕐10:00～18:00 休不定休
所倉敷市兒島味野1-9-21

傘擺長裙
15984日圓

倉敷 兒島 AREA GUIDE

兒島

推薦住宿

♨=有溫泉 P=有停車場 C=可用信用卡

※房間費用中S=單人房、T=雙床房、W=雙人房、S為1人入住、T‧W為2人利用時的1泊房間費用。標示「1泊2食」則代表2人利用時的1人份費用。

鷲羽高地飯店
わしゅうハイランドホテル

IN 16:00 OUT 10:00 PC♨ 飯店

在海拔110m的空中露天浴池享受泡湯 MAP 31A-2

座落於鷲羽山丘陵上的飯店，以頂樓空中露天浴池與加了蜂蜜的溫泉為自豪特色。備有能欣賞烹調過程的開放式廚房，可享用瀬戶內當地特有的創作料理。

📞086-479-9500
所倉敷市下津井吹上303-17
¥1泊2食14580日圓～
🚃JR兒島站搭計程車7分

↑可享瀬戶內海全景視野的空中露天浴池

倉敷由加溫泉飯店 山桃花
くらしきゆがおんせんホテルさんとうか

IN 15:00 OUT 10:00 PC♨ 飯店

四季花卉繽紛的白牆旅館 MAP 108F-3

溫泉旅館位於以除厄總本山廣為人知的由加山。除了附露天浴池的房型外，還有和室、日西式、西式可以選擇。餐點則提供由山珍海味入菜的創作料理。

📞086-477-5588
所倉敷市兒島由加3285
¥1泊2食13600日圓～
🚃JR兒島站搭計程車15分

↑眺望景色絕佳的大浴池內備有按摩池和露天木桶風呂

展望台 景點

王子岳
●おうじがたけ

MAP 107A-4

湛藍大海與遼闊景色盡收眼底

山頂的展望台為遠眺瀬戶大橋美麗風光的賞景勝地。可從停車場循步道走上，欣賞獨特的奇岩景觀。

↑能隱約望見瀬戶內海對岸的島影

📞0863-33-5005
（玉野市商工觀光課）
所玉野市渋川4 🚗兒島IC車程15km P免費

購物 複合設施

森の8カテン
●もりのはちカテン

MAP 31B-1

森林環繞的複合式商店

以簡單優質的生活為宗旨，涵蓋百貨店等8個主題的「八貨店」，是由倉敷服飾品牌「rolca」與兒島人氣義大利餐廳「BUONO UNO」所共同開設。能放慢腳步悠閒享受美食與購物之樂。

↑可飽嘗披薩、義大利麵等道地義大利菜

生活中不可或缺的單品 精選富饒的

📞086-472-2257（rolca）
⏰視設施而異 休週二
所倉敷市兒島小川7-13-9
🚗兒島IC車程5km P免費
※BUONO UNO的洽詢電話📞086-472-8039

想多知道一些！

兒島
こじま

以國產牛仔褲的發祥地聞名遐邇。還可至瀬戶大橋旁的港灣下津井，品嘗當地著名的章魚料理。

洽詢處 倉敷觀光會議局
📞086-421-0224

美食 和食

元祖たこ料理 保乃家
●がんそたこりょうりやすのや

MAP 31A-2

下津井名物章魚料理的人氣店

創業於1946年的章魚料理專賣店。經過精挑細選進貨的下津井章魚，會待客人點餐後才從水槽撈起調理。建議事先預約。

↑活章魚3000日圓

📞086-479-9127
⏰11:00～20:30 休週三（逢假日則翌日休）
所倉敷市下津井1-9-33 🚃JR兒島站搭下電巴士20分，下津井漁港前下車即到 P免費

可近距離接觸海洋生物的水族館
市立玉野海洋博物館（涩川海洋水族館）
しりつたまののかいようはくぶつかんしぶかわマリンすいぞくかん

附設水族館和陳列館的海洋博物館。夢幻般的巨大水槽內有棲息於瀬戶內海、沖繩、東南亞珊瑚礁的五顏六色魚種，還設有能觸摸海洋生物的展示區。

📞0863-81-8111 MAP 107A-4
⏰9:00～16:30 休週三（逢假日則翌日休，春夏冬季休假期間照常開園）¥入館費500日圓
所玉野市渋川2-6-1 🚗兒島IC車程12km
P請利用渋川海水浴場停車場（僅夏季收費）

↑滑稽可愛的北海狗很受歡迎

稍微走遠一些 前往玉野地區

↑國王和同伴們會陪大家同樂喲

以小孩為主角的玩具主題樂園
玩具王國
おもちゃおうこく

主題樂園內有可隨意暢玩各種玩具的玩具館，還有許多連小小孩也能玩的遊樂器材。園區屬全天候型的室內設施，下雨天也能安心遊玩。

📞0863-71-4488 MAP 107A-4
⏰10:00～16:45
休週二（逢假日、黃金週、春夏冬季休假期間照常開園）¥入園費800日圓
所玉野市滝1640-1
🚗兒島IC車程15km P免費

被海相平穩的瀬戶內海和蔥鬱群山圍繞的玉野市，也有能邂逅可愛動物、玩上一整天的遊樂景點。

能與普通狨相見歡
涩川動物公園
しぶかわどうぶつこうえん

地處離涩川海岸不遠的丘陵地，擁有豐富自然生態的園區佔地3萬坪，總計約80種類、600隻動物。園內可以騎馬、牽狗散步，陸龜的人氣度也很高。

📞0863-81-3030 MAP 107A-4
⏰9:00～16:30 休無休 ¥入園費1000日圓
所玉野市渋川3-1077-1
🚗兒島IC車程15km P免費

↑牽狗散步體驗1500日圓

母雞肉叉燒
以醬油燉煮的母雞腿肉。口感紮實，越咀嚼越有味道

青蔥
存在感十足的斜切青蔥

中華拉麵（中）
600日圓
最大特色是湯底完全用雞熬煮在全日本難得一見
大碗700日圓

麵
選用細直麵

筍乾
費時費工製成的重要配角

母雞高湯
浮上一層金色油脂的母雞高湯風味濃郁，鮮甜味完全濃縮其中

100％雞湯的絕品拉麵

中華そば 坂本
●ちゅうかそばさかもと

已傳承至第二代的正統派笠岡拉麵人氣店。追求精準的風味，不只擁有一票常客，還吸引全國各地的拉麵迷上門。

MAP 109C-3
⏱9：30～14：30左右
休週四、週日、假日
所笠岡市中央町34-9
交JR笠岡站步行3分
P無

創業於昭和33（1958）年

關於笠岡的雞肉中華拉麵？
笠岡市自古以來養雞業就很盛行，據說這兒曾經有超過3000家的養雞場，到處都有名為「かしわ屋さん」的雞肉專賣店。戰後，「かしわ屋さん」開設中華拉麵店，當時稱作「雞肉中華拉麵」或「かしわ中華拉麵」。

風味十足的透明高湯

中華拉麵（中）
600日圓
醬油味道鮮明的清澈湯頭與中細麵完美地融合在一起
大碗700日圓

中華そば いではら
●ちゅうかそばいではら

湯頭、麵、配料皆忠實呈現笠岡拉麵的基本元素。菜單上僅有中華拉麵中碗與大碗兩種，很乾脆地只憑拉麵一決勝負。

MAP 109C-3
📞0865-63-7667
⏱12：00～15：00，17：00～23：00
休週一（逢假日則翌日休）
所笠岡市笠岡2827
交JR笠岡站步行5分
P免費

↑店頭掛有藍色的暖簾

笠岡拉麵

雞肉叉燒&雞湯的最強組合

戰後不久誕生於港灣城市笠岡的中華拉麵，為母雞高湯加上母雞肉醬油叉燒的搭配，不妨來嚐嚐這獨特的美味吧。

笠岡 的 觀光景點 check!!

笠岡為天然紀念物「鱟」（音同「後」）的繁殖地，特產品蝦蛄也很有名。享用完笠岡拉麵後，不妨悠閒遊逛一番。

分量滿點的蝦蛄料理
シャコ丼の店
●シャコどんのみせ

能吃到在笠岡諸島周邊捕獲的新鮮蝦蛄。酥炸蝦蛄淋上甜醬汁、拌入生蛋的人氣蝦蛄丼飯，分量豪邁。

↑蝦蛄丼飯 800日圓

MAP 109C-3
📞0865-63-4506
⏱11：00～19：30
（週日～14：30）
休週三
所笠岡市笠岡5914-5
交JR笠岡站步行10分
P免費

出身笠岡、描繪日本自然美的畫
竹喬美術館
●ちっきょうびじゅつかん

位於日本畫家小野竹喬的出生地，展示介紹《島二作》、《夕映》等遺作，以及與笠岡、京都有關聯的作品。

📞0865-63-3967
MAP 109C-3
⏱9：30～16：30
休週一（逢假日則翌日休）、陳列替換期間
¥入館費500日圓（特別展費用另計）
所笠岡市六番町1-17
交JR笠岡站搭計程車5分
P免費

↑以描繪周遭自然美景的作品居多

近距離觀察鱟的生態
笠岡市立鱟博物館
●かさおかしりつカブトガニはくぶつかん

座落於鱟的繁殖地，是全世界唯一以鱟為主題的博物館，能透過大型水槽看到鱟的一舉一動。館旁還有展示實體大小恐龍的公園。

↑2億年來外貌毫無改變的「活化石」

📞0865-67-2477
MAP 109C-4
⏱9：00～16：30
休週一（逢假日則翌日休，3月25日～4月10日、7月15日～8月31日無休）
¥入館費520日圓
所笠岡市橫島1946-2
交JR笠岡站搭計程車15分
P免費

還殘留宿場町的樣貌

漫步矢掛街道

矢掛在江戶時代以舊山陽道的宿場町盛極一時，如今街道上還保有當時的濃厚色彩，讓人猶如墜入時代劇的世界般。也有許多由古民家改造重生的設施等嶄新景點。

欣賞蟲籠窗、平瓦鋪成的牆壁等建築美。有很多塗上厚重灰泥塗料打造而成的民家。

宿場町的歷史象徵
舊矢掛本陣石井家住宅

●きゅうやかげほんじんいしいけじゅうたく

位於舊山陽道第18號宿場町矢掛，被指定為本陣的富商石井家曾經營釀酒業。從設有御成門、上段之間的豪華建築，可一窺當時的繁榮景象。

MAP 108D-2
📞0866-82-2700
🕐9:00～16:30(11～2月～15:30) 休週一(逢假日則翌日休)
💴入館費400日圓
📍矢掛町矢掛3079
🚉井原鐵道矢掛站步行15分 🅿免費

重文

↑供大名等官員住宿或休息用的上段之間

↑迎接大名、幕府官員的玄關

本陣的備用設施
舊矢掛脇本陣高草家住宅

●きゅうやかげわきほんじんたかくさけじゅうたく

位於舊矢掛本陣東邊約300m處的舊脇本陣是曾從事金融業的高草家宅邸，主要功能是支援提供大名、幕府官員下榻的本陣。

MAP 108D-2
📞0866-82-2100(矢掛町役場教育課)
🕐10:00～15:00 休週一～五
💴入館費300日圓 📍矢掛町矢掛1981
🚉井原鐵道矢掛站步行10分 🅿免費

重文

→以沉穩風格的建築設計為特色

交通方式

前往矢掛

🚌	岡山站	JR伯備線 25分/410日圓	清音站	井原鐵道 22分/490日圓	矢掛站
🚗	玉島IC	縣道54號·國道486號 約15km/約25分		矢掛站

將矢掛的人氣甜點帶回家！

蜂蜜多到滲出來
蜂蜜蛋糕捲
1944日圓
完全不添加砂糖和奶油，只以幾乎要從海綿蛋糕流出的大量蜂蜜和鮮奶油帶出美味。

ケーキハウス ローザンヌ
MAP 108D-2
📞0866-82-0525
🕐9:00～18:00 休無休 📍矢掛町矢掛2990-1
🚉井原鐵道矢掛站步行10分 🅿免費

風味濃郁但口感清爽
石窯乳酪塔
235日圓
以烤箱和石窯二次烘烤後讓美味精華濃縮其中，能品嘗融化的濃稠乳酪加上酥脆的外皮。

Little ●リトル
MAP 108D-2
📞0866-82-0525(ローザンヌ)
🕐10:00～18:00 休無休 📍矢掛町矢掛2990-1
🚉井原鐵道矢掛站步行10分 🅿免費

洋溢宿場町風情的療癒空間
矢掛屋INN&SUITES

●やかげやインアンドスイーツ

由江戶時代的古民家改建而成的旅館。客房融合了傳統與新潮的元素，每間房的格局設計都各異其趣。別館還備有溫泉設施和義大利餐廳，也提供不住宿純泡湯的服務。

MAP 108D-2
📞0866-82-0111
🕐IN 15:00、OUT 11:00 💴1泊2食9504日圓～ 📍矢掛町矢掛3050-1
🚉井原鐵道矢掛站步行10分 🅿免費

←空間寬敞舒適的西式客房

2017年4月OPEN！
能感受日式風情與歷史韻味的觀光據點
バンケットホール&ショップギャラリー
あかつきの蔵

●バンケットホールアンドショップギャラリーあかつきのくら

將百年木材加工所以江戶時代的米倉為意象改裝而成的觀光據點。除了能買到備中、瀨戶內的特產品外，還設有體驗製作木桶的體驗工房、品嘗在地食材法國菜和義大利菜的宴會間(採預約制)。

MAP 108D-2
📞0866-84-1001
🕐10:00～19:00(週五～日、假日～20:00)
休無休 📍矢掛町矢掛2584 🚉井原鐵道矢掛站步行10分 🅿免費

↑韻味獨具的入口

→傳統工藝品、江戶時尚雜貨羅列

從名勝雲集的觀光中心地
前往充滿歷史風韻的吉備路

岡山市區
吉備路

作為觀光據點也十分方便的岡山市中心，有岡山後樂園和岡山城等名勝，以及多樣美食、伴手禮。桃太郎傳說的舞台——吉備路，則有史蹟、神社散布其間，讓人感受古今交錯的魅力。

絕不可錯過已指定為國寶的吉備津神社本殿

精彩亮點 1
岡山後樂園 P.38
名列日本三名園之一的迴遊式庭園。丹頂鶴的優雅漫舞身影，也成為正月的特色風情畫。

- 蒜山
- 湯原溫泉
- 奧津溫泉
- **蒜山高原‧湯原‧津山**
  - 津山
- 新見
- 湯鄉溫泉
- 吹屋
- **備中松山城‧高梁‧吹屋**
- **備前‧日生**
- 高梁
- 吉備路
- 備前
- 日生
- 岡山
- 牛窗
- 倉敷美觀地區
- 笠岡
- 倉敷
- 兒島

就是這個區域

精彩亮點 3
岡山在地美食 P.44
看起來超豪華的散壽司是岡山最自豪的鄉土料理。多蜜豬排丼飯等在地B級美食也很豐富。

能飽嘗鰆魚、壽南小沙丁魚等季節食材的散壽司

One Point
建議

確認車站周邊的移動手段、路線
岡山站周邊以單行道居多，必須仔細確認路線。由於週六日交通較為壅塞，請多加利用巴士、路面電車或出租自行車。

善用特約停車場
車站附近的店家大多會提供特約停車場的優惠服務，出門前先確認一下吧。

購買可不限次數搭乘&附入場券的票券
JR的「岡山、倉敷周遊券」內含新幹線普通車對號座來回車票、周遊區間內的乘車券以及岡山後樂園等主要觀光設施的入場券，十分方便。詳情請參閱P.101。

交通方式

前往岡山

🚌	岡山機場	中鐵巴士或岡電巴士 約30分/760日圓	岡山站西口
🚗	岡山IC	國道53号 約7km/約10分	岡山站

前往吉備路

🚃	岡山站	JR伯備線 29分/500日圓	總社站
🚗	岡山總社IC	國道180号 約7km/約10分	總社站

岡山市區主要區域MAP

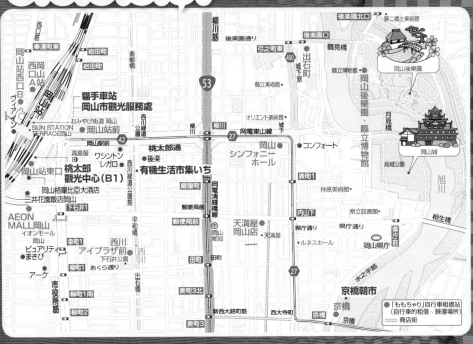

從後樂園的象徵「唯心山」山頂眺望的風光

地圖標示

後樂園北口　夢二鄉土美術館
後樂園通り
弓之町東　400　鶴見橋
出石町
城下　縣立博物館
縣立美術館　岡山後樂園
城下筋
オリエント美術館
コンフォート
月見橋
岡山城
烏城公園
旭川
相生橋
表町1
林原美術館
内山下
縣立圖書館
縣廳通り　縣廳通り
岡山縣廳
ルネスホール

西川原
春町東
岡山站西口A站
岡山站西口B
ヴィアイン
SUN STATION TERRACE岡山
岡山站前
岡山站東口
桃太郎觀光中心(B1)
岡山格蘭比亞大酒店
三井花園飯店岡山
AEON MALL岡山
イオンモール
岡山ピュアリティ　まきび
アーク
市役所筋
柳町1南
柳町2
新西大路町筋

柳川筋
青柳橋
柳川
53
岡山駅前
桃太郎通
後樂
西川緑道公園筋
有機生活市集いち
磨屋町
郵便局前
岡山清輝橋線
岡電東山線
27
岡山シンフォニーホール
天滿屋岡山店
天滿屋
田町
表町3北
西大寺町

京橋朝市
京橋
水之手筋

● 「ももちゃり」自行車租借站（自行車的租借、歸還場所）
━ 商店街

精彩亮點 2

吉備路 P.58

從岡山站搭電車約30分

有吉備津神社等多個值得參觀的神社、史蹟，若要一一造訪則推薦騎自行車移動。

岡山市區 實用.info

① 路面電車（岡山電氣軌道）

市中心有名為「岡電」的路面電車運行其間，費用分為100日圓區間和140日圓區間，還會推出車上啤酒屋等各式活動，廣受歡迎。

LINK▶ P.102

② 岡山市公共自行車「ももちゃり」

可對應FeliCa IC卡等系統的租借自行車。市內設有34個租借站，能輕鬆隨意地租借、歸還自行車。

利用方法
在自行車租借站或WEB上加入會員，繳交基本費用後就可租借。

¥ 1小時100日圓（之後30分鐘100日圓）等

③ 貓手車站

位於JR岡山站2樓新幹線閘票口的東側。只要在13時30分前寄放行李，即可於當日17時前配送至岡山、倉敷的指定住宿設施。

¥ 視租借站而異
⏰ 8時~13時30分
¥ 500日圓

能一身輕鬆地享受觀光樂趣

④ 觀光服務處

為了讓旅途更加充實，資料齊全的觀光服務處，不妨先走一趟旅遊指南和關訊息。還能取得推薦景點的相關資訊。

桃太郎觀光中心 ▶ P.56
⏰ 9:00~20:00 LINK P.56

岡山市觀光服務處
⏰ 9:00~18:00

岡山市區、吉備路地區的推薦活動

※以下為2017~2018年的預定舉辦時間。

一之宮朝市

每月第1週日（1月除外，8月有時會在第2週日）

●いちのみやあさいち　MAP 61C-2

充滿手作感的休閒朝市內售有無農藥蔬菜、麵包等商品，現做熟食和披薩也很有人氣。

📞 090-1689-7066（一之宮朝市實行委員會 小橋先生）
⏰ 8:00~12:00　所 吉備津彥神社境內

←與當地人交流也很有意思

西大寺五福通懷舊市集

一年2次（春、秋）

●さいだいじごふくどおりレトロマルシェ　MAP 107B-1

除了以昭和復古為主題的雜貨、特產等商品外，還設有射擊、打陀螺之類的體驗區。

📞 086-942-0101（岡山商工會議所西大寺支所）
⏰ 10:00~15:00　所 西大寺五福通

←風情獨具的五福通也是「ALWAYS三丁目的夕陽」的拍攝地

有機生活市集 いち

一年4次，第3週日（3、6、9、12月除外）

●ゆうきせいかつマーケットいち　MAP 57B-2

在西川綠道公園開辦的有機食材市集，添加香草的石窯披薩等精緻飲食攤也很引人目光。

📞 086-275-9888（ヴィハーラ）
⏰ 10:00~16:00　所 西川綠道公園

←於西川綠道公園舉辦的時尚市集

京橋朝市

每月第1週日（1月為第二週日，12月第2次為29日）

●きょうばしあさいち　MAP 56D-4

旭川河堤旁舉辦的朝市，有許多販售食材、在地美食等商品的帳篷。從太陽還沒升起前就已經擠滿人潮。

📞 086-231-9373（京橋朝市實行委員會）
⏰ 6:00~10:00　所 岡山市北區京橋町旭川河堤、綠地公園一帶

←能品嘗有機蔬菜、亞洲食物、甜點等各樣美味

岡山後樂園巡禮

日本三名園之一

四季花卉綻放的國家特別名勝，無論何時到訪都美不勝收，可邊漫步庭園邊享受賞景樂趣。

威嚴壯觀的漆黑之城
岡山城
おかやまじょう
聳立於旭川對岸 ➡ P.40

邊欣賞庭園邊享用抹茶
さざなみ茶屋
さざなみちゃや

隔著澤之池欣賞園內景色
廉池軒
れんちけん

⏰9〜2月有機會能看見丹頂鶴在庭園散步的身影

金色鯉魚悠游
澤之池
さわのいけ
位於園內中央的水池，還有一座擁有美麗白砂青松的砂利島

平時不對外開放，但有活動時會安排箏曲演奏

1 延養亭
えんようてい

能眺望園內最美景觀的藩主起居室

岡山後樂園內最重要的建物，原本作為江戶時代藩主的起居室。曾於戰爭中燒毀，於昭和35（1960）年重建復原。從藩主的主室可一望澤之池、唯心山以及遠方的操山。

參觀重點

所需時間
普通 約2.5小時
快速 約1.5小時

園內的總面積約14萬 m²，仔細參觀的話約2.5小時左右。若要越過月見橋順道造訪岡山城，則最好預留4小時的時間。

2 花葉之池
かようのいけ

碩大蓮花覆蓋整個池面

清晨可見一天四季（通稱大名蓮）白花盛開的池塘。人工瀑布是從曲水引水而來，為了增加水流聲響還置有高低落差的石堆。

⏰6〜8月的清晨是最佳賞花期

先將巨岩分割成90幾塊便於搬運，再堆砌成原來模樣的大立石

⏰或許是為了讓藩主能遠離職務好好放鬆，從這裡看不到岡山城

匠之技

橋
迴遊式庭園的關鍵元素。園內共有10幾座橋，分別以木、石、土等材質打造。

曲水
蜿蜒於園內、全長640m的水路，是從流經周圍的旭川引水而來。

草坪
園內皆鋪有質地較粗的草坪，約佔總面積的六分之一。與園路的對比十分漂亮。

日本三名園之一
與水戶的偕樂園、金澤的兼六園並列為日本三名園。三座都是非常出色的大名庭園，但其中又以岡山後樂園的佔地最為遼闊，面積廣達14萬4000m²。

岡山後樂園是這樣的地方

漫步觀賞庭園
充分利用園路和水路將草坪、池塘、假山等連成一體的迴遊式庭園，漫步其間的同時還能欣賞景致。

由岡山藩主池田綱政下令造園
岡山藩第二代藩主池田綱政為了打造一個藩主的休憩空間，下令家臣津田永忠建造庭園。於貞享4（1687）年動工築庭，總共費時14年歲月才完工。

有免費wi-fi

若要順道造訪岡山城，購買後樂園、岡山城共通券560日圓最方便！

📞086-272-1148 **MAP** 56E-2
⏰7:30〜17:45（視時期會有變動） 🈺無休 💴入園費400日圓
📍岡山市北區後樂園1-5 🚃岡電城下電車站步行15分 🅿1小時100日圓

5 聰明遊逛園區的大重點

1 參加導覽團繞行一圈

由精通後樂園特色魅力的導遊，透過歷史故事和八卦情報為大家介紹園內點滴。

岡山市觀光志工導覽
1天4次定時出發，會安排約1小時的路線遊覽園內。集合地點在正門綜合服務處旁。
📞086-224-1166
（岡山市觀光志工活動聯絡會）
⏰10:00、11:30、13:00、14:30定時出發 🈺第3週四、雨天 💴免費

後樂塾和 Kirari應援隊
並無固定的行程，可配合遊客停留的時間安排路線。集合地點在正門綜合服務處旁，詳情請洽岡山後樂園。
⏰9:00〜15:30隨時提供導覽 🈺夏季酷暑期間 💴免費

想輕鬆遊逛的話就租借語音導覽
提供園內28處景點的語音介紹。可隨時至正門綜合服務處租借，1台500日圓。

2 在園內茶屋小歇片刻

お庭そだち四季
於春、夏、秋三個期間販售，能吃到依季節更迭變化的山珍海味。1個 1030 日圓（照片中為3〜6月的春季菜色）

さざなみ茶屋
附設於廉池軒的茶屋。提供淋上園內栽種製成之梅子果醬的霜淇淋、抹茶，也有販售伴手禮。週三會不定休。

梅子果醬霜淇淋（3〜10月販售）350日圓

⏰抹茶套餐350日圓〜

茶室「漣波之間」可透過窗口欣賞景色同時享用抹茶。利用費（附抹茶套餐）650 日圓

邊眺望澤之池邊休息一下

福田茶屋
位於澤之池畔的老字號茶舖。可以坐在緋毛氈席上，品嘗包餡的吉備糯子搭配抹茶或焙茶享用。無休。

倉敷

岡山市區 吉備路

岡山後樂園巡禮

岡山城周邊·表町

倉敷美觀地區·兒島

瀨戶內海的島嶼·牛窗

湯原·蒜山

備前·日生

与江戸時代淵源深厚的丹頂鶴

⑥ 鶴舍
●つるしゃ

丹頂鶴代表吉祥象徵的「瑞兆」，自江戸時代就開始飼育至今。戰後曾暫時中斷，目前飼養了8隻，每逢正月和特別儀式都會舉辦放飛的活動。

↑偶而還能聽見丹頂鶴的鳴叫聲

藩主遊園或接待賓客時的休憩場所

⑤ 流店
●りゅうてん

為使園內免於戰火波及的建築之一。和屋頂和屋頂的建築中央有水路通過，並散佈著6塊色彩豐富的奇石。設計相當罕見，還能欣賞水流的變化。

山頂標高6m

唯心山（ゆいしんざん）

唯心山的休憩所

唯心堂（ゆいしんどう）
僅能容納兩人坐下來眺望景色的小堂

建物下方河川潺潺流過

流店（りゅうてん）

從唯心山眺望的景致

從園內最高的山頂眺望景色的

④ 唯心山
●ゆいしんざん

標高6m的假山，就位於池田綱政之子繼政建造的庭園中心。也因為這座假山的存在，使得原本平面的庭園景觀變得更為立體。

↑站在山頂上將園內盡收眼底

↑6月上旬盛開白色、紫色花朵的花菖蒲

歷代藩主的休憩場所

③ 廉池軒
●れんちけん

據說池田綱政很愛從這裡望出去的景色，所以經常會待在這座亭舍。架設在池上的小島等當時的橋和對岸的亭舍，都還維持當時的樣貌。

↓能欣賞優美的水面景致

不妨模仿藩主在散步途中小憩片刻吧

地圖標示

岡山城 P.40

城見茶屋 P.41

碧水園 P.41

月見橋

三色岡

① 延養亭

② 花葉之池

能舞台

③ 廉池軒

南門
入園券售票處

岡山縣立博物館 P.54

正門

入園券售票處

從聳立於旭川對岸的岡山城可將園內的美景盡收眼底

④ 唯心山

藤棚

さざなみ茶屋

觀光土產品協會

旭川

殘夢軒

可在這裡申請導覽服務

「お庭そだち」的梅子系列商品就是使用這裡栽種的梅子

花菖蒲田

唯心堂

澤之池

⑥ 鶴舍（丹頂鶴）

花交之池

梅林

櫻林

中之島

福田茶屋

鶴見橋

千入之森

井田

茶園

春天賞花的推薦場所

秋天的絕美紅葉景點

N

⑤ 事先確認精彩的歲時記事

8月1~31日 夜間特別開園 幻想庭園
在園內舉辦點燈裝飾、舞台活動等，呈現出如夢似幻的景色。

10月4日 賞月會
會延長開園時間供遊客欣賞中秋明月，還有箏樂演奏會。

1月1日 丹頂鶴放飛
將飼育的丹頂鶴在園內進行放飛，為充滿新春氣息的優雅儀式。

2月上旬 燃燒草坪
為驅除害蟲、準備新芽冒出的前置作業，染成黑色地毯般的模樣十分壯觀。

5月21日 採茶祭
採收園內茶葉的茶葉，還會有茶娘表演採茶和採茶舞。

④ 將採摘自梅林的梅子當伴手禮

園內賣店限定販售的「お庭そだち系列」最適合當伴手禮送人！

梅子果醬（100g）500日圓
以100%摘自梅林的青梅製成的果醬，風味溫和又清爽

梅酒果寶（500g）540日圓
售完為止
將梅果放入原酒醃漬，以圓潤的口感為特色

梅酒（300ml）650日圓
還保留梅子香氣、甜度適中的爽口梅酒

③ 強力推薦的後樂園便當

便當須於3天前預約，園內的賣店和茶屋均有售。

お庭そだち
以鰆魚、壽南小沙丁魚等岡山名物和季節食材製成，分為春季（3月~9月中旬）與秋季（9月下旬~2月）兩款。1個1550日圓（照片中為春季菜色）

岡山城大特寫

能遠眺名園的漆黑之城

逛完岡山後樂園後可越過月見橋前往岡山城。城內還保留築城當時樣貌的石垣和月見櫓，相當值得一看。

可將岡山後樂園的全景和市區盡收眼底

想像創建當時模樣而復原的金鯱

取自島町商店

岡山城是這樣的城堡

由宇喜多秀家興建

由天下人豐臣秀吉的五大老之一宇喜多秀家於慶長2（1597）年築城。

別名為烏城

三層六階構造的天守閣外牆雨淋板皆塗上黑漆，太陽照射下彷彿烏鴉淋濕的羽毛，因此又有「烏城」之稱。

重建的天守閣

原本是擁有35座櫓和21個城門的壯觀城堡，明治時代被納入國家所有，又在太平洋戰爭中因空襲嚴重損毀。目前的天守閣以鋼筋水泥重建，外觀則維持原狀，高度從石垣算起有20.45m。

☎086-225-2096　MAP 56E-2
🕘9:00～17:00　休無休　¥入場費300日圓
所岡山市北区丸の内2-3-1　⊟岡山電車下電車站步行10分　P請利用烏城公園停車場

這裡也很吸睛！

3 江戶初期建築的 西丸西手櫓

西丸相當於本丸外圍的二之丸內郭。明治時代的城郭、樓櫓大多已付之一炬，目前僅殘留下西丸西手櫓和一部分土牆。

座落於遠離天守閣所在的烏城公園之處

重文

2 可一窺構築技術精良的石垣

能觀察從興建當時的「野面積」到江戶初期的「植入」、「切入」等不同工法的變遷過程。總共有28000個石塊，皆來自於瀨戶內海的犬島。

↑表書院的石垣有3種不同類型
↑月見櫓的野面積

1 岡山城本丸唯一現存的箭樓月見櫓

三層構造的建物從城外看起來只有兩層，出窗則具有抵禦外敵的機能。城側設有大窗戶，據說是城主欣賞月色之用。

造型優美的樓櫓

重文

鶴見橋

P

旭川

岡山後樂園
Ⓐ 碧水園
●Ⓑ 城見茶屋

月見橋

岡山站

岡電城下電車站

●西丸西手櫓

月見櫓

岡山城

林原美術館 P

旭川

●搭天鵝船遊
覽旭川20分鐘
1800日圓

這裡是最佳位置

→在陽光灑落樹蔭下的
露天座小憩片刻

碧水園 ●へきすいえん
咖啡廳 隔著河川眺望岡山城邊享受悠閒時光

以百年歷史的渡船材料打造而成的咖啡館＆
餐廳別具風情，所有座位皆可眺望岡山城和旭
川。附設有租船場。

☎086-272-1605　**MAP 56E-2**

🕙10:30～16:30（4～9月～17:30，咖啡廳9:00～）
休不定休　所岡山市北區後樂園1-6
🚃岡電城下電車站步行15分
P請利用岡山後樂園停車場

→以岡山城為意象的
烏城咖哩750日圓

→現炸吉備糰子（黃豆
粉、抹茶）1支190日圓

城見茶屋 ●しろみちゃや
餐廳 用餐的同時還能欣賞奢侈美景

位於岡山後樂園南門附近的餐廳。
提供縣產的鴨川手延烏龍麵、白桃
比歐внутри咖哩，使用當季蔬菜烹調的
餐點。

→以在地時令食
材製作的天麩羅
烏龍麵1000日圓

☎086-272-2920　**MAP 56E-2**

🕙10:30～18:00（10～3月中旬～17:00）　休週一（可能會有變動）
所岡山市北區後樂園1-7　🚃岡電城下電車站步行15分
P請利用岡山後樂園停車場

這裡是最佳位置

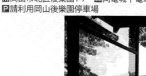

→從面對旭川的
座敷席一望岡山
城的風光

41

天守閣的內部

可一望旭川、
後樂園和市區　6樓

從這裡能拍到以旭
川為背景的金鯱照
片　5樓

瞭解岡山城的建築
特徵等知識　4樓

展示宇喜多、小早
川時代的歷史　3樓

電梯

介紹池田家的家具和親筆
文書　著裝體驗　2樓

備前燒工房　お城茶屋　1樓

鹽倉

天守閣入口　入場券售票處　地下1樓

雨天也OK！遊逛天守閣

1樓 到備前燒工房做出自己專屬的備前燒

透過手動轆轤製作淺碟、置筷架、小鉢等。約需
1小時，燒製完成後的作品會寄送到府（運送費
另計）。

☎086-224-3396

🕙10:00～15:00（舉辦5場，建議事先預約）

¥體驗費1230日圓（含黏土500g）

→有6種製作品項
可任君選擇

→不妨當作旅遊紀念
挑戰看看吧

1樓 在お城茶屋享用「お城聖代」

於白桃果泥的果凍上鋪上縣產水蜜桃、葡萄、草
莓等時令水果，一日限定50份。另外還有多款
甜食和點心。

🕙9:30～16:30

→放入白桃、晴王麝
香葡萄等水果的「お
城聖代」1058日圓（內
容視季節而異）

←城內的餐廳＆
甜食店

2樓 城主＆城主夫人著裝體驗

可在城主房間體驗穿上豪華絢爛的服裝。每場
最多5名，約需10分鐘。

🕙10:00～15:00
（舉辦5場，不可預約）

¥免費體驗

→宛如真的城主、
城主夫人

←可拍照留念的
大名駕籠

→能欣賞夢幻夜色的夏季活動「烏城
燈源鄉」

→隔著旭川所望見的
北側天守閣

4 岡山城二之丸對面所遺跡上的林原美術館

展示岡山藩主池田家代代相傳的家具、
書跡、繪畫之類的大名道具，以及林原
一郎的刀劍、陶瓷器等收藏品。

MAP 56D-3

☎086-223-1733

🕙10:00～16:30　休週一（逢假日則翌日休）、展
示替換期間　¥入館費500日圓（特別展費用另
計）　所岡山市北區丸の内2-7-15
🚃岡電縣廳通步行7分　P免費

正門「為江戶時代保存至今的長屋門

老屋再生區
的時尚 SHOP & CAFE

將懷舊街區內的閒置建物和古民家重新改造，搖身一變成為古今融合的人氣時尚景點，不妨來走走逛逛吧！

對流行最敏感的年輕人聚集的品味街區

問屋町 區域

問屋町以前是批發商的集散地，近年來由老屋改建的咖啡廳、雜貨屋、服飾店紛紛開張，成為廣受矚目的區域。每到假日就吸引許多年輕人和攜家帶眷的遊客來訪，相當熱鬧。

問屋町MAP 周邊地圖107A-2

・JR北長瀨站
FRENCH APARTMENT
小学校
GREEN DAYS
茶房和三盆
GS
JR大元站
超商
韓国居酒屋 しっとら
おまち堂&FRUTAS
郵局
cafe.the market mai mai
くらしのギャラリー本店
超市
DESCHL
ONSAYA COFFEE
銀行

能馬上融入生活中的手作逸品

くらしのギャラリー本店
●くらしのギャラリーほんてん

民藝品選物店內展示、販售店主親至日本各地廣蒐而來的優秀「手作物」。有許多陶瓷器、玻璃等兼具實用性的漂亮商品，尋找自己中意的品項來繽紛妝點日常生活吧。

MAP 107A-2
☎ 086-250-0947
🕐 11:00～20:00　🈺週二　🏠岡山市北区問屋町11-104
🚃 JR北長瀨站步行15分　🅿無
🔆 個性豐富多彩的作品光看就樂趣無窮

↑有好多讓人超想買回家的商品

從早上營業到晚上
問屋町的地標咖啡廳

cafe.the market mai mai
●カフェザマーケットマイマイ

可在寬敞的空間、舒服的背景音樂中，品嘗以季節水果製成的鮮果汁以及自家製麵包、蛋糕。新鮮蔬菜三明治和咖哩飯也很推薦。

MAP 107A-2
☎ 086-241-3141
🕐 10:00～24:00（週六日、假日9:00～）　🈺第1週二（逢假日則營業）　🏠岡山市北区問屋町14-101 ケーズテラス1F　🚃 JR北長瀨站步行15分　🅿免費

↑店內置有桌椅和沙發等古董家具

塔可飯午餐（附飲料、沙拉）1000日圓

享用自家農園蘋果製成的蘋果派

蘋果派 472日圓

GREEN DAYS
●グリーンデイズ

老闆因深愛蘋果派，甚至從頭打造出一座蘋果農園。香氣、酸味、口感俱佳的手作蘋果派一吃就會上癮，分量十足的漢堡也是熱賣商品。

↓以美式普普風格呈現的店內

MAP 107A-2
☎ 086-250-7551
🕐 11:00～18:30　🈺週二　🏠岡山市北区問屋町11-106 BOOTHビル1F　🚃 JR北長瀨站步行15分　🅿無

滿滿的季節水果！
鬆鬆軟軟的人氣刨冰

おまち堂&FRUTAS
●おまちどうアンドフルータス

以嚴格溫度管理等費工過程製作的刨冰，口感綿密鬆軟。除了使用大量季節水果，隨時備有10多種口味的刨冰外，也有販售新鮮的果汁。

MAP 107A-2
☎ 086-246-3686
🕐 10:00～19:00　🈺不定休　🏠岡山市北区問屋町12-101 AROW & DEPARTMENT104　🚃 JR北長瀨站步行15分　🅿免費

草莓牛奶刨冰 480日圓

↑五顏六色的水果十分吸睛

古老街道綿延的城下町
參觀岡山城後可順道一遊

出石町
いずしちょう
區域

作為岡山城門前町繁榮發展的出石町，從明治大正時代至今日式、西式建築錯落林立。具有濃厚的歷史文化氣息，也有散步途中可小歇片刻的咖啡廳。

岡山市區 吉備路
老屋再生區的時尚SHOP & CAFE

出石町MAP
周邊地圖 56D-1

油亀
新鶴見橋
中学・高等学校
pieni..ecole +cafe
cafe Antenna P.44
富士商店
cafe moyau
鶴見橋
超商
郵局
後樂園、岡山城→

可在圖書空間度過一個人的悠閒時光

本日蛋糕500日圓與粉紅檸檬蘇打550日圓

將屋齡60年的農機具倉庫改造再生

cafe moyau
●カフェモヤウ

店內由圖書室、地下室等個性空間所組成，不妨選個自己最能夠放鬆的角落坐下來。2樓的靠窗座，擁有能眺望後樂園的絕佳視野。除了三菜一湯的健康當日特餐外，還有許多對身體有益的餐點都廣受好評。

MAP 56D-1
☎086-227-2872
🕐11:30～21:00（週日到傍晚）
休 不定休
所 岡山市北区出石町1-10-2
🚃 岡電城下電車站步行7分
Ｐ無

附的座落近旭川沿岸、經後樂園、鶴見橋的旁

想同時享受購物和喝咖啡的樂趣！
給貪心女孩的首選推薦

grico apart
●グリコアパート

1樓的咖啡廳有供應新加坡雞飯之類的異國料理和手作甜點。2樓的商店陳列著以公平貿易品牌為主的衣服和飾品，能感受純手工製作的魅力。

MAP 57A-1
☎086-250-9338
🕐11:00～21:00（2F～20:00）
休 週二、第3週一（逢假日則營業）所 岡山市北区奉還町2-19-2 🚃JR岡山站步行7分
Ｐ無
※咖啡廳預約專線
☎086-250-9348

新加坡雞飯972日圓、午餐時段附沙拉和湯918日圓（～14:00）

yama-ni的陶針各1512日圓

↑以天然素材吸引女孩目光的陳列展示

↑改造自兩層樓古民家的完美空間

↑品項眾多從棕刷到最新開發文具應有盡有

80年屋齡錢湯改裝成的昭和復古雜貨屋

與知名筆記本製造商LIFE社合作推出的筆記本！富士Vincent 1000日圓

富士商店
ふじしょうてん

建於大正時期的店內，擺滿著老闆以其獨特品味收集而來的昭和、懷舊文具、日用品等。喚起小時候回憶的文具，總讓人忍不住拿起來仔細瞧瞧。

☎086-238-5445 **MAP 56D-1**
🕐11:00～18:00 休週二、不定休 所岡山市北区出石町1-9-20 🚃岡電城下電車站步行6分 Ｐ無

以歷史悠久的商店街為中心
新舊店家散居其間

奉還町
ほうかんちょう
區域

奉還町曾以JR岡山站西邊的玄關口盛極一時。商店街內有許多充滿下町韻味、平易近人的庶民店家，由年輕人經營的咖啡廳和雜貨屋等新開店面也隱身其中。

奉還町MAP
周邊地圖 57A-1

ONSAYA COFFEE 奉還町店
grico apart
銀行
福寿司P.49
藥妝店
JR西口筋岡山站
奉還町商店街
藥妝店
浅月本店→ P.48
富士 P.48

於復古情懷的空間中
品味自家烘焙咖啡

以二手家具擺設搭配的店內

ONSAYA COFFEE
奉還町店
●オンサヤコーヒーほうかんちょうてん

位於奉還町商店街上的咖啡專門店。可在爵士樂的背景音樂、昭和復古氛圍的沉穩空間，品嘗自家烘焙的咖啡美味。熱騰騰的拿坡里義大利麵和人氣鬆餅甜點，也絕不可錯過。

MAP 57A-1
☎086-252-1103
🕐11:00～17:30 休不定休
所岡山市北区奉還町2-9-1
🚃JR岡山站步行7分 Ｐ無

本日咖啡（法式濾壓壺）400日圓

鐵板拿坡里義大利麵650日圓

「岡山料理鐵人」精心製作！運用當季水果製作出色彩絢麗的聖代

6月～11月下旬

A 出石 大正浪漫聖代
1080日圓

在牛奶與白桃口味義式冰淇淋上，放上滿滿岡山產的麝香葡萄以及當季水果。上頭點綴著心形的最中和扇形的麩菓子煞是可愛。

香醇哈密瓜與麝香葡萄的頂級享受

當季水果做的甜點♪

水果 OKAYAMA 聖代

※水果聖代的資訊為2017年度的資訊。菜單、水果，以及版售時期會依年度與季節變動。

大顆比歐內葡萄與純正抹茶

6月下旬～9月下旬

B 簡單茶點 比歐內葡萄
680日圓

抹茶控無法抵抗的一道甜點。濃厚的抹茶冰淇淋，再加上滿溢的大顆比歐內葡萄。配料還有抹茶蛋糕和吉備糰子。

C 岡山 水果聖代
全年
972日圓

熟透的比歐內葡萄和麝香哈密瓜等，使用豐富當季水果的華麗聖代。低甜度的冰淇淋，配上有著絕妙酸味的水果醬汁，能夠讓人一直享受到最後一口。

添加大量水果王國——岡山自豪的當季水果所製作出的豪華聖代。好好享受只有產地直送才能嘗到的新鮮滋味。

這個宣傳旗幟是指標！

「水果聖代之街岡山」是希望讓所有人都能嘗嘗豐富縣產水果而開始的企劃。在岡山市內的咖啡廳、西點店等34家店，皆能吃到原創的水果聖代。

D 以美味、美麗為目標
Refresh Stand Fit
リフレッシュ スタンド フィット

老闆是擁有食品保健指導師與蔬菜Sommelier資格的飲食健康專家。以「好吃又健康」為理念，使用嚴選食材製作果汁與冰沙。

MAP 107A-1
☎086-251-6022
🕒10:30～19:00（週六日、假日10:00～18:30）
🈺週一 📍岡山市北區津島南1-1-21松原電業社第二ビル1F
🚗岡山IC車程5km 🅿無

便於利用的大眾咖啡廳

C 輕鬆品嘗鐵人的美味料理
Brasserie Chaleureux
ブラッスリーシャルル

「岡山料理鐵人」湯淺薰男精心企劃的時尚名店。除了坎城影展的晚宴，還可輕鬆品嘗獲得世界名人認同的湯淺料理。

MAP 57A-3
☎086-206-7120
🕒11:00～22:00 🈺無休 📍岡山市北區下石井1-2-1 AEON MALL岡山7F
🚗JR岡山站步行5分
🅿利用AEON MALL停車場

能享受購物樂趣的方便地點

B 專賣店的純正抹茶甜點
ほんぢ園
ほんぢえん

位於表町商店街，為日本茶與茶具的專賣店。店內的咖啡廳空間，備有能自行沖泡的銅板價抹茶、抹茶霜淇淋等餐點。

MAP 56D-3
☎086-222-5925
🕒9:30～18:30（咖啡廳 10:00～17:30）
🈺無休（咖啡廳週二休）
📍岡山市北區表町1-9-49
🚗岡電縣廳通電車站步行即到
🅿無

咖啡廳空間

店家內側有

A 聖代與咖哩很有名的店
cafe Antenna
カフェアンテナ

緊鄰岡山後樂園的復古風咖啡廳。使用購自簽約農家的嚴選水果所製作的聖代，以及放入大量岡山有機蔬菜的純正斯里蘭卡咖哩備受歡迎。

MAP 56D-1
☎086-221-9939
🕒11:00～18:00（12～2月11:00～17:00）
🈺週二（逢假日則翌日休）
📍岡山市北區出石町1-8-23
🚗岡電城下電車站步行7分 🅿免費

店內洋溢著大正時代的氛圍

滿滿的麝香葡萄賣相美麗吸睛

水果店嚴選的熟成白桃堆滿～滿

當季水果與超級食物的完美合體

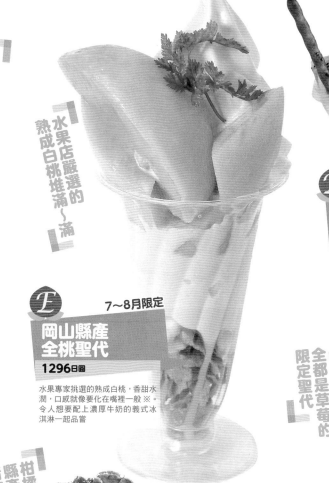

D 全年
潤澤岡山聖代
480日圓

堆疊如山的水果之下，裝滿了使用當季食材製作的義式冰淇淋以及超級食物等配料。是一份既美味又健康，還有美容功效的聖代。

E 7～8月限定
岡山縣產白桃聖代
1296日圓

水果專家挑選的熟成白桃，香甜水潤，口感就像要化在嘴裡一般※。令人想要配上濃厚牛奶的義式冰淇淋一起品嘗

凸顯當季香氣全都是草莓的限定聖代

柑橘類果凍與縣產葡萄組成的清爽聖代

G 7～8月限定
船穗町麝香葡萄和白桃的雙重聖代
1600日圓

這款聖代使用大量倉敷市船穗町出產的稀有高價麝香葡萄，並奢侈地用岡山白桃作為配料

H 全年
太陽的恩惠聖代
750日圓

以晶亮的柑橘類果凍為基底，水嫩多汁的晴王麝香葡萄及瀨戶巨人葡萄為配料。香草冰淇淋與手工點心更加凸顯聖代的美妙滋味。

F 3～4月限定
草莓聖代
1000日圓

豪邁地使用岡山縣產的草莓。「甘王草莓」冰淇淋和草莓霜淇淋底下，有滿滿的草莓醬汁

H
音樂為主題的夜晚咖啡廳
CAFÉ MUSIQA
カフェムジカ

將柳川路口盡收眼底，有著沉靜氛圍的夜晚咖啡廳。除了有咖啡、雞尾酒等豐富的飲品之外，還能品嘗到抹茶巧克力蛋糕500日圓，以及可選擇的晚飯套餐1400日圓等。

MAP 57C-2
☎086-238-4190
🕐17:00～24:30
🈺無休 📍岡山市北區磨屋町 2-8酒井大樓3F 🚃岡電柳川電車站到即到 🅿無

店內裝潢復古沉靜

G
主廚自豪的奢侈聖代
casual dining URBANO
カジュアルダイニング ウルバーノ

位於岡山站西口地標——岡山ANA皇冠假日酒店內，非常適合小憩一下或作為碰面地點。主廚親手製作的甜點大受好評，晚上還能享受到全餐料理。

MAP 57A-2
☎086-898-2268
🕐11:30～22:00（週六日、假日9:00～；聖代14:30～）🈺無休 📍岡山市北區駅元町15-1 岡山ANA皇冠假日酒店1F 🚃JR岡山站即到 🅿利用岡山ANA皇冠假日酒店停車場

玻璃裝潢的店內具開放感

F
在車站附近的景點小憩一下
Cafe Restaurant OLIVIER
カフェレストラン オリビエ

此咖啡廳餐廳，位於直通岡山站的飯店內。除了甜點以外，也備有每週更換的義大利麵、海鮮類午餐及洋食菜單，可自由彈性搭配。

MAP 57A-2
☎086-233-3138
（岡山格蘭比亞大酒店）
🕐6:30～21:30（聖代為14:00～）🈺無休 📍岡山市北區駅元町1-5岡山格蘭比亞大酒店2F 🚃JR岡山站即到 🅿利用岡山格蘭比亞大酒店停車場

店內排列著86張桌席

E
盛滿大量嚴選水果
FRUITS-J BOUTIQUE 天滿屋岡山本店
フルーツジェイ ブティックてんまやおかやまほんてん

水果批發店經營的果汁店。除了義式冰淇淋和聖代之外，也有販售水果切盤。不管是哪樣商品，都使用了豐富的季節水果。也有販售包裝精美的果醬等商品。

MAP 56D-3
☎086-231-7673
🕐10:00～19:30（以岡山天滿屋為準）🈺無休 📍岡山市北區表町2-1-1 岡山天滿屋B1F 🚃岡縣廳通站步行3分 🅿利用岡山天滿屋停車場

陳列著色彩豐富的水果甜點

倉敷

備中松江帶·蒜山高原 蒜山高原漫遊 湯鄉·日生

鰆魚生魚片 1300日圓
富含油脂的白肉，被稱為「生魚片之王」，恰如其名的美味

岡山的豪華料理

在溫暖的瀨戶內氣候孕育之下，岡山是新鮮的鰆魚、下津井的章魚、稀有的千屋牛等好吃又豐盛的食材寶庫。盡情享受岡山引以為傲的豪華料理吧。

季 4~5月、10~2月
鰆魚

岡山的鰆魚消費量為日本全國第一。由於魚身容易受傷，所以只有在岡山才能吃得到鰆魚生魚片。

魚店直營！引以為傲的新鮮度
はまゆう

↑恰到好處的口感與酸味促進食慾的醋漬蝦蛄600日圓

一樓為魚店拓展出的海鮮居酒屋。全年都能品嘗到鰆魚、下津井章魚等當季的海鮮料理。以擁有豐富種類的縣內外銘酒聞名，生魚片、烤魚、鍋物等鮮魚料理加上喝到飽的無菜單全餐5000日圓起，相當受歡迎。

MAP 57A-3
☎ 086-232-5115
🕚 11:00~13:30（週六除外），17:00~21:30
休 週日、假日　岡山市北區桑田町16-20 2F
🚉 JR岡山站步行15分　P 免費

推薦菜單
活章魚生魚片 800日圓
照燒鰻魚（夏期限定）1000日圓
預算 3000日圓~　座位數 80位

↑吧檯櫥窗中陳列著新鮮的魚貝類海鮮

↑時尚的氛圍
↑女性顧客也很多

推薦菜單
鰆魚玉子燒 720日圓
當地漁夫直送！
星鰻天婦羅 1350日圓
預算 4000日圓~　座位數 91位

令人感動，種類豐富的鰆魚料理
和風居酒屋 あかり
●わふういざかやあかり

鰆魚生魚片就不用說了，還有稍作炙燒後帶出油脂美味的炙燒鰆魚佐柚子醋、涮鰆魚1500日圓等，鰆魚料理相當豐富。無法選擇時，推薦來個每道料理都能品嘗到的岡山全餐4100日圓。

炙燒鰆魚佐柚子醋 980日圓
魚肉經過炙燒，更添美味，能享受到不同的口感

MAP 57C-2
☎ 086-803-5580
🕚 18:00~23:00（週五、六為17:00~；週日、假日為17:00~22:00）
休 不定休　岡山市北區野田屋町1-6-22グロップビル1F
🚉 JR岡山站步行10分　P 無

千屋牛A-5腿肉牛排（100g）
3218日圓
恰到好處的霜降油脂與紅肉真是絕品。推薦品嘗三分熟

能輕鬆享受的鐵板燒
TEPPAN KU-YA
●テッパンクウヤ

創業時為路邊小攤的章魚燒店，是很有特色的鐵板燒店。菜單使用縣產蔬菜、千屋牛、海膽等，在此能以經濟實惠的價格品嘗美食，也有許多從縣外來的粉絲。鐵板燒吃完後，請一定要來份多達15種口味的章魚燒作為完美的句點。

☎ 086-224-8880　**MAP** 57B-2
🕚 18:00~23:00　休 週日（逢連休則最後日休）　岡山市北區野田屋町1-1-17
🚉 JR岡山站步行7分　P 無

季 全年
千屋牛

生產於新見市千屋地區。據說與松阪牛、神戶牛等為相同的血統來源，特徵是肉質柔嫩且風味十分鮮美。

↑面向桃太郎大通的好地點

推薦菜單
淋醬章魚燒（6個）648日圓
PeachPork
肩里肌豬排 1058日圓
預算 4000日圓~　座位數 21位

↑有吧檯座位與一般座位

絕品！

本地章魚佐蘿蔔泥柚子醋
950日圓
將富有彈力的下津井章魚切片，是一道方便入口的料理

季 7～8月
下津井章魚

這裡捕到的章魚生長於海流急速的下津井沿海。觸手又粗又有嚼勁。

推廣岡山在地美食
岡山料理專門店
cooking of art Ikiya
●おかやまりょうりせんもんてんクッキングオブアートイキヤ

使用下津井的章魚、韭黃等當地食材創作的菜單相當有人氣。也很推薦蒜山炒麵700日圓、蝦蛄丼850日圓等當地菜單。讓人想配著清水桃口味的雞尾酒及燒酌，地酒一起品嘗。

☎086-801-2828 **MAP** 57B-4
⏰18:00～23:00 休水曜 所岡山市北区柳町2-1-7 ラポールビル1F 交JR岡山站步行15分 P無

←溫暖的木質感裝潢

推薦菜單
炙燒千屋牛 附柚子醋 1620日圓
岡山香菜與桃太郎番茄沙拉 850日圓
預算 3500日圓～ **座位數** 37位

→享受清脆口感的韭黃壽司（1貫）150日圓

米好吃，酒也就好喝
岡山地酒3選

日本西部以好米、好酒而聞名的釀造廠都聚集在岡山。這邊為各位介紹「おかやまの酒ばぁさかばやし」推薦，一定要喝的當地好酒！

店內飲用
小杯 450日圓

一
木村式奇蹟之酒 純米吟釀 雄町
有使用自然栽培法「木村式奇蹟的稻米」的雄町米釀造的純米稀有酒。口感順口，入喉瞬間充滿香特味且後韻清爽。
（720ml）1836日圓

店內飲用
小杯 450日圓

二
純米吟釀 倉敷吟釀 伊七
100％使用岡山縣產山田錦。微甜圓潤不膩口，非常易入口。與鹽味的白肉魚等非常合。
（720ml）1572日圓

店內飲用
小杯 500日圓

三
極聖 純米大吟釀 濁酒
使用岡山縣產雄町米精米度50％的濁酒。細緻又高雅的香氣，帶著雄町米風味中，滑順口感的逸品。是擁有町町的濁酒獨特風味的逸品。
（720ml）3240日圓

地酒藏量豐富
おかやまの酒ばぁ さかばやし
●おかやまのさけばーさかばやし

店內常備有200種以上的岡山地酒，以日本酒為主，另外也有燒酌、啤酒及紅酒，能夠廣泛享受到各種不同的酒。與販賣店合併設置，因此也能在這裡購得喜歡的酒。

MAP 57B-2
☎086-233-0009 ⏰17:00～23:30
休無休 所岡山市北区駅前町1-10-3 交JR岡山站步行5分 P無

←備有愛酒者無法抗拒的各種酒類

想吃到最棒的飯食料理
御馳喜々●ごちきき

最有名的菜色，是使用向當地漁夫直接進貨的當季海鮮、並使用土鍋現點現做而成，活用食材原味的飯食料理相當有名。推薦能和魚類料理搭配品嘗的無菜單全餐3000日圓起。

MAP 57C-3
☎086-232-7800 ⏰16:00～22:30
休不定休 所岡山市北区磨屋町8-24 交岡電郵便局前電車站步行5分 P無

章魚飯（1人份）
1300日圓
能夠盡情享受彈牙口感與美味香氣

推薦菜單
鯛魚飯（2人分）1500日圓
燉煮料理 1500日圓～
預算 4000日圓～ **座位數** 72位

→氣氛沈穩、舒適的半開放式包廂空間

醋漬壽南小沙丁魚
540日圓～
肉身緊實風味相當清爽，最適合下酒

季 5～7月、10～12月
壽南小沙丁魚

肉身緊實擁有上等美味的銀色小魚。因為好吃到令人不惜向人借點飯也要繼續吃，所以又被稱為「借飯魚」。

能輕鬆品嘗懷石料理
割烹 動 ●かっぽういぶり

白天以丼飯料理及定食為主，晚上則能享受從前菜到甜點皆有的懷石料理。這裡可品嘗到數量有限的烤鰆魚（9～6月），以及烤鯖魚（5～9月）棒壽司也相當受歡迎。

MAP 57C-2
☎086-222-0405 ⏰11:30～13:30、18:00～22:00 休週二、每月第1週三 所岡山市北区磨屋町7-1 岡村ビル1F 交岡電郵便局前電車站步行5分 P無料

←活用韭黃上等甜度與口感的涼拌小菜540日圓

推薦菜單
天丼會席 1620日圓
烤鯖魚棒壽司（9～6月）1080日圓
預算 3000日圓～ **座位數** 25位

↑和店主聊天也很愉快的吧檯座

多蜜豬排丼

說到豬排丼，在岡山基本上都是淋多蜜醬汁，而不是淋上半熟的蛋液。從昭和時期就受到大家喜愛的名物，是味司野村創業者的點子。

味司野村
あじつかさのむら

MAP 57C-2

從昭和 6（1931）年創業以來，守護著經歷四代暖簾的豬排丼專賣店。多蜜豬排與半熟蛋液兩種口味都能吃到的孫膳 1000 日圓起，子膳 1300 日圓起，相當有人氣。也可外帶。

☎086-222-2234
🕐11:00～14:30、17:30～21:00（週六日、假日為11:00～21:00）
休無休 所岡山市北区平和町1-10
🚃JR岡山站步行7分 P無

↑沈穩日式風格的店內

有家族4代粉絲的多蜜豬排丼始祖

腰里肌豬排丼
900日圓
與創業時幾乎無異製作方法。將小麥粉與起酥油翻炒約一小時，再加入雞骨與蔬菜高湯熬煮而成的醬汁是絕品！

重點 **1**
配料
白飯與豬排之間夾了高麗菜，配料一般為豌豆

重點 **2**
多蜜醬汁
醬汁的基底各店不同，在岡山市區也有蠻多店家使用拉麵湯頭作為基底

えびめしや
万成店
えびめしやまんなりてん

MAP 107A-1

基本款蝦飯 700 日圓就不用說了，燉飯風等多種升級變化版的蝦飯也很有人氣。99 日圓就能吃到經濟實惠的五種冰淇淋或法式燉湯也廣受好評（不可單點）。

☎086-251-6221
🕐11:00～22:00 休無休 所岡山市北区万成西町2-53 🚗岡山IC車程3km P免費

↑外觀明亮，因此來此用餐的家庭客層也很多

變化豐富的進化系蝦飯

歐姆蛋蝦飯
880日圓
鬆軟化開的半熟歐姆蛋，拌著多蜜醬汁，美味提升♪

蝦飯

富含彈力的蝦仁與秘傳醬汁的香氣實在絕妙。起源是「いんでいら」的創業者將東京老店的味道，挑戰升級成岡山流美食。

充滿特色的多樣菜單大集合！

岡山市區 B級美食

當地美食天國——岡山的街頭，有許多輕鬆就能吃到的當地美味。在此為您介紹岡山引以為傲，人氣屹立不搖的 3 大名產。

岡山拉麵

二次大戰結束後，發祥於市區街道的路邊攤，除了主流的豚骨醬油之外，還有海鮮高湯、鹽味高湯等各式各樣的口味，競爭相當激烈。

岡山拉麵的兩大起源！

淺月本店
あさづきほんてん

MAP 57A-1

昭和 23（1984）年創業的老店。使用中細麵的豚骨醬油拉麵，配上炸豬排的「炸豬排拉麵」相當有名。

☎086-252-1400
🕐10:30～20:30
休週四 所岡山市北区奉還町2-5-25
🚃JR岡山站步行7分
P有合作停車場

據說是車站附近的最早開在的拉麵店

炸豬排拉麵
900円
剛炸好酥酥脆脆，搭胡椒鹽最對味的豬排，將湯頭變得更加溫潤。

冨士屋
ふじや

MAP 57A-1

初代老闆研究多次，完成了以豚骨為基底的醬油拉麵。湯頭配上能夠帶起湯汁的中細麵，再加上耗時燉煮的特製叉燒，真是絕佳美味。

☎086-253-9759
🕐11:00～20:00
休週三（逢假日則前日休）
所岡山市北区奉還町2-3-8
🚃JR岡山站步行7分
P免費

中華麵
680日圓
清爽卻滋味豐富的湯頭，讓人感受到古早風味

守護一路傳承的傳統滋味

華麗的鄉土料理 散壽司

將當季美味優雅盛盤

一名，能品嘗到鰆魚等的新鮮海鮮及滿滿當季蔬菜。

岡山縣民在祭典日享用的傳統散壽司。用料豐富第

這就是散壽司！

一 裝入大量瀨戶內的海味與蔬菜

鋪上鰆魚及壽南小沙丁魚等具有岡山風味食材的散壽司。粗略計算有數十種食材滿滿蓋在醋飯上，外觀相當華麗。是作為喜慶不可或缺的一道料理，廣受大家喜愛。

二 起源於先人的智慧

始於江戶時代初期，庶民受到「一菜一湯」的節儉令約束，將食材隱藏混在米飯底下作為「一菜」。

三 珍視一生一次的美味

原本使用當季食材製作的家庭料理，就會因製作者而產生食材與調味上的差異，讓人想好好享受當下的美味。

岡山市區 吉備路

B級美食／散壽司

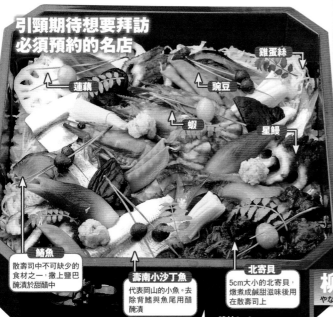

引頸期待想要拜訪必須預約的名店

雞蛋絲

蓮藕

豌豆

蝦

星鰻

鰆魚
散壽司中不可缺少的食材之一，撒上鹽巴醃漬於甜醋中

壽南小沙丁魚
代表岡山的小魚。去除背鰭與魚尾用醋醃漬

北寄貝
5cm大小的北寄貝，燉煮成鹹甜滋味後用在散壽司上

請享用這充滿岡山風味食材的豪華散壽司

食材數量 約 **12** 種

請於2～3日前預約（5人份起）

散壽司（1人份）2700日圓

鋪滿壽南小沙丁魚、北寄貝、韭黃的豪華散壽司。與壽司飯一起炊煮的有牛蒡及蓮藕。照片為3人份

也推薦這些！

HAMURA膳（午）	3240日圓
懷石全餐（晚）	6480日圓～

柳川はむら

やながわはむら

MAP 57C-2

在大阪的割烹料理店「梅市」學藝過的老闆所經營的日本料理店。在洗鍊的氛圍下，能享受到連細節都講究的日本料理。能帶出料理美味的紅酒陣容也相當豐富。不論是中午或晚上，建議都要先預約。

☎086-225-6364
⏰11:30～14:00、17:00～22:00 休無休
🏠岡山市北區 野田屋町1-11-20 グレースタワーⅡ 2F 🚃JR岡山站步行15分
🅿有合作停車場

福壽司

ふくずし

MAP 57A-1

使用招牌菜單——鰆魚製作的鄉土料理「備前散壽司」，盛放了約40種食材，是需花2天製作的一道料理。如果是特地來吃鰆魚，推薦包含了生魚片及炙燒的全鰆魚套餐（9月下旬～5月上旬，5400日圓）。

☎086-252-2402
⏰11:00～14:30、17:00～20:30 休週一
🏠岡山市北區奉還町2-16-17
🚃JR岡山站步行7分 🅿無料

也推薦這些！

壽南小沙丁魚壽司（1個）	216日圓
特上握壽司	2700日圓
散壽司（附清湯）	1080日圓

挑選鰆魚眼光精準的店主

大展身手的一道料理

請於2日前預約

備前散壽司（1人份）3240日圓

外觀一看就知滿是豪華食材。與晴天相應的豪華鄉土料理

食材數量 約 **40** 種

想要品嘗鄉土料理的話不要猶豫，就來這裡

食材數量 約 **17** 種

無需預約

散壽司套餐（附小菜、湯、甜點）1080日圓

鋪了約17種食材，經濟實惠的套餐。午餐時間還附有小菜、湯、甜點

也推薦這些！

握壽司（附湯）	1620日圓
壽南小沙丁魚握壽司（附湯）	1080日圓
鰆魚棒壽司（附湯）	1944日圓

請您細細品嘗奢侈使用新鮮食材製作的鄉土料理

※食材的種類視季節而異

鄉土料理 割烹 さかぐち

きょうどりょうりかっぽうさかぐち

MAP 56D-4

以熟知岡山美味而聞名的鄉土料理研究家——坂口哲夫所經營的店。使用瀨戶內新鮮的海鮮，並依季節採用不同的料理方法。也推薦您品嘗使用韭黃及壽南小沙丁魚的9品鄉土料理——岡山觀光美食膳4104日圓。

☎086-224-2835
⏰11:30～14:00（僅週二四六、假日）、17:00～22:00 休週日 🏠岡山市北區表町3-8-22
🚃岡電西大寺町電車站即到 🅿免費

也推薦這些！

鰆魚押壽司	1300日圓
散壽司	1620日圓
圓壽南小沙丁魚握壽司（1貫）	240日圓

在車站內享受老店的美味

食材數量 約 **14** 種

吾妻寿司 岡山站店

あづまずしおかやまえきてん

MAP 57A-2

明治時代創業的老舖分店。位於SUN STATION TERRACE 岡山（→ P.50）的二樓，能夠輕鬆品嘗到正宗的壽司，相當受歡迎。吧檯陳列著鰆魚、壽南小沙丁魚等新鮮的壽司料。也能夠外帶的菜單。

☎086-227-7337
⏰11:00～21:30（售完打烊）
休無休 🏠岡山市北區駅元町1-1SUN STATION TERRACE岡山2F 🚃JR岡山站內 🅿有合作停車場

無需預約

岡山散壽司（附湯）1620日圓

擁有鰆魚與星鰻等約14種食材的豪華料理

倉敷

美作中心／津山城跡·落合

瀨戶內海／備前·牛窗

蒜山高原／蒜山·湯原

倉敷·日生

49

吃得美味 收到開心！

岡山站伴手禮大搜查

在岡山站，使用白桃、麝香葡萄等特產的伴手禮就不用說了，在站內還有許多能夠品嘗到當地美食的店家。來檢視一下好吃的岡山人氣伴手禮＆美食！

※價格視店家而異。

必買伴手禮樣樣齊全
A 伴手禮街道岡山
おみやげかいどうおかやま

小小的店內堆滿著名點心、地酒等全縣區域的伴手禮。必買的人氣商品數量齊全。

MAP 57A-2
☎ 086-235-1104
🕐 6:10～22:00 🏠岡山市北區駅元町1-1 🚃JR岡山站內 🅿無

發現話題伴手禮
B SUN STATION TERRACE 岡山
さんすておかやま

集結流行時尚、美食、雜貨等的購物中心，直通岡山站。也有許多販售伴手禮的店家。

MAP 57A-2
☎ 086-800-1020
🕐 10:00～20:00(視店家而異) 🏠岡山市北區駅元町1-1 🚃JR岡山站即到 🅿有合作停車場

岡山站內MAP

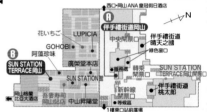

水果膠原蛋白果凍 (12入)650日圓～

麝香葡萄、白桃等縣產水果果凍中，加入膠原蛋白的奢華果凍。推薦冰過再吃

B GOHOBI

可愛&好吃
水果伴手禮
只在水果王國才有的豐富魅力陣容

白桃起司 岡山貓舌餅 (10片)702日圓

將岡山產的白桃融入起司巧克力中作成內餡，夾在蒜山澤西牛乳製成的貓舌餅內，是一款風味醇厚的西點

A

葡萄烏龍 (50g)1130日圓
白桃大吉嶺 (50g)1030日圓

添加比歐內葡萄及白桃風味，岡山限定的調味茶。水果新鮮的香氣帶出茶葉甘甜的風味

B LUPICIA

白桃甜點 486日圓

加了水嫩多汁白桃果肉的果凍。吃完後外殼還能拿來裝日常小物

A B SUN STATION館

岡山瑞士卷 1625日圓

能一次品嘗到岡山引以為傲的特產——清水白桃、作州黑豆納豆、蒜山澤西牛乳、吉備糰子的瑞士卷

A B SUN STATION館

白桃酒 (360ml)1080日圓

大量使用岡山白桃果汁的水果酒。瓶身以白桃為形象，圓滾可愛

A B SUN STATION館

亞歷山大麝香葡萄 (720ml)2640日圓

使用100%岡山縣產的優質麝香葡萄，在縣內低溫熟成。擁有高雅香氣及上等甘甜魅力的葡萄酒

A B SUN STATION館

能輕鬆品嘗的站內美食

在站內能夠品嘗到許多岡山美味的當地美食。
旅途結束前一定要先品嘗一下。

花いちご
はないちご

陳列當季縣產水果的站內小店。在此能夠品嘗到現打果汁、義式冰淇淋等。

MAP 57A-2
☎ 086-235-8715
🕐 10:00～21:00
休 無休

↑水果店內的純果汁
↑麝香葡萄汁(7～10月)400日圓
↑比歐內葡萄汁(7～10月)400日圓

1F
ふく仙 JR岡山站店
ふくせんジェイアールおかやまえきてん

能品嘗到使用肉質緊實的下津井沿海章魚，所作成豐富的料理。章魚生魚片、炸雞、釜飯等皆有的「章魚御膳」相當受歡迎。

MAP 57B-2
☎ 086-801-3776
🕐 11:00～21:00
休 無休

備有豐富的下津井章魚菜單

↑章魚御膳 3024日圓

B級級美食與當地啤酒的店

↑蝦飯770日圓

1F
lunch&beer SUN
ランチアンドビアサン

在車站一樓的啤酒餐廳。品嘗蝦飯及多蜜豬排丼的同時，也能享受當地啤酒。

MAP 57B-2
☎ 086-801-0060
🕐 11:00～21:30(飲品～22:00)
休 無休

吾妻壽司 岡山站店
あづまずしおかやまえきてん

能輕鬆品嘗使用當季鮮魚的握壽司及散壽司。趕時間的時候，推薦外帶品嘗。

LINK P.49

在站內享受老舖壽司

↑南蠻小沙丁魚壽司(外帶用)1000日圓

說到岡山果然還是這個！

吉備糰子

**從必備商品到新商品
持續進化的必買伴手禮**

元祖 麝香葡萄 吉備糰子
（8入）378日圓

糰子中間包裹著滿滿的香濃岡山特產——麝香葡萄果蜜，是充滿果香、味道清爽的吉備糰子

Ⓐ Ⓑ SUN STATION館

鹽巧克力吉備糰子
（4入）360日圓

糰子使用了岡山產的黍米粉和鹽製成，內餡包入香濃杏仁風味的巧克力，是進化形的吉備糰子。銷售所得的3%將捐贈給岡山的福利團體

Ⓑ 中山昇陽堂

吉備糰子 各口味
（10入）410日圓

以國產糯米為基底混合黍米製成，延續古早樸素的風味。元祖、黑糖、海鹽等有各種口味

Ⓐ Ⓑ 廣榮堂本店

想帶回家的
岡山美味

桃太郎的祭典壽司
1000日圓

將鄉土料理「散壽司」放入桃形容器的最暢銷商品。飯上鋪著鰆魚及壽南小沙丁魚等13種食材

Ⓐ

油漬壽南小沙丁魚 各口味
（68g）各480日圓

將名產壽南小沙丁魚用油與香草或大蒜等一同浸漬的罐頭。當下酒菜吃就不用說了，還可自由變化，將罐頭加入義大利麵中或作成開胃菜等料理

Ⓐ Ⓑ 阿藻珍味・SUN STATION館

千屋牛壽喜燒便當
1200日圓

將肉質柔軟且風味鮮美的岡山名牛「千屋牛」做成壽喜燒風味。和滑嫩的半熟蛋一起品嘗吧

Ⓐ

想搶先入手的
岡山銘菓

大手饅頭
（10入）864日圓

擁有甘酒香醇風味特色的薄皮饅頭。據說此銘菓之名是在大約170年前，由備前藩主池田侯賜名而來的

Ⓐ Ⓑ SUN STATION館

高瀨舟羊羹
（24入）1240日圓

誕生於約250年前的一口羊羹。冰砂糖的口感與豆沙餡的滑順，為舌尖帶來絕妙的享受

Ⓐ Ⓑ SUN STATION館

5F 岡山的街道休息站

おばあちゃんの台所
おばあちゃんのだいどころ

販售推廣當地特產的特產直銷商店。店內售有產地直送的蔬菜、海鮮，讓人身在岡山市中心，還能享受如同在公路休息站般的購物樂趣。

☎ 086-237-1200
🕙 10:00～19:00

➡醋漬生壽南小沙丁魚燻製（10尾入）648日圓

➡安富牧場的義式冰淇淋（雙球）450日圓

➡岡山和牛咖哩540日圓

5F 推廣岡山製品的選貨店

HAREMACHI 特區365
ハレマチとっくさんろくご

➡HAREMACHI CHARM 吉備糰子（15入）810日圓

「365天，每天都能使用的可 愛物品」為此店的關鍵字，店內陳列約有3000種以上適合送禮的商品。

☎ 086-206-7204
🕙 10:00～21:00

※花色會隨季節改變。

➡TORA醬油香菜沙拉醬（150ml）648日圓

➡笹埜造醋 果實醋飲料（200ml）各1080日圓

直通車站！
雨天也不擔心

AEON MALL岡山

位於距岡山站步行5分處的大型購物中心，集結從縣內外嚴選出來的商品。

AEON MALL 岡山 🅼🅰🅿 57A-3

● イオンモールおかやま
☎ 086-803-6700
（代表號）
🕙 10:00～21:00
（視店家而異）
休 無休
所 岡山市北区下石井1-2-1
🚉 JR岡山站步行5分
🅿 15分100日圓

岡山市區與近郊的旅館

JR岡山站周邊交通便利，聚集了許多便於觀光的市區飯店及商務旅館。若是要開車移動的話，也可考慮郊外的旅館。

這裡最棒!?
2017年12月翻新的17樓行政雙床房。廁所與浴室分別獨立，備齊加濕功能的空氣清淨機等諸多讓人能舒適放鬆的設備

直通岡山站的便利性與豐富的餐飲設施相當受歡迎
岡山格蘭比亞大酒店
●ホテルグランヴィアおかやま

直通岡山站的市區飯店，以多元風格的客房為傲，有以岡山代表性風景與庭園為形象概念營造的樓層，還有裝潢雅致的行政房型樓層等。飯店內有八家餐廳及酒吧、室內溫水游泳池等設施，讓房客能在飯店度過舒適的時光。

MAP 57A-2
📞086-234-7000
⏰IN14:00、OUT12:00
¥雙床房1泊房間費用26136日圓～
📍岡山市北区駅元町1-5
🚉直通JR岡山站　🅿1泊1200日圓

→用岡山美味的食材開始美好的一天

→2樓直通JR岡山站

將岡山市區盡收眼底的飯店
岡山ANA皇冠假日酒店
●エーエヌエークラウンプラザホテルおかやま

以空橋連結，直通岡山站的高樓飯店。有摩登裝潢的標準房型樓層，以及高雅脫俗的高級房型樓層可供選擇。20樓有和食餐廳及酒吧，1樓則有洋食餐廳。

MAP 57A-2
📞086-898-1111
⏰IN14:00、OUT12:00
¥標準雙人房1泊房間費用13000日圓～
📍岡山市北区駅元町15-1
🚉JR岡山站即到
🅿1泊1200日圓

→岡山站西口的地標

這裡最棒!?
入住高級房型樓層的房客，可免費使用酒吧&休息室的茶&雞尾酒時間

這裡最棒!?
可一邊眺望綠意庭園一邊放鬆的花園浴池

在面對庭園的大浴池度過放鬆時光
三井花園飯店岡山
●みついガーデンホテルおかやま

鋪設大理石的入口給人豪華寬敞的印象。全客房使用舒達公司製的床鋪，並備有原創的快眠枕。僅限房客使用的大浴池可眺望位於最高樓層的日本庭園，廣受好評。

MAP 57A-3
📞086-235-1131
⏰IN14:00、OUT11:00
¥雙床房1泊房間費用20000日圓～
📍岡山市北区駅元町1-7
🚉JR岡山站即到
🅿1泊1080日圓

→講究舒適度的客房

※所標註的住宿費用原則上以2人1房計算。註明「1泊附早餐」、「1泊2食」、「1泊純住宿」時，表示是以1人的費用計算；註明「1泊房間費用」時，則表示是以2人的費用計算。
※由於住宿費用會視房型與時期而異，請事先確認。

還有還有這些
推薦住宿

♨=有溫泉　Ｐ=有停車場　Ｃ=可刷卡
灰色表示無該服務。

※房間費用：Ｓ=單人房、Ｔ=ツ床房、Ｗ=雙人房、
Ｓ為1人使用、Ｔ・Ｗ為2人使用時的1泊房間費用。
標註為1泊2食的情況，則表示2人使用時，每人的費用。

岡山UNIVERSAL飯店 本館
おかやまユニバーサルホテルほんかん

IN 16:00 OUT 10:00　Ｐ Ｃ♨ 飯店
☎086-226-2300
所岡山市北區中央町3-15
¥S4620日圓～／T8324日圓～／W8324日圓～
※稅金暨服務費另計
岡電大雲寺前電車站即到
MAP 57C-4

站前UNIVERSAL飯店
えきまえユニバーサルホテル
IN 16:00 OUT 10:00　Ｐ Ｃ♨ 飯店
☎086-232-2600
所岡山市北區幸町9-6
¥S4620日圓～／T8324日圓～／W8324日圓～
※稅金暨服務費另計
JR岡山站步行10分
MAP 57B-3

岡山UNIVERSAL飯店 別館
おかやまユニバーサルホテルべっかん
IN 16:00 OUT 10:00　Ｐ Ｃ♨ 飯店
☎086-221-4100
所岡山市北區表町3-18-56
¥S4620日圓～／T8324日圓～／W8324日圓～
※稅金暨服務費另計
岡電大雲寺前電車站即到
MAP 57C-4

岡山UNIVERSAL INN
おかやまユニバーサルイン
IN 16:00 OUT 10:00　Ｐ Ｃ♨ 飯店
☎086-234-1101
所岡山市北區南中央町3-1
¥S4620日圓～／T8324日圓～／W8324日圓～
※稅金暨服務費另計
岡電大雲寺前電車站即到
MAP 57C-4

岡山UNIVERSAL 飯店 第二別館
おかやまユニバーサルホテルだいにべっかん
IN 16:00 OUT 10:00　Ｐ Ｃ♨ 飯店
☎086-224-6200
所岡山市北區表町3-18-60
¥S4620日圓～／T8324日圓～／W8324日圓～
※稅金暨服務費另計
岡電西大寺町筋電車站即到
MAP 57C-4

たけべ八幡溫泉
たけべやわたおんせん

IN 16:00 OUT 10:00　Ｐ Ｃ♨ 溫泉設施兼旅館
☎086-722-2500
所岡山市北區建部町建部上510-1
¥1泊2食10842日圓～
JR福渡站步行20分
MAP 111A-3

苫田溫泉 いやしの宿 泉水
とまたおんせんいやしのやどせんすい
IN 15:00 OUT 10:00　Ｐ Ｃ♨ 溫泉旅館
☎086-294-2311
所岡山市北區栢谷1426-2
¥1泊2食10000日圓～
※稅金暨服務費另計
JR岡山站搭計程車20分
MAP 111A-4

白雲閣
はくうんかく
IN 15:00 OUT 10:00　Ｐ Ｃ♨ 溫泉旅館
☎086-279-0545
所岡山市中區湯迫644
¥1泊2食12960日圓～
JR高島站搭計程車5分
（可到高島站接送，需預約）
MAP 107B-1

あしもり荘
あしもりそう

IN 16:00 OUT 10:00　Ｐ Ｃ♨ 溫泉旅館
☎086-295-0788
所岡山市北區粟井2223-1
¥1泊2食22500日圓～
岡山總社IC車程9km
MAP 112F-4

直通車站，能夠悠哉迎接早晨的飯店
VIA INN 岡山
●ヴィアインおかやま

可俯看便於前往縣內各地、交通方便的岡山站。能看到列車的列車觀賞客房，以及重視安全性的女性專用客房，都相當受到好評。

MAP 57A-2
☎086-251-5489
IN15:00、OUT10:00
¥雙床房1泊房間費用14800日圓 1-25
所岡山市北區駅元町
JR岡山站即到
P1泊830日圓

❤這裡最棒！
飯店提供現烤麵包及當地菜色等的免費早餐服務

❤經濟雙床房也相當受到家庭房客喜愛

❤這裡最棒！
直通岡山站地下通道，移動順暢。離市內電車的乘車處也很近

兼具便利性與舒適性的鄰近車站飯店
岡山站前大和ROYNET飯店
●ダイワロイネットホテルおかやまえきまえ

時髦的室內裝潢，雖然看來簡潔，但也貼心備有大型書桌、旅充、附有加濕功能的空氣清淨機等設備。全客房可免費連接 LAN 及 Wi-Fi。

MAP 57B-2
☎086-803-0055
IN14:00、OUT11:00
¥雙床房1泊房間費用12400日圓～
所岡山市北區駅前町1-1-1
JR岡山站即到
P1泊1000日圓～

❤飯店大廳位於商業大樓5F

❤能輕鬆享受高質感的雙床房

鄰近鬧區且位於公園旁的放鬆空間很受歡迎
岡山後樂酒店 ●こうらくホテル

入口與大廳展示著備前巨匠的作品。附近有西川綠道公園，熱鬧的街區也在步行可到的範圍內。泡澡劑、香草茶、安眠枕等有許多可免費租借的用品。

MAP 57B-2
☎086-221-7111
IN15:00、OUT11:00
¥雙床房1泊房間費用15120日圓～
所岡山市北區平和町5-1
JR岡山站步行5分
P1泊500～1000日圓

❤這裡最棒！
以人間國寶——金重陶陽的作品為首，各樓層皆展示美術作品。

諸多設施與服務，享受舒適的住宿時光
ARK酒店岡山店
●アークホテルおかやま

181 間客房皆配置多用途的小型雙人床，室內空間寬裕。午餐的自助餐（僅限平日）餐點是由人氣餐廳或和食處準備的。1樓有洋食餐廳。

MAP 57A-3
☎086-233-2200
IN15:00、OUT11:00
¥雙床房1泊房間費用15400日圓～
所岡山市北區下石井2-6-1
JR岡山站步行7分
P1泊1000日圓

❤這裡最棒！
以大自然為形象，有溫暖感覺的客房

❤位於 AEON MALL岡山的南入口對面

招財貓美術館
●景點 [美術館]
●まねきねこびじゅつかん
MAP 111A-4

樣式豐富的招財貓迎接您的到來

利用民房改造的小型美術館，展示 700 個以上，從全國各地收集而來的招財貓。館內也售有與招財貓相關的特色商品。

☎ 086-228-3301
🕐 10:00～16:30
🈺 週三
💴 票價600日圓　📍 岡山市北區金山寺865-1
🚃 JR岡山站搭計程車20分　🅿 免費

↑表情幽默的招財貓們

池田動物園
●景點 [動物園]
●いけだどうぶつえん
MAP 107A-1

被可愛動物療癒的城市綠洲

位於京山山麓，寬廣的園區內，有長頸鹿、紅鶴與獅子等 102 種以上的動物。園內除了有能夠與小動物接觸的廣場之外，也有豐富的餵食體驗等活動。

☎ 086-252-2131
🕐 9:30～16:00（11～3月為～15：30）　🈺 無休（11月21日～2月20日、5月21日～7月20日週三、假日暨寒假期間則開園）　💴 票價1080日圓　📍 岡山市北區京山2-5-1
🚃 岡山IC車程3km　🅿 500日圓

↑餵食小貓熊（週一、五13：00～，前2名1000日圓）

夢二鄉土美術館（本館）
●景點 [美術館]
●ゆめじきょうどびじゅつかんほんかん
MAP 56E-1

館藏許多展現大正浪漫的美人畫作

以岡山自豪的詩人畫家——竹久夢二的代表作「立田姬」為首，收藏了約有 3000 件的作品真跡及資料。一年有四次的企劃展，會依主題展示約 100 件的作品，在此能見到身為全方位藝術家的夢二。

↑《立田姬》1931年／紙畫

☎ 086-271-1000
🕐 9:00～16:30　🈺 週一（逢假日則翌日休）
💴 票價700日圓　📍 岡山市中區浜2-1-32
🚃 岡電城下電車站步行15分　🅿 免費

岡山市立東方美術館
●景點 [美術館]
●おかやましりつオリエントびじゅつかん
MAP 56D-2

充滿東方氛圍

古代文明發祥地——東方的土器、陶器、玻璃等，館內展示從大約 5 萬年到近代的考古美術品。館內的收藏以現在的伊朗、伊拉克、敘利亞、埃及週邊的考古美術品為主。

☎ 086-232-3636
🕐 9:00～16:30
🈺 週一（逢假日則翌平日休）、換展期間
💴 票價300日圓（特展票價另計）
📍 岡山市北區天神町9-31
🚃 岡電城下電車站即到　🅿 無

↑《有翼鷲頭精靈像浮雕（雅述浮雕）》西元前9世紀／伊拉克

岡山縣立博物館
●景點 [博物館]
●おかやまけんりつはくぶつかん
MAP 56D-1

以資料介紹岡山的歷史與文化

收集大量縣內各地殘存的歷史資料與文化遺產。館內展有考古、美術、文書、民俗、刀劍、備前燒等岡山的美術工藝品，以及從石器時代到近代的資料。

↑位於岡山後樂園的外苑

☎ 086-272-1149
🕐 9:00～18:00（10～3月為9：30～17：00）
🈺 週一（逢假日則翌日休）、換展期間
💴 票價250日圓（特展票價另計）　📍 岡山市北區後樂園1-5
🚃 岡電城下電車站步行10分　🅿 1小時100日圓

AREA GUIDE

想多知道一些！

岡山市區
おかやまタウン

景整了藝術、美食、購物等主要景點及商店，能夠盡情享受逛街時光。

相關諮詢　岡山觀光會議協會
☎ 086-227-0015

岡山縣立美術館
●景點 [美術館]
●おかやまけんりつびじゅつかん
MAP 56D-2

收藏源自岡山的作品

以岡山市北區出石町出身的國田康雄為首，展示雪舟、宮本武藏、浦上玉堂、平櫛田中等與鄉土有淵源的藝術家作品。收藏品範疇多元，囊括日本畫、洋畫、古書畫、雕刻。

☎ 086-225-4800　🕐 9:00～16:30　🈺 週一（逢假日則翌日休）、換展期間　💴 票價350日圓（特展票價另計）
📍 岡山市北區天神町8-48　🚃 岡電城下電車站步行5分
🅿 免費

↑國吉康雄《（カーテン）を引く子供》1923年左右／油畫、畫布／岡山縣立美術館收藏

稍微走遠一些 往赤磐地區

自然田園風景綿延的富饒城鎮。不妨來探訪活用盛產農產品地利的釀酒廠及主題公園吧。

盡情享受德國農村風景
德國之森Kronenberg
ドイツのもりクローネンベルク

能夠實際體驗德國的食物、文化、自然的農村型主題公園。也有許多能和家人一起享樂的休閒設施。

MAP 111B-3
☎ 086-958-2111
🕐 9:30～17:00　🈺 無休（1、2月休週三四、逢假日則開園）
💴 票價1000日圓（12～2月為500日圓）
📍 赤磐市仁堀中2006
🚃 JR岡山站搭乘宇野巴士1小時，於仁堀下下車，步行10分
🅿 免費

↑如歐洲街角般的風景展現眼前

參觀紅酒的製造程序
札幌葡萄酒岡山釀酒廠
サッポロビールおかやまワイナリー

位於西日本屈指可數的葡萄產地，城堡風格建築的釀酒廠。館內可自由參觀，也可試喝葡萄酒。

MAP 111B-3
☎ 086-957-3838
🕐 9:30～16:30（商店～16：45）
🈺 不定休　💴 免費參觀
📍 赤磐市東軽部1556
🚃 山陽IC開車10km　🅿 免費

↑商店設有試喝區

咖啡廳

⑤Deli
●まるごデリ
MAP 57C-3

用當季水果製作的果汁

使用當季水果的新鮮果汁，430日圓起即可品嚐得到。以濃厚的義式濃縮咖啡變化出的飲品也相當有人氣。也可外帶。

📞086-235-3532
🕐11:00～23:00（週日、假日為～21:00）
休每月第一個週二（逢假日則營業）
📍岡山市北區田町1-1-11
🚃岡山郵便局前電車站步行3分 P無

↑縣廳通上的1號店

咖啡廳

サウダーヂな夜
●サウダーヂなよる
MAP 56D-2

坐到深夜也ＯＫ的咖啡廳ＢＡＲ

面向路面電車通，氛圍沉靜的咖啡廳。在此品嚐到80種以上的飲品、餐點、甜點。

📞086-234-5306
🕐18:00～深夜 休無休 📍岡山市北區天神町10-16 城下ビル2F 🚃岡電城下電車站即到 P無

↑空間寬敞可讓人完全放鬆的沙發座

伴手禮

晴れの国 おかやま館
●はれのくにおかやまかん
MAP 56D-2

岡山伴手禮齊聚一堂

收集岡山產「好物」的伴手禮販賣店。從銘菓到備前燒、倉敷帆布等商品內容相當廣泛。

📞086-234-2270
🕐10:00～19:00
休週二（逢假日則營業）
📍岡山市北區表町1-1-22
🚃岡電城下電車站即到
P有合作停車場

↑位於表町商店街內

創作和食

ほのか
MAP 57B-3

瀨戶內海的當季鮮魚變身創作和食

以瀨戶內海的當季鮮魚為主，另外還有千屋牛、PeachPork、有機蔬菜等豐富縣產食材的料理。起司與洋風食材結合的創作和食廣受好評。

📞086-231-6996
🕐11:30～14:30、17:30～22:00
休不定休 📍岡山市北區田町1-10-28
🚃JR岡山站步行10分 P免費（僅午餐）

↑鰆魚馬賽魚湯
1200日圓

創作洋食

瀨戶內バル＋
●せとうちバルプラス
MAP 57B-2

將瀨戶內的山珍海味創作成菜單

這間創作居酒屋的料理，以使用岡山當地食材製作的洋風料理為主。店主想讓客人時時品嚐到最美味的食材，因此菜單更換得相當頻繁。綜合煙燻拼盤的內容皆每日更換。

📞086-232-1100
🕐17:00～23:30（週五六、假日前日為18:00～24:30）
休不定休 📍岡山市北區本町3-2 2F
🚃JR岡山站步行5分 P無

↑千屋牛A-5熟成肉烤牛排®
1620日圓

拉麵

麵屋匠
●めんやたくみ
MAP 57A-2

割烹料理出身的店主所經營的拉麵店

店家引以為傲的特製湯頭，是使用豚骨、利尻昆布、沙丁脂眼鯡等十種以上食材熬出的高湯所製的。配上中細麵，形成恰到好處的絕妙滋味。

📞086-222-0206
🕐11:00～21:30 休無休 📍岡山市北區駅元町1-1 SUN STATION TERRACE岡山南館2F
🚃JR岡山站內
P有合作停車場

↑匠拉麵
820日圓

當地美食

かばくろ AEON MALL岡山店
●かばくろイオンモールおかやまてん
MAP 57A-3

充滿話題的當地Ｂ級美食

2010年列入菜單以來，擁有縣內外許多的粉絲。決定味道關鍵的醬汁是以烤得香酥的鰻魚骨熬製而成的。盡情享受鹹甜滋味的豬肉與白飯的美妙組合吧。

📞086-206-7273
🕐10:00～21:00 休無休
📍岡山市北區下石井1-2-1 AEON MALL岡山4F美食街內
🚃JR岡山站步行5分
P利用AEON MALL停車場

↑兩片豬肉的KABA便當900日圓

義大利料理

TRATTORIA MIZUOCI
MAP 56D-3

喚醒蔬菜的原味

曾在義大利學藝的夫妻所經營的餐廳。在此能品嚐到使用每天早上送達的有機蔬菜等食材製作的手打義大利麵1620日圓，全餐4320日圓起。

📞086-234-1122
🕐18:00～23:00 休週日 📍岡山市北區丸の内2-12-27
🚃岡電縣廳通電車站步行4分 P無

↑面對開放式廚房的吧檯座

食堂

食堂やまと
●しょくどうやまと
MAP 56D-2

和多蜜豬排丼一起品嚐的拉麵也是絕品

提供豬排丼、歐姆蛋包飯等菜單的洋食屋老店。創業以來的人氣商品──中華麵，使用豬骨、豬皮、昆布等製作的高湯為其人氣不減的秘密。

📞086-232-3944
🕐11:00～19:00（15:00～16:00僅提供麵食）
休週二（逢假日則翌日休） 📍岡山市北區表町1-9-7
🚃岡電城下電車站步行5分 P無

↑豬排丼780日圓。有著濃郁番茄酸味的清爽醬汁

創作和食

壺川
●つぼがわ
MAP 57B-2

使用早上採收的蔬菜和滋味鮮美的當地豬肉

瀨戶內海的海鮮就不用說了，在這裡還能品嚐到井原市美星町直送的新鮮蔬菜，以及風味濃厚多汁的美星豬等精選縣產食材，是一家地產地銷的餐廳。地點位於車站步行10分可達的範圍之內，交通也相當便利。

📞086-238-6262
🕐16:00～24:00 休週日（翌日逢假日則營業）
📍岡山市北區平和町5-24 asimo西川3F
🚃JR岡山站步行8分 P無

↑繽紛烤蔬菜（前）810日圓

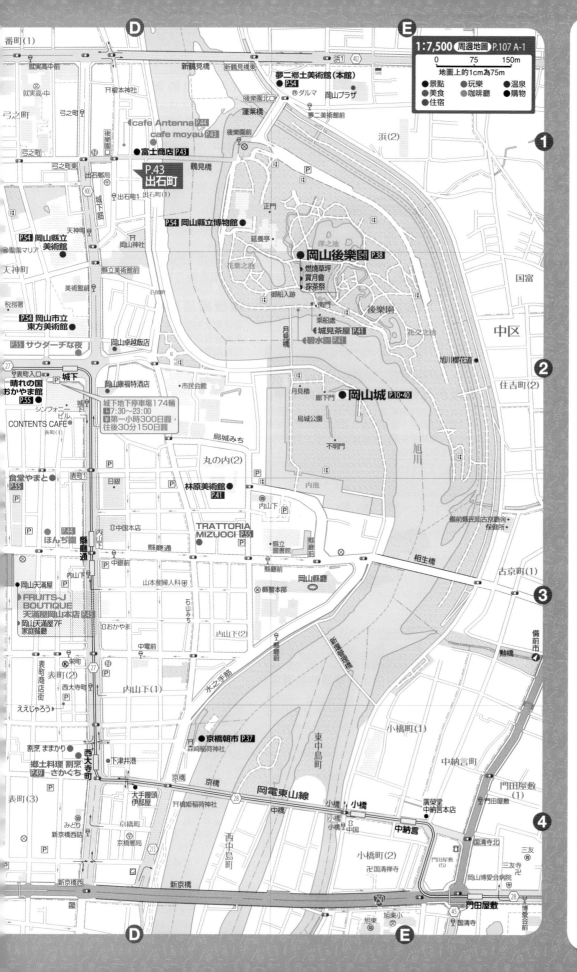

D **E**

番町(1)

就實高中前 新鶴見橋 新鶴見橋東 浜1 402

夢二郷土美術館(本館)

就實高·中 P.54 ●ダルマ 岡山プラザ

弓之町 榎本神社 後樂園北口 浜(2)

弓之町 ●cafe Antenna P.44 蓬萊橋

cafe moyau P.43 後樂園前 夢二美術館前

●富士商店 P.43 後樂園

弓之町東 鶴見橋

P.43 出石郵便局 国富

出石町 出石町1 出石町(1)

正門 中区

岡山縣立美術館 P.54 岡山神社 延養亭 澤之池

聖園マリア

天神町 花葉之池 ●岡山後樂園 P.38

縣立美術館前 燃燒草坪

美術館前 賞月會 後樂園

稅務署 抹茶祭

岡山市立 御船入跡 花之之池

東方美術館 P.54 南門

岡山卓越飯店 乘船處

サウダーチな夜 P.55 城見茶屋 P.41 旭川櫻花道

月見橋 碧水園 P.41

表町入口 城下 岡山康福特酒店 住吉町(2)

晴れの国 市民會館 月見橋

おかやま館 城下地下停車場174輛 岡山城 P.10·40

P.55 7:30～23:00 廊下門

シンフォニー 第一小時300日圓， 烏城公園

CONTENTS CAFE ビル 往後30分150日圓 不明門 旭川

表町(1)

丸の内(2)

食堂やまと P.55 日銀 P 林原美術館 P.41

ほんぢ園 P.44 表町1 P 中國本店 備前縣民局古京廳舍

縣廳通 TRATTORIA MIZUOCI P.55 保健所

中銀 縣立圖書館前

岡山天滿屋 山本產婦人科 縣廳前 相生橋 古京町(1)

FRUITS-J 中電前 岡山縣廳

BOUTIQUE 石山みち 縣警本部 備前市

天滿屋岡山本店 P.25 内山下(1) おかやま

岡山天滿屋7F 岡山市中心 内山下 水之手筋

家庭餐廳 中電前

榮町 勳橋

表町商店街 内山下(1)

西大寺町 水之手筋

ええじゃろう 小橋町(1)

岡山天滿宮 中納言町

京橋朝市 P.37 門田屋敷(1)

割烹 ままかり 森崎稻荷神社 東中島町 門田屋敷

鄉土料理 割烹 下津井港 廣榮堂 門田屋敷

さかぐち P.49 大手饅頭 中納言本店 (1)

西大寺町 伊月屋 岡電東山線 小橋 國清寺北

みどり 橋姬稻荷神社 中橋 小橋 三友

新京橋西詰 京橋 中納言 小橋町(2) 三友寺

京橋町 小橋町(2) 門田屋敷(5) 國清

新京橋 西中島町 清禪寺 岡山博愛会病院

新京橋西 250 旭東小 博愛会前

D **E**

市岡
區山
ＡＣＣＥＳＳ

岡山機場 ⊙30分 ￥760日圓 岡山站西口
中鐵巴士或岡電巴士

岡山IC 山陽自動車道 約7km 岡山站
53

觀光案內所

觀光服務處

MAP 57A-2

位於岡山站地下1樓，南地下通路廣場的觀光服務處。提供美食、活動資訊等與觀光、文化有關的魅力資訊。

☎086-222-2912
🕘9:00～20:00 休無休

遊覽方式memo

活用路面電車「岡電」吧！

要在岡山市中心區域移動的話，受大家喜愛，暱稱為「岡電」的路面電車相當方便。有兩條行駛線路，票價有100日圓區間及140日圓區間。城下電車站步行15分的範圍內，有岡山後樂園、岡山城等觀光名勝。

搭乘方式How to!

從路面電車的後門上車，前門下車。乘車券僅在搭乘100日圓區間內的電車前往岡山站時需要。車錢於下車時支付，可使用能全國通用的IC卡支付。

優惠車票

岡電的路面電車有1日可無限搭乘的1日票券（400日圓）相當優惠。於路面電車車內及岡山站前巴士綜合服務處等處皆有販售。

1:7,500 周邊地圖 P.107 A-1

0 75 150m
地圖上的1cm為75m

● 景點 ● 玩樂 ● 溫泉
● 美食 ● 咖啡廳 ● 購物
● 住宿

1 **2** **3** **4**

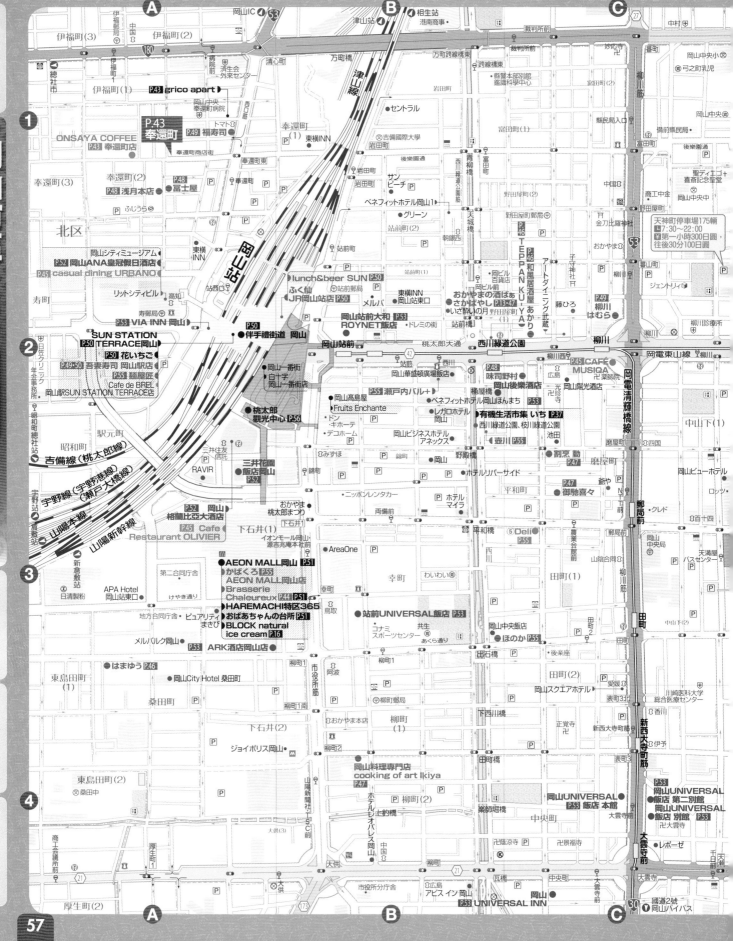

A　　　　　　　　　B　　　　　　　　　C

伊福町(3)

岡山IC　53

津山駅　　相生駅
　　　　　港南商事・

裁判所前
裁判所前
中村
妙応寺 卍

中国　伊福町(2)

180

清心町

万町橋

津山線

万町跨線橋東
跨線橋東

縣警本部別館
鑑識科學中心
番町　岡山中央小
弓之町児

伊福町(1)
済生会
外来センター
病院前
岡山中央
奉還町病院

P.43 grico apart
セントラル
岩田町

富田町(1)

縣民局入口
岡山中央

聖ディエゴ・
喜斎記念聖堂

1

P.43 奉還町
ONSAYA COFFEE
P.43 奉還町店
岡山中央
奉還町病院

吉備國際大學
岩田町

後楽園通

青柳橋

富田町
天城橋

西川緑道公園筋

後楽園通

柳川筋

備前縣民局・

商工中金
岡山中央中

子守神社

岡山中央中

奉還町(3)
奉還町(2)
P48 浅月本店
奉還町
冨士屋
ふじうら

P48
東横INN(1)
岩田町

岩田町
サン
ピーチ
ベネフィットホテル岡山1

野田屋町(2)

和風居酒屋あかり
TEPPAN-KUYA
P.46

アートダイニング武蔵

金刀比羅神社

おかやま
往復30分100日圓

天神町停車場175輛
第一小時300日圓
7:30～22:00

北区
岡山シティミュージアム
岡山ANA皇冠假日酒店
casual dining URBANO
東横
INN

グリーン
站前町(2)
朝飯西

岡ビル百貨店

野田屋町
(1)

藤ひろ
53
柳川

ジェントリィ

寿町
リットシティビル
高知
寿郵局

P53 VIA INN 岡山

lunch&beer SUN P50
ふく仙
JR岡山站内店 P50

站前町
站前町(1)
東横INN
岡山站東口
メルパ

おかやまの酒ばぁ
さかばやし P.13-47
いざ酔いの月

和風居酒屋あかり

柳川
はむら
P.49

柳川

SUN STATION
TERRACE岡山 P50
P50 花いちご
P49-50 吾妻寿司 岡山駅店
P55 麺屋匠
Cafe de BREL
岡山駅SUN STATION TERRACE店

2

伴手禮街道 岡山 P50

岡山站前

桃太郎大通

西川緑道公園

岡電東山線

P45 CAFÉ
MUSIQA

岡山後楽酒店

岡電清輝橋線

中山下(1)

岡山站前大和
ROYNET飯店

ドレミの街

站前橋

桃太郎
観光中心 P56

岡山一番街
白十字 岡山一番街店

岡山華盛頓廣場飯店
P55 瀬戸内バル+
岡山高島屋
Fruits Enchante
ドン
キホーテ
デコホーム

味司野村
桶屋橋
レガロホテル
岡山

壹川 P55

西川緑道公園、枕川緑道公園
有機生活市集 いち P.37

池田

岡山陽光酒店

磨屋橋

割烹 勤 P.47

鈴や

岡山ビューホテル

ロッツ

吉備線(桃太郎線)
宇野線(宇野港線)
瀬戸大橋線

宇野線
倉敷駅
山陽本線

三井花園
飯店岡山 P52
RAVIR
三井住友
三井

おかやま
桃太郎まつり
下石井

おかやま
みずほ
錦町
錦町
野殿橋
岡山
両備前

岡山ビジネスホテル
アネックス

ホテルリバーサイド

御馳喜々 P.47

NTT
前

山陽新幹線

P52 岡山
榕蘭比亞大酒店
P45 Cafe
Restaurant OLIVIER

下石井1

ニッポンレンタカー

ホテル
マイラ

平和橋

Deli P.55

農業会館前

山陰合同

岡山中央
郵局

郵局
前

クレド

百十四

天満屋
バスセンター

3

新倉敷駅

第二合同庁舎
日清製粉

AEON MALL岡山 P51
かばくろ P.55
AEON MALL岡山店
Brasserie
Chaleureux P.44 P51
HAREMACHI特区365 P51
おばあちゃんの台所 P51
BLOCK natural
ice cream P.16

APA Hotel
岡山站東口
けやき通り

AreaOne

幸町

わいわい

西川

平和橋

田町(1)

郵局
前

田町

岡山中央局

中山下(2)

地方合同庁舎・ピュアリティ
まきび
メルパルク岡山
P53 ARK酒店岡山店

站前UNIVERSAL飯店 P.53
コナミ
スポーツセンター
共生通り
あくら通り

ほのか P.55
岡山中央店

岡山スクエアホテル

はまゆう P.46
岡山City Hotel 桑田町

東島田町
(1)

桑田町

町役所筋

阿波
柳町1

後楽座

田町橋

田町(2)

川崎医科大学
総合医療センター

愛媛

新西大寺町筋

4

桑田中

東島田町(2)
ジョイポリス岡山

おかやま本店
柳町郵局
柳町
(1)
柳町1南
柳町2

下石井(2)
ホテルレオパレス岡山

山陽新聞社TSC前

岡山料理専門店
cooking of art Ikiya P.47

ホテルレオパレス岡山
士針橋

柳町(2)

樂師堀橋

田町橋
下西川橋

正覚寺 卍
新西大寺町
表町3北

中央町

田町
表町3

正覚寺 卍
卍新西大寺町

大雲寺前

岡山UNIVERSAL
P.53 飯店 本館

岡山UNIVERSAL
飯店 第二別館
岡山UNIVERSAL
飯店 別館 P.53

卍大雲寺

レポーゼ

千日前

商工会議所前

厚生町(2)

厚生町

21

大供
大供(3)

市役所分庁舎

アビス イン 岡山
UNIVERSAL INN P.53

中国

柳町
中央町
中央橋

岡山
岡山パイパス

30 國道2号

大雲寺前

天満寺

A　　　　　　　　　B　　　　　　　　　C

留存至今的「桃太郎」傳說

吉備路自行車之旅

境內散布著神社與古蹟的吉備路，是古代吉備王國的繁盛之地，流傳著諸多傳說。推薦利用自行車移動的方式遊覽名勝。享受四季不同的自然景色，同時來場浪漫的自行車之旅吧。

來吧～邁向傳說之旅出發～♪

START
JR備前一宮站

透過龍神、朝日等偉大的自然力量恢復精神

1 吉備津彥神社
●きびつひこじんじゃ

為備前國的一宮，供奉大吉備津彥命為主神。夏至的朝日會穿過正面鳥居，照到祭文殿的鏡子上，因此也被稱為「朝日之宮」。神社內建造於安政6年、高11.5m、笠石8疊的大燈籠也不容錯過。

MAP 61C-2
📞 086-284-0031
🈺 自由參拜（6:00～18:00、授與所為8:30～17:00）休無休 岡山市北區一宮1043 JR備前一宮站步行5分 P免費

↑由淵源頗深的岡山藩主池田綱政公重建的本殿

→桃之御朱印帳2000日圓，正反封面合起來，就是桃子的圖案！

桃 把這些都帶回家吧♪

↓外型可愛的桃形繪馬500日圓

↑白桃籤500日圓

漫步在與桃太郎有淵源的神社

2 吉備津神社
●きびつじんじゃ

供奉被視為「桃太郎」原型的大吉備津彥命與溫羅的神社，存留以傳說為基礎的古蹟與神事。一定要看看列為國寶的本殿、拜殿、以及約360m長的迴廊。梅雨季節大約會有1500株繡球花綻放，是處以花為傲的名勝。

MAP 61C-2
📞 086-287-4111
🈺 自由參拜（5:00～18:00、祈禱櫃台及授與所為8:30～16:30）休無休（鳴釜神事週五；5、10月的第二個週日；12月28日休）岡山市北區吉備津931 JR吉備津站步行10分 P免費

↑通往岩山宮的樓梯，6月中旬～7月上旬會開滿色彩絢麗的繡球花，相當值得一見

國寶 ↑全國唯一使用比翼入母屋造建築樣式的本殿

桃 把這些都帶回家吧♪

↑桃太郎繪馬700日圓作為伴手禮相當受歡迎

↑有田燒的可愛桃懷守500日圓；附籤

↑據說相當有效而蔚為話題的桃守700日圓

吉備路自行車道 **MAP** 61A-2

從總社市運動中心到岡山縣綜合GROUND全長20.6km的車道。古蹟與值得一見的景點散布在綠意盎然的道路之中。

推薦租借自行車的店

方便的自行車租借店家分布在吉備路自行車道上，由於可至他店歸還，因此可以輕鬆利用。

他店歸還OK

租借1日不限時1000日圓，可在以下任一營業處歸還。租借2小時400日圓則需於原租借店歸還（延長每1小時200日圓）。

ウエドレンタサイクル（JR備前一宮站前）
📞 086-284-2311 **MAP** 61C-2
🈺 9:00～18:00

高谷レンタサイクル（國分寺前）
📞 0866-93-3421 **MAP** 61A-2
🈺 9:00～18:00 休無休

荒木レンタサイクル（JR總社站前）
📞 0866-92-0233 **MAP** 108E-1
🈺 9:00～18:00 休無休

他店歸還NG

租借2小時400日圓（延長每1小時200日圓），需於原租借處歸還。

國民宿舍Sun Road吉備路
📞 0866-90-0550 **LINK** P.61

經典路線

路線距離／約16km
所需時間／約1小時40分

JR備前一宮站
↓約0.5km／約5分
1 吉備津彥神社
↓約2km／約15分
2 吉備津神社
↓約6km／約35分
3 造山古墳
↓約2km／約15分
4 備中國分寺
↓約5.5km／約30分

順遊景點
國民宿舍Sun Road吉備路 珈琲と人

JR總社站

周邊地圖 P.108
豪溪站 吉備線 服部站 岡山總社 賀陽IC 岡山IC
0 1km
總社站 東總社站 造山古墳 3 蝙蝠塚古墳 P.60 岡山Jct 備中高松站
荒木レンタサイクル 珈琲と人 國民宿舍 Sun Road 吉備路 吉備津站 備前一宮站 岡山站
農マル園芸 吉備路農園 P.60 4 備中國分寺 高谷レンタサイクル 吉備津神社 2 吉備津彥神社 1
伯備線 清音站 倉敷Jct 新倉敷站 山陽新幹線

現在的伽藍是江戶時代重建的

重要文化財

顯立於田園風景中的五重塔令人感動

④ 備中國分寺
●びっちゅうこくぶんじ

奈良時代因聖武天皇發願下詔，令諸國建造的國分寺之一。五重塔聳立於綠意盎然的田園之中，是吉備路的象徵。

MAP 61A-2

☎0866-92-0037

🚶自由參拜（7:30~17:00）📍総社市上林1046 🚗倉敷IC車程5km
🅿免費（吉備路風土記之丘停車場）

了解古代吉備的勢力

③ 造山古墳
●つくりやまこふん

被古墳的大小嚇到了！

前方後圓的古墳，全長350m 高度30m，規模為全日本第四大。有上、中、下3段，據說是5世紀前半建造的。是日本能登上墳丘的古墳之中規模最大的。

MAP 61B-2

☎086-803-1611
（岡山市文化財課）

🚶自由參觀 📍岡山市北區新庄下 🚗岡山總社IC車程4km 🅿免費

⤴周邊的陪塚一同列入國家古蹟

樹齡約1000年以上的御神木——平安杉

推薦順路景點

用當地美食與溫泉振奮精神

國民宿舍 Sun Road吉備路
●こくみんしゅくしゃサンロードきびじ **LINK P.61**

自行車租借、溫泉設施、當地美食、伴手禮等全部都有的國民宿舍。腹地內的產地直送市場是吉備路的觀光名勝，相當熱鬧。

⤴使用總社產的赤米、大豆等食材製成的辣醬，會令人上癮的好滋味——總社熱狗堡 310日圓（食材視時期而異。平日限定10個，週六日、假日限定20個）

⤴聚集總社當地的新鮮農產
サン直広場「えるとこそうじゃ」

民宿改建的地產地銷咖啡廳

珈琲と人●こーひーとひと

豐富的咖啡種類，以及使用嚴選當地食材的料理與甜點廣受好評。活用原為民宿的建築物，復古的裝潢也相當有氣氛。

☎0866-92-2300 **MAP 61A-2**

🕐11:00~20:00 休週三（逢假日則翌日休）📍総社市三須796 🚗岡山總社IC車程5km 🅿免費

⤴春天限定的草莓奶昔搭配使用總社甘酒的巧克力蛋糕，組合價1000日圓

⤴在現代日式的裝潢中，享受療癒時光

沿路滿是古蹟與自然風景玩得好開心～♪

GOAL
JR總社站

桃太郎的起源？

很久以前，有個名叫溫羅的鬼飛到了吉備國，在足守川西方山上一座稱為鬼之城的溫羅的城堡（→P.60）。建為鬼之身做了一座稱為鬼之城的溫羅的城堡。溫羅暴虐無道，據說這個傳說是有與「桃太郎」的故事是有關連的。

大吉備津彥命一番激戰後，派歷經許多壞事，但首級卻大吉備津彥命前去討伐。經歷許多壞事，但首級卻大吉備津彥命砍下了溫羅的首級，於是大吉備津彥命就將溫羅埋在吉備津神社的御竈殿之下。據說這個傳說是有與「桃太郎」的故事是有關連的。

⤴週庭活用地形高低差的造形之美，交織成出色的景觀

體驗傳說的鳴釜神事！

埋於御竈殿之下的溫羅首級會透過釜的鳴聲占卜吉凶。在江戶後期的作品「雨月物語」中也曾登場的特殊神事。占卜結果並不會由神官或阿曾女傳達，必須要靠自己判斷。祈禱1次3000日圓起，受理時間為9時至14時，週五休。

⤴神官朗誦祝詞時，兩位阿曾女會燒火煮水

蝙蝠塚古墳

景點　●こうもりづかこふん

【古蹟】

MAP 61A-2

務必一探前方後圓的橫穴式石室

名字由來是因石室中曾有大量蝙蝠,是全長約100m的前方後圓型古墳。推斷建於6世紀後半,在後圓區域的巨大橫穴石室中,置有一座浪形石造的家形石棺。

☎086-226-7601(岡山縣文化財課)
🚶自由參觀　🚇總社市上林
🚗倉敷IC車程6k　🅿免費

↑岡山縣下屈指可數的三大巨石墳之一
　照片提供:岡山縣教育委員會

鬼之城

景點　●きのじょう

【古蹟】

MAP 108E-1

鬼之原型──溫羅的城堡

於溫羅傳說中登場的城堡,為占地達30公頃的古代山城遺跡,角樓與西門雖已復原,但至今仍留有許多謎團。有參觀步道,由於位於高地,所以視野景觀相當良好。此處沒有設置自動販賣機,因此來訪時要帶飲料來喔。

☎0866-99-8566(鬼城山遊客中心)
🚶自由參觀　🚇總社市奧坂
🚗岡山總社IC車程10km,鬼城山遊客中心步行10分
🅿免費

↑晨光映照著莊嚴的西門

想多知道一些!

吉備路

きびじ

這裡擁有吸引歷史迷的大量古蹟,是個能夠體驗各種時代的歷史背景,滿溢浪漫風情的區域。

相關諮詢　總社市商工觀光課
☎0866-92-8277

寶福寺

景點　●ほうふくじ

【寺廟】

MAP 108E-1

因雪舟逸事而廣為人知

畫聖雪舟少年時期曾於此修行,此禪寺因雪舟用眼淚描繪老鼠的傳說而聞名。腹地內有三重塔與佛殿等,留有正統七堂伽藍的規模。

☎0866-92-0024
🚶自由參拜　🚇總社市井尻野1968
🚗岡山總社IC車程8km　🅿免費

列為國家重要文化財的三重塔

↑掛著大注連繩,莊嚴宏偉的本殿

↑深受女孩喜愛的心形戀愛御守 600日圓

↑被視為最上尊降臨之靈地的八疊岩

最上稻荷

景點　●さいじょういなり

【寺廟】

MAP 108F-1

供奉最上尊與諸天王的77末社

雖是是寺廟,卻又有著鳥居及神宮格局的本殿,保有「神佛習合」的形式。以掌管五穀豐收及開運等的「最上位經王大菩薩」為主神,77末社中供奉了諸位神明。是縣內屈指可數的新年參拜景點。

☎086-287-3700
🚶自由參拜(櫃台為5:30～19:00)
🚇岡山市北區高松稻荷712　🚗JR岡山站搭中鐵巴士36分,稻荷山下車,步行15分　🅿無(周邊有收費停車場)

↑每月7號(1月除外)實施「緣之末社雙參拜」

↑賦予安心與溫柔的蛋形御守 1000日圓

來去採水果吧♪

往能夠體驗採收的觀光農園。
親手採收,美味加倍!

擁有諸多草莓品種
農マル園芸吉備路農園

のうマルえんげいきびじのうえん

在這裡可體驗採收紅顏、好吃維他命C莓等7種草莓與藍莓。有花卉與農作物直賣所,以及週六日、假日限定的窯烤披薩體驗700日圓起等活動,受到各世代遊客的喜愛。

MAP 61A-2
☎0866-94-6755
🕘9:00～18:00(採收體驗的櫃台～16:00)　休無休
🚇總社市西郡411-1　🚗岡山總社IC車程7km　🅿免費

伴手禮☆

秤重販售的草莓(100g)280日圓

整顆變紅的草莓,正是好吃的時候

現摘草莓開動❤

水果採收Data

草莓	12月中旬～6上旬 1800日圓(吃到飽,費用視季節變動,預約優先)
藍莓	7月上旬～8月下旬 700日圓～(吃到飽,費用視方案不同而異)

窯烤披薩體驗☆

攤開披薩麵團　→　放入窯中　完成!
鋪上配料

還有其他豐富的設施

農產品直賣所
集結縣內的當季農產品與加工品

蛋糕工房
使用大量自家栽培的草莓所作成的瑞士蛋糕卷(12月～6月中旬)1800日圓

騎馬
騎馬體驗(週六日、假日限定)1次500日圓

仍留有陣屋町的氛圍

● あしもり

足守

豐臣秀吉的正室寧寧，其親兄長木下家定為藩祖的足守。當時的陣屋町被指定為街道保存地區，是街道散步的名勝。

景點 近水園
● おみずえん
MAP 112F-4

擁有櫻花及紅葉的美麗大名庭園

建於江戶時代中期，為足守藩主木下家的池泉迴遊式庭園。庭園內有著龜島及鶴島的池塘，數寄屋造的吟風閣等。

↑位於池畔的吟風閣。從這裡眺望的園內景觀特別美麗

☎086-295-0981
■自由入園 ■岡山市北區足守803
■岡山總社IC車程6km P免費

景點 木下利玄生家
● きのしたりげんせいか
MAP 112F-4

白樺派中心作家誕生的處所

明治19（1886）年利玄誕生於此處。利玄13歲時，向歌人佐佐木信綱學習短歌，其後以白樺派中心作家的身分活躍於文壇。

☎086-286-9070
（岡山市土木農林分室）
■僅外觀可自由參觀（4〜11月為週五〜週日、假日；12〜3月為週五、假日）■岡山市北區足守801 ■岡山總社IC車程6km P免費

↑房舍靜靜佇立著

購物 和菓子 平川雪舟庵
● ひらかわせっしゅうあん
MAP 61A-2

製造銘菓「雪舟最中」的店家

因雪舟的關係而作成老鼠造型的最中，是此處的名物。店家使用岡山縣產的餅粉烤出當中的外皮，夾入的內餡是用羽釜明火炊煮北海道小豆製成的。

☎0866-94-3986
■8:00〜20:00 ■無休 ■總社市井手589
■JR總社站搭計程車5分 P免費

↑雪舟最中151日圓

吉備路
推薦住宿

♨=有溫泉 P=有停車場 C=可刷卡
灰色表示無該服務。
※房間費用：S=單人房、T=ツ雙床房、W=雙人房、S為1人使用、T・W為2人使用時的1泊房間費用。標註為1泊2食的情況，則表示2人使用時，每人的費用。

國民宿舍 Sun Road吉備路
IN 15:00 OUT 10:00 P C ♨ 國民宿舍
MAP 61A-2

位於滿溢歷史浪漫氣氛的吉備路入口

鄰近備中國分寺，引入吉備路溫泉的公共旅館，內有露天浴池及三溫暖兩種大浴池。陳列著現烤麵包的烘焙咖啡廳與餐廳，還有擺放著當地新鮮蔬菜的直賣所等都廣受好評。

☎0866-90-0550
■總社市三須825-1 ■1泊2食9330日圓〜
■JR總社站搭計程車10分

↑可使用男女每日交換的露天岩浴池

不住宿溫泉 稻荷山健康中心
● いなりやまけんこうセンター
MAP 108F-1

漢方勵明藥湯與天然溫泉

此溫泉泡湯設施位於日本三大稻荷之一——最上稻荷的山麓，蓋在眺望吉備平原的高地上。靈山山麓湧出的溫泉，加上8種天然中藥調製的勵明藥湯很受歡迎。

☎086-287-3900
■10:00〜翌日9:00 ■每月第一個週三 ■泡湯費1800日圓 ■岡山市北區高松稻荷570 ■JR備中高松站搭程車5分（JR岡山站、備中高松站有定時接送巴士）P免費

↑享受四季風情的露天浴池

美食 和食 吉備路もてなしの館
● きびじもてなしのやかた
MAP 61A-2

眺望著備中國分寺用餐

位於備中國分寺前的用餐兼特產販賣處。能享受到使用向農家直購的蔬菜及水果所製作的定食、烏龍麵等多樣輕食。

☎0866-94-1048
■10:00〜17:00（用餐為11:00〜14:00）■無休 ■總社市宿418 ■倉敷IC車程5km P免費

↑款待定食（830日圓）數量限定

●景點 ●玩樂 ●美食 ●咖啡廳 ●溫泉 ●購物 ●住宿

遊覽現代藝術的聖地 瀬戶內 ART 諸島

位於瀨戶內海上的犬島、豐島、直島，是世上少有的藝術景點。
在閃耀的海洋與綠意盎然之中，享受優質的文化體驗。

島嶼旅遊的訣竅

1. 要確認船班時刻表！
特別是錯過最後一班船的話就沒辦法回去了，一定要特別小心。

2. 請自重，勿開車前往
請大家理解島上的道路是為居民而修築的。

3. 餐廳及住宿要盡早預約
島上的店家數量及座位有限。

4. 需電話確認的事項，請於前往島嶼前完成
依電信公司不同，可能會發生無法收訊的情況。

島嶼資訊

犬島 ☎ 086-944-5038
西大寺觀光協會（東區公所內）

豐島 ☎ 0879-68-3135
豐島觀光協會

直島 ☎ 087-892-2299
直島町觀光協會

直島倍樂生藝術之地是？

日本倍樂生與公益財團法人福武財團合作，將瀨戶內海的犬島、豐島、直島作為舞台推展藝術活動，而活動的總稱便是直島倍樂生藝術之地。各美術館及藝術作品資訊可在官網（www.benesse-artsite.jp）上查詢。

從豐島美術館的巴士站往下走的坡道處是絕佳的攝影景點

提出新的「生活方式」

犬島生活的植物園
いぬじまくらしのしょくぶつえん

MAP 107C-3

以廢棄屋改建的溫室為中心，讓廣大的腹地獲得新生。島民與來訪者一起合力開墾土地，營造出能快樂體驗與自然共生的場所。這裡也有販售飲料及商品的咖啡小攤。

☎ 086-947-1112（犬島精錬所美術館）
🕐 10:00~16:00 ㊡週二（12~2月為週二~週四，假日前後需確認） 💴 免費入園
📍 岡山市東區犬島50 🚶 犬島港步行11分

照片：井上嘉和

非活動展期也能愉快享受的 ART SETOUCHI 一起去看看吧！

以瀨戶內海諸島為舞台，每3年舉辦一次的藝術祭典──「瀨戶內國際藝術祭」。2016年的活動展期結束之後，也還能在此觀賞到永久展出的作品。開館資訊等詳細訊息，請見官網。

☎ 087-813-0853
（瀨戶內國際藝術祭實行委員會事務局）
🖥 http://setouchi-artfest.jp

直島展覽館
設計：藤本壯介建築設計事務所
擁有者：直島町

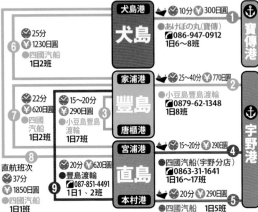

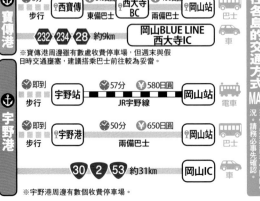

往各島的交通方式 MAP

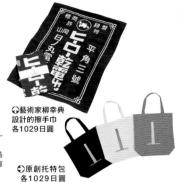

近代化產業遺產
轉變為美術館

犬島精錬所美術館
いぬじませいれんしょびじゅつかん

MAP 107C-3

將約100年前曾運作的製銅錬所遺跡改建成的美術館。以與環境共生為主軸，活用自然能源，不帶給環境負擔，用心所改造的建築物為三分一博志設計。

☎ 086-947-1112
🕐 10:00～16:00
休 週二（12～2月為週二～週四，假日前後需確認）
¥ 票價2060日圓（與犬島「家計劃」、海濱犬島藝廊為通用票）
所 岡山市東區犬島327-4
🚢 犬島港即到

照片：阿野太一

從這裡開始

犬島票務中心
鄰近海邊。在這裡購買犬島精錬所美術館及犬島「家計劃」的通用票。

↑販售犬島藝術設施的原創商品，內有咖啡廳

↑藝術家柳幸典設計的擦手巾
各1029日圓

↓原創托特包
各1029日圓

以藝術重生的
日本近代化遺產

岡山縣

犬島
いぬじま

MAP P.107

盡其所能地保存約100年前曾運作的製銅錬所遺跡，同時將它改造成展示現代藝術的美術館。

步行遊覽融入聚落的藝術

犬島「家計劃」
いぬじまいえプロジェクト

MAP 107C-3

此計劃活用犬島風土、歷史的建築及藝術，改造散布於各處的聚落。由F邸、S邸、I邸、A邸、C邸共五處藝廊，以及「石職人的家跡」組成，步行1小時左右可遊覽完畢。

☎ 086-947-1112（犬島精錬所美術館）
🕐 10:00～16:00
休 週二（12～2月為週二～週四，假日前後需確認）
¥ 票價2060日圓（與犬島精錬所美術館、海濱犬島藝廊為通用票）
所 岡山市東區犬島聚落周邊

S邸 荒神明香「contact lens」
照片：Takashi Homma

在收穫豐盛的島嶼
遇見靜靜佇立的藝術

香川縣

豐島
てしま

MAP P.107

豐島克服了產業廢棄物非法丟棄的社會問題。在這個水源充沛，收穫豐盛的島嶼上，有著悄悄融入梯田風景的豐島美術館，以及古民宅改造而成的豐島橫尾館等，藝術作品們像是依偎著島嶼般靜靜佇立著。

重點看過來

島上處處都有藝術作品
室外作品及藝術設施位於島中各處。照片中的是青木野枝的「空之粒子／唐櫃」。飛舞在空中，給人強烈印象的圓形雕刻融入自然風景之中，讓人實際感受到島嶼之美麗。

↑位於以水量豐富自豪的「唐櫃清水」旁

用全身感受生命的鼓動

心臟音的資料館
しんぞうおんのアーカイブ

MAP 107C-4

Christian Boltanski 的作品，以生、死、記憶為主題。由燈光配合心臟音明滅的「HeartRoom」、可聽見世界各地人們的心跳聲的「ListeningRoom」等3室組成。

照片：久家靖秀

☎ 0879-68-3555（豐島美術館）
🕐 10:00～17:00(10～2月為16:00) 休 週二（12～2月為週二～週四，逢假日則翌日休）¥ 票價510日圓
所 香川縣土庄町豐島唐櫃2801-1 🚢 家浦港搭接駁巴士17分，唐櫃港下車，步行15分

展示11件橫尾忠則的平面作品

豐島橫尾館
てしまよこおかん

MAP 107B-4

橫尾忠則與建築家永山祐子所設計的美術館。除了「主建築」、「倉庫」、「儲藏間」三個展示室之外，在庭院及圓塔也設有裝置藝術。是一處生與死合一的哲學空間。

☎ 0879-68-3555
（豐島美術館）
🕐 10:00～16:30
(10～2月為15:30)
休 週二（12～2月為週二～週四，逢假日則翌日休）
¥ 票價510日圓
所 香川縣土庄町豐島家浦2359
🚢 家浦港步行5分

照片：山本糾

融合自然、建築、藝術的空間作品

豐島美術館
てしまびじゅつかん

MAP 107C-4

建築家西澤立衛與藝術家內藤禮合作完成的美術館，水滴形般的建築物沒有任何柱子。館內有從地底湧出的泉水所形成的作品——「母型」。

☎ 0879-68-3555
🕐 10:00～16:30
(10～2月為15:30)
休 週二（12～2月為週二～週四，逢假日則翌日休）
¥ 票價1540日圓
所 香川縣土庄町豐島唐櫃607
🚢 家浦港搭接駁巴士15分，美術館前下車即到

照片：森川昇

※各設施的休館日、費用等可能會有變動。
請事先於首頁(www.benesse-artsite.jp)確認。

照片：山本糾

瀨戶內的「藝術之島」
就是從這裡開始的

倍樂生之屋博物館

ベネッセハウスミュージアム **MAP** 107B-4

以「自然、建築、藝術的共生」為概念，是美術館與飯店一體的設施，因為是由安藤忠雄設計的，所以除了展示空間之外，客房、通道、餐廳等館內到處都能欣賞作品。

☎087-892-3223
🕐8:00～20:00 休無休
¥票價1030日圓
所香川県直島町琴弾地
🚌宮浦港搭町營巴士16分，つつじ荘下車步行15分

來美術館住吧

可透過住宿，更進一步品味倍樂生之屋的魅力。住宿專用的建築有設置於美術館的「Museum」、山丘上的「Oval」、位於室外藝術散落的庭院中的「Park」，以及位於海邊的「Beach」。不管哪棟都是安藤忠雄的設計，客房內展示著世界聞名的藝術家作品。

照片：渡邊修
↑「Park」客房
¥1泊房間費用32076日圓～

在現在仍有居民居住的地區，將古民宅改造為藝術空間

家計劃

いえプロジェクト **MAP** 107B-4

改造散落於本村地區的老屋，將有人居住時的時間與記憶交織融入其中，把家的空間本身營造成藝術作品。以宮島達男的『角屋』為首，還有安藤忠雄設計的『南寺』等，目前有7棟對外公開。來島者與居民的相遇在生活空間中展開，衍生出各種不同的插曲，在這日日變化的有機藝術計劃中成長著。

☎087-892-3223
(倍樂生之屋)
🕐10:00～16:30
休週一(逢假日則翌日休)
¥通用票價1030日圓，單處票價410日圓、「KINZA」需另付費(預約制)
所香川県直島町本村地區
🚌宮浦港搭町營巴士10分，農協前下車即到

『角屋』照片：上野則宏

照片：藤塚光政

隨自然光線時時刻刻變換風貌的作品們

地中美術館

ちちゅうびじゅつかん **MAP** 107B-4

☎087-892-3755
🕐10:00～17:00(10～2月為～16:00)
休週一(逢假日則翌日休)
¥票價2060日圓
所香川県直島町3449-1
🚌宮浦港搭町營巴士16分，つつじ荘下車，轉乘場內接駁巴士7分，地中美術館下車即到

永久展示克勞德‧莫內、瓦爾特‧德‧瑪麗亞、詹姆斯‧特瑞爾三人作品的美術館。安藤忠雄所設計的建築物幾乎埋在地面下，特色是運用了自然光線與風的設計。由於觀賞需依靠自然光線，因此作品展現的表情風貌會視季節、時間以及天候而異。

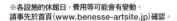

高梁・吹屋

たかはし

ふきや

備中松山城

びっちゅうまつやまじょう

保有藩政時代的餘韻
享受山城與文化遺產的散步時光

參觀完位於臥牛山的備中松山城之後，就前往留有城下町影子的高梁街道散步去吧。不妨也去看看顏色統一為弁柄色（鐵鏽紅）的吹屋街道，以及擁有神秘鐘乳石洞的新見吧。

精彩亮點 **1**
備中松山城
現存天守唯一的山城。
浮於雲海中的天空之城為夢幻的景色。 **P.66**

位於陡峻山嶺守護的地區

精彩亮點 **2**
高梁開車 27km
吹屋 **P.72**
悠哉地在染成弁柄色的街道保存地區散步吧。

弁柄產業繁盛的古風街道

就是 **這個區域**

- 蒜山
- 湯原溫泉・ ・奧津溫泉
- **蒜山高原・湯原・津山**
  - ・津山
  - 湯鄉溫泉・
- 新見・
- ・吹屋
- 高梁・
- ・吉備路
- **備前・日生**
- **岡山市區・吉備路**
  - 倉敷美觀地區
  - ・岡山
  - ・倉敷
  - ・笠岡
  - ・兒島
  - 備前・
  - ・日生
  - ・牛窗

奇岩連綿
全長1200m的井倉洞

精彩亮點 **3** **P.71**
新見的鐘乳石洞
散布著井倉洞與滿奇洞等自然形成的神秘景點。

交通方式

往吉備路
🚌 岡山站	JR 伯備線 29分／500日圓	➡ 總社站
🚗 岡山總社IC	國道180號 約7km／約10分	

往吹屋
🚌 備中高梁站	備北巴士 約1小時／800日圓	➡ 吹屋
🚗 賀陽IC	國道484號・ 國道180號・縣道85號 約34km／約1小時	

往高梁
🚌 岡山站	JR特急YAKUMO 34分／2110日圓	➡ 備中高梁站
🚗 賀陽IC	國道484號 約13km／約20分	

往新見
🚌 岡山站	JR特急YAKUMO 1小時2分／3190日圓	➡ 新見站
🚗 新見IC	國道180號 約15km／約25分	➡ 井倉洞

漂浮在雲海中的天空山城
備中松山城

びっちゅうまつやまじょう

山上的城堡，看起來就像漂浮在雲海上一般的「天空之城」現正當紅。全日本唯一位於高處的山城，在備中松山城充分享受「天空體驗」吧。

照片：東大阪真太郎

快速地了解一下備中松山城吧！

- 三大山城之一，是唯一仍保有天守的山城
- 天守為江戶時代初期的建築
- 直接建造在天然岩盤上的石垣與城牆十分壯觀

我們來為您導覽城下町、高梁！

觀光導覽info

備中松山城路線・城下町路線（賴久寺、高梁基督教會堂、武家屋敷等）

舉辦｜隨時　費用｜1個團體2小時3000日圓，往後每1小時1000日圓

走訪與山田方谷有關的地區路線（2018年3月為止）

舉辦｜每周日　費用｜免費參加

（相關諮詢）高梁市觀光協會　☎0866-21-0461

仍保有天守的日本第一高山城
備中松山城　●びっちゅうまつやまじょう

標高430m，現存天守的城郭位於最高處。連結山陰與山陽，屬於東西要道交會之處，因此在戰國時代爭端不斷，有著城主反覆交替令人眼花撩亂的歷史。現存的城郭為天和3（1683）年，當時的城主水谷勝宗花了三年大幅修建完成的，其中的天守、二重櫓、土塀的一部分被列為重要文化財。

☎0866-21-0461（高梁市觀光協會）　**MAP** 112D-3

⏰9:00～17:30（10～3月為～16:30）　休無休　💴票價300日圓
📍高梁市內山下1-1　🚃JR備中高梁站搭計程車10分；從城見橋公園搭登城整理巴士5分，ふいご峠 步行20分　🅿免費

往**備中松山城**的**交通方式**

🚗 開車

將車停在城見橋公園的停車場後，搭登城整理巴士（※1）往ふいご峠方向。巴士停駛日時可開車至ふいご峠。

🚃 搭電車

有預約制的共乘計程車（※2），以及僅於4、5、9～11月的週六日、假日才有行駛的巴士（※3）。往城見橋公園則可搭市內循環巴士在高梁運動公園下車，步行20分，全年可依此交通方式前往。

賀陽IC ─開車30分─ 484 180 城見橋公園 ─※1 巴士5分─ ふいご峠 ─步行20分─ 城郭

賀陽IC ─車25分─ 484 180 ─※1 巴士5分─ ふいご峠 ─步行20分─ 城郭

JR備中高梁站 ─※2 計程車10分─ ふいご峠 ─步行20分─ 城郭

JR備中高梁站 ─※3 巴士15分─ 城見橋公園 ─※1 巴士5分─ ふいご峠 ─步行20分─ 城郭

步行1小時30分

【推薦這樣前往八合目的ふいご峠】

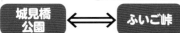

城見橋公園 ⇄ ふいご峠

ー 登城整理巴士（※1）ー

配合備中松山城的開城時間，每隔15分鐘一班。有停駛日，因此關於巴士的行駛狀況，請上高梁市觀光協會的首頁確認。

💴票價400日圓（來回）
相關諮詢／高梁市觀光協會 ☎0866-21-0461

JR備中高梁站 ⇄ ふいご峠

ー 觀光共乘計程車（※2）ー

從JR備中高梁站西出口即到的高梁市觀光服務處出發。採預約制，預約時間為出發前日17:00前。

⏰高梁市觀光服務處發車9:50/11:20/12:50/14:20
ふいご峠發11:40/13:10/14:40/16:10　💴500日圓（單程）　相關諮詢／高梁市觀光服務處 ☎0866-22-8666

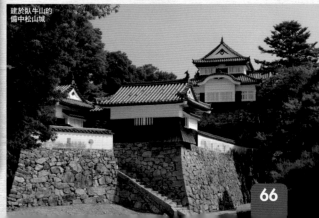

建於臥牛山的備中松山城

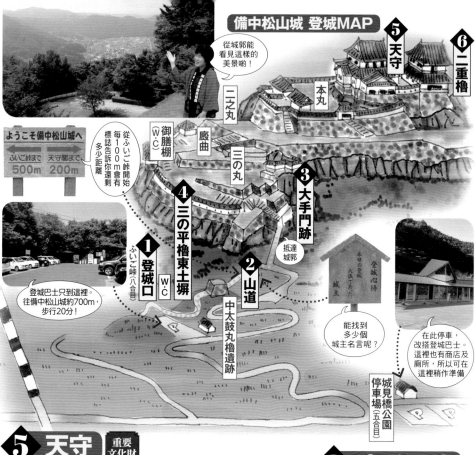

備中松山城 登城MAP

從城郭能看見這樣的美景喲！

⑤ 天守
⑥ 二重櫓
二之丸
本丸
廄曲
御膳棚（WC）
三之丸
③ 大手門跡
抵達城郭
④ 三の平櫓東土塀
② 山道
① 登城口
WC
ふいご峠（八合目）

ようこそ備中松山城へ
← ふいご峠まで 500m ｜ 天守閣まで 200m →

從ふいご峠開始每100m會有標誌告訴你還剩多少距離

登城巴士只到這裡。往備中松山城約700m，步行20分！

中太鼓丸櫓遺跡

能找到多少個城主名言呢？

在此停車，改搭登城巴士。這裡也有商店及廁所，所以可以在這裡稍作準備

登城心得
本日の案内 大儀であった 城主

城見橋公園停車場（五合目）

要看到這夢幻的景色，就要往山裡的「眺望備中松山城的展望台」去

MAP 112D-3

①賀陽IC右轉，往市區
草皮上的指標往右轉約4km可抵達目的地。

②往展望台的步道入口
右手邊有停車場。從這裡步行約400m。

③抵達展望台！
視野寬廣，可眺望位於臥牛山的備中松山城，以及高梁市區。

賀陽I.C.
備中松山城展望台 ③ ②
JR伯備線
484
岡山自動車道
高梁川
180
備中高梁
484
約4km
約5km
約7km

一些小提醒！

- 雲海季節人潮眾多
- 遇到野生猿猴，請勿刺激牠們
- 無路燈，因此請記得攜帶手電筒
- 山上溫度較低，請準備保暖衣物
- 冬季可能會積雪

---

⑤ 天守 【重要文化財】

●てんしゅ
屬於現存天守的12城之中，標高最高的天守，不過天守本身的高度約為11m，是其中規模最小的。木造瓦葺的二層二樓的層塔式建築的天守，經過巧思設計看起來就像是有三層樓高一般。裡頭有地爐、裝束之間、御社壇等。

映照在晴空之下的美麗天守

⬆二樓有將三振寶劍作為御神體供奉的御社壇

喝杯名產茶，稍作休息吧

③ 大手門跡

●おおてもんあと
朝著目標天守前進，就會看見巨大的石垣。天然岩盤與人工石垣配合得天衣無縫，也是山城防禦的要塞。

➡仍保有難以攻克的名城面貌

逛一圈2小時30分

① 登城口

●とじょうぐち
從位於八合目ふいご峠停車場的登城口出發

ようこそ!!
日本一高い山城 備中 松山城へ
これより先、一般車両の進入禁止 火災防止にご協力を!!
駐車中のエンジン停止にご協力を！
從高梁市観光協会

④ 三之平櫓東土塀

⬆能看見顯著的山城特徵

●さんのひらやぐらひがしどべい
三之平櫓東土塀的牆上有著方形及圓形的射箭口，黑與白的對比令人印象深刻。部分為現存遺跡，其他部分則經過修建再造。

【重要文化財】

以牆壁的落差來區分是現存的部分，還是修復過的部分

② 山道

●さんどう
到城郭的路程約有700m。由於路上皆是山路及石階，請穿著方便行動的衣物與鞋子。途中遇見野生猿猴（天然紀念物）時，請冷靜應對。

⑥ 二重櫓 【重要文化財】

●にじゅうやぐら
二重櫓位於天守北邊，以天然岩盤作為櫓台。城內只有天守和二重櫓是二層樓高的建築物，是僅次於天守的重要建築。

逛完備中松山城之後不妨順道遊玩

城下町高梁(たかはし)遊覽

被群山包圍，並有清流高梁川流經的高梁。街道上仍留有作為備中松山城城下町的影子。這裡被稱為「備中小京都」，街道中散布著白色牆壁的武家屋敷等承傳歷史與文化的設施。一定要跟備中松山城一併逛逛。

一瞥小堀遠州設計的庭園美景

① 頼久寺
●らいきゅうじ

曆慶2(1339)年，足利尊氏作為安國寺所建的禪寺。以蓬萊式枯山水營造出的庭園受列為國家名勝，是江戶初期備中國奉行的小堀遠州所作的。

MAP 70B-1
📞0866-22-3516
🕐9:00～17:00 休無休 ¥票價300日圓
所高梁市頼久寺町18 JR備中高梁站步行15分 P免費

↑借景愛宕山所造的庭院

枯山水、鶴龜之島、皋月出色和諧的庭園，非常值得一見。

←此處也有瀬戸內觀音靈場 第十三號禮所

停車場info
開車的話，推薦將車停在這裡，以步行的方式參觀。
觀光停車場 ¥1小時220日圓（往後1小時110日圓）

高梁市観光物産館 紺屋川

觀光導覽info
→P.66

漆食牆壁的建築物，中庭的池塘與庭院石頭等仍維持當時的狀態

↑白色牆面的長屋門及土壁連綿延續著

透過武家屋敷了解當時的生活

② 石火矢町故鄉村
●いしびやちょうふるさとむら

有著高雅大門的武家屋敷連綿約250m，為縣所指定的故鄉村。開放參觀再現江戶時代武士住所的折井故居、埴原故居，以及相關物品等。

MAP 70B-1
📞0866-21-0217（高梁市產業觀光課）
🕐自由參觀 所高梁市石火矢町 JR備中高梁站步行20分 P免費

折井故居的客廳

可參觀山田方谷資料的埴原故居

武家屋敷折井故居·埴原故居
●ぶけやしきおりいきゅうはいばら

折井故居為天保年間擔任騎馬護衛、俸祿160石的武士住所。而建於江戶中期的埴原故居，則是集結了寺院建築以及數寄屋風的罕見建築。

MAP 70B-1
📞0866-22-1480(折井故居)
🕐9:00～17:00 休無休 ¥通用票價400日圓

4小時 城下町探訪經典路線

JR備中高梁站
步行15分
① 頼久寺 — 所需時間約30分
步行5分
② 石火矢町故鄉村 — 所需時間約50分
步行5分
③ 高梁市商家資料館池上邸 — 所需時間約10分
步行5分
④ 紺屋川美觀地區 — 所需時間約5分
步行即到
⑤ 高梁基督教會堂 — 所需時間約10分
步行5分
⑥ 高梁市鄉土資料館 — 所需時間約30分
步行10分
⑦ café de 紅緒 — 所需時間約40分
徒步40分
JR備中高梁站

縣內最古老的教堂

❺ 高梁基督教會堂

●たかはしきりすときょうかいどう

位於紺屋川美觀地區一隅的木造教堂。明治22（1889）年由宮大工所建的，以新教教堂來說是國內第二古老的。

MAP 70B-1

📞 0866-22-3311

🕐僅外觀可自由參觀（內部參觀需先諮詢） 🏠高梁市柿木町26 🚉JR備中高梁站步行15分 🅿無

以新島襄的傳教活動為契機，基督教因而在高梁廣為傳播。

↗建於明治22（1889）年的仿洋風建築

收集了從江戶到昭和的生活用品等3000件

❻ 高梁市鄉土資料館

●たかはししきょうどしりょうかん

原本是高梁尋常高等小學本館的木造洋風建築。裡面展示著從江戶末期到昭和的生活用品、農耕機具、修復的高瀨舟等物品。

MAP 70B-2

📞 0866-22-1479

🕐9:00～17:00 休無休

💴票價300日圓 🏠高梁市向町21

🚉JR備中高梁站步行10分

🅿無

↖明治時期具代表性的洋樓建築

↖二樓的展示室曾是講堂

感受城下町情懷的町家咖啡廳

❼ café de 紅緒

●カフェドべにお

店內漂蕩著自家烘焙的咖啡香，裝潢以大正時代為形象，整個空間氛圍沉靜。裝設大正玻璃的窗戶、中庭、骨董風的照明燈，營造出舒適的感覺。

MAP 70A-2

📞 0866-22-1205

🕐10:00～17:00 休週六日、假日為不定休 🏠高梁市南町43 🚉JR備中高梁站步行5分 🅿免費

↖本日午餐（薑燒豬肉）1030日圓～

↘古民宅改建的咖啡廳，有著懷舊的氛圍

◀能感受到當時氛圍的商家

商家位於本町通，可一邊欣賞顏有氛圍的庭院，一邊小憩一下。

高梁屈指可數的富商府邸

❸ 高梁市商家資料館池上邸

●たかはしししょうかしりょうかんいけがみてい

於享保年間以販售小物的商店起家，到第8代當家——長右衛門轉行製造販賣醬油等的生意才開始變富有的池上家。現在則作為免費休息處對外開放。

📞 0866-21-0217(高梁市產業觀光課)

🕐10:00～16:00 休無休 💴免費入館 🏠高梁市本町94 🚉JR備中高梁站步行20分 🅿無

↗位在本町通顯眼吸睛的華麗屋敷

保有濃厚的城下町風情

❹ 紺屋川美觀地區

●こうやがわびかんちく

具有備中松山城護城河功能的紺屋川，兩旁植有櫻花與柳樹綿著細長的河川延綿，饒富風情的街道被選為日本街道100選之一。

MAP 70A-1

📞 0866-21-0217
（高梁市產業觀光課）

🕐自由參觀 🏠高梁市鍛冶町 🚉JR備中高梁站步行15分 🅿無

↘河川兩旁連綿著石疊的步道

🍴 column 來看看高梁當地美食&伴手禮

從學校營養午餐衍生出來的名物菜單「印地安番茄炒麵」

昭和50年代在高梁市內的小學營養午餐，非常受歡迎。咖哩風的「印地安番茄炒麵」中加入了高梁名產番茄所開發出來的料理。添加的番茄會依店家的不同，而有切塊、不同醬汁等豐富的變化。

就要在這吃！

五万石 ●ごまんごく **MAP** 70A-2

📞 0866-22-3310

🕐10:30～21:30（週六日、假日為～20:30） 休週一 🏠高梁市鍛冶町125 🚉JR備中高梁站步行15分 🅿免費

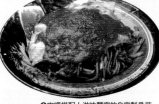
↗咖哩搭配上滋味豐富的自家製番茄醬而成的印第安番茄炒麵670日圓

高梁特產齊聚

從柚餅子到柚子、鯰魚的加工產品、地酒、水果，除此之外還有當地產的備中宇治茶所製的紅茶等，全都讓人想買來當伴手禮送人。

就要在這買！

高梁市観光物産館 紺屋川
●たかはししかんこうぶっさんかんこうやがわ

MAP 70A-1

📞 0866-23-1414 🕐9:00～17:00

休無休 🏠高梁市本町44-2

🚉JR備中高梁站步行15分 🅿免費

高梁紅茶
高梁產的茶葉，風味微甜，適合不加糖奶直接單喝。
●袋裝（2.5gX10入）540日圓

八川柚子味噌
432日圓
擁有柚子風味的手作味噌

景點 | 美術館 | 吉備川上交融漫畫美術館
●きびかわかみふれあいまんがびじゅつかん
MAP 113C-4

收藏稀有漫畫的美術館

館內藏有難以入手的「手塚治大全集」等不朽名作，以及漫畫雜誌「GARO」的創刊號。館藏冊數約有12萬冊，其中有6萬冊可隨時閱覽。

☎0866-48-3664
🕐9:00～17:00
休週五（逢假日則前日休）
¥票價400日圓
所高梁市川上町地頭1834-1
🚃JR備中高梁站搭備北巴士35分，地頭下車，步行5分
P免費

漫畫迷一定會想來看看

景點 | 美術館 | 高梁市成羽美術館
●たかはしししなりわびじゅつかん
MAP 113C-4

展示兒島虎次郎的作品

展示出身於當地的西洋畫家——兒島虎次郎的畫作，以及他自身收集的古代埃及文物，還有在成羽地區挖掘到的約2億年前的植物化石群等。

☎0866-42-4455
🕐9:30～16:30
休週一（逢假日則翌日休）
¥入館費500日圓（特別展・企劃展另外收費）
所高梁市成羽町下原1068-3
🚃JR備中高梁站搭備北巴士20分鐘，成羽下車即到
P免費

美術館為世界著名的建築家安藤忠雄設計

購物 | 和菓子 | 天任堂
●てんにんどう
MAP 70A-2

風味絕佳的高雅和菓子

製造高梁傳統銘菓「柚餅子」的老舖和菓子店，柚餅子是將柚子皮揉入糯米中製成的和菓子，無使用添加物，純樸的味道廣受好評。

☎0866-22-2538
🕐8:00～17:00
休週日
所高梁市東町1877
🚃JR備中高梁站步行7分
P無

柚餅子（24入）648日圓

購物 | 古早味零食 | 植田菓子店
●うえだかしてん
MAP 70A-2

懷念兒時秤重販賣的古早味零食店

從古早用到現在的木頭盒中，裝著煎餅、豆果子、法國麵包脆餅等，約有80種樣貌又令人懷味的古早味零食，可以把喜歡的都裝進袋子裡。

☎0866-22-3294
🕐8:00～18:00
休不定休
所高梁市東町1889
🚃JR備中高梁站步行7分
P無

古早味零食（100g）100日圓～

想多知道一些！

高梁
（たかはし）

作為備中的中心區域而曾繁盛的城市，留有藩政時代的痕跡，市內散布著許多有名的文化遺產。

相關諮詢　高梁市觀光協會
☎0866-21-0461

美食 | 和食 | 魚富
●うおとみ
MAP 70A-2

鮮魚店經營的日本料理店

夏天是鯰魚料理，秋天為河蟹及松茸，冬天則是使用地雞的鍋物料理等，在這裡能夠享受到使用當地食材的料理。

☎0866-22-0365
🕐11:30～14:00、17:00～21:00
休週一
所高梁市鍛冶町73
🚃JR備中高梁站步行10分
P免費

野生鯰魚全餐（僅夏季，採預約制）5400日圓～

岡山縣三大舞

松山舞

整個街道被舞蹈漩渦包圍
備中高梁松山舞蹈節
びっちゅうたかまつやまおどり
MAP 70A-2

每年8月14日到16日3天，以備中高梁站前大通為中心舉行縣下最大的舞蹈祭典。舞蹈的種類有兩種，一種是穿著武士服裝跳的仕組舞，另一種是戴著斗笠身穿浴衣圍圈而跳的地舞。

岡山縣的三大舞之一

☎0866-21-0461
（高梁市觀光協會）

高梁
1:15,000
周邊地圖 P.112D-4
0　100　200m

（地圖標示：新見市、新見站、備中松山城、內山下、小高下町、中州橋、川端町、高梁高、テニスコート、武家屋敷折井共居・埴原故居 P.68、御鍮神社、高梁運動公園、吉備國際大學、御前神社、石火矢町故郷村 P.68、頂上広場、賴久寺 P.68、高梁市商家資料館池上邸 P.69、吉備國際大學、紺屋川美觀地區 P.69、高梁市基督教會堂 P.69、高梁市鄉土資料館 P.69、五万石、高梁市觀光物產館 紺屋川 P.69、魚富 P.70、天任堂 P.70、植田菓子店 P.70、高梁市、高梁國際酒店 P.70、高梁市圖書館 P.14、cafe de 紅緒 P.69、備中高梁松山舞蹈節 P.70、總社市、總社站）

高梁市

推薦住宿

♨=有溫泉　P=有停車場
C=可刷卡
灰色表示無該服務。

※房間費用：S=單人房、T=雙床房、W=雙人房、S為1人使用、T・W為2人使用時的1泊房間費用
標註以1泊2食的情況，則表示2人使用時，每人的費用。

高梁國際酒店
たかはしこくさいホテル
IN 14:00 OUT 11:00　P C 飯店

☎0866-21-0080
所高梁市正宗町2033
¥S6684日圓／T12342日圓
🚃JR備中高梁站即到
MAP 70B-2

元仲田邸くらやしき
もとなかだていくらやしき
IN 16:00 OUT 10:00　P C 其他

☎0866-29-2118（洽詢9:00～12:00）
所高梁市宇治町宇治1757
休週二
¥1泊2食7020日圓～／純住宿3240日圓
🚃JR備中高梁站搭備北巴士44分，元仲田邸前下車即到
MAP 113C-3

和味之宿La Foret吹屋
なごみのやどラフォーレふきや
IN 15:00 OUT 10:00　P C 飯店

☎0866-29-2000
所高梁市成羽町吹屋611
¥1泊2食10800日圓～
🚃JR備中高梁站搭備北巴士58分，吹屋下車，步行5分
MAP 113A-4

●景點　●玩樂　●美食　●咖啡廳　●溫泉　●購物　●住宿

倉敷

岡山市區

備中松山城
高梁・吹屋
高梁・新見區域導覽

津山・蒜山

鷲羽・日生

→ 打燈照亮神祕的洞內

從備中松山城
稍微走遠一些

距高梁市區車程45分

新見
にいみ

散布著大自然造出的神祕鐘乳石洞。
請務必要先品嘗一下黑毛和牛的始祖
——名物「千屋牛」。

相關諮詢 ▶ 新見市觀光協會
📞 0867-88-8154

[鐘乳石洞] 景點
滿奇洞
●まきどう

MAP 112D-1

因與謝野晶子讚嘆而得名

總長約450m，最大寬度為25m的鐘乳石洞。在此能見到日本屈指可數的緣石（Rimstone），以及密布的冰柱狀鐘乳石、流石、石筍、石藤。深處有地底湖，洞內盡是夢幻的景觀。參觀所需時間約30分。

📞 0867-74-3100
⏰ 8:30～16:30　🈺 無休　💴 票價1000日圓
📍 新見市豐永赤馬2276-2　🚃 JR新見站搭備北巴士1小時17分，滿奇洞下車，步行5分　🅿 免費

當地冰品「元祖炸彈糖」

裝在彩色橡膠製容器中，令人懷念的古早味冰品。位於滿奇洞前，是滿奇洞觀光ドライブイン的發祥之地。

満奇洞観光ドライブイン
📞 0867-74-2200
⏰ 4～11月的週六日、假日，暑假期間營業

→ 有蘇打、牛奶等總共8種口味，一根200日圓

[鐘乳石洞] 景點
井倉洞
●いくらどう

MAP 113C-2

奇岩交織而成的夢幻世界

鐘乳石洞位於高達約有240m峭壁，連綿約8km的井倉峽最上游。全長有1200m，洞內的高低落差約90m。參觀所需時間約40分。

📞 0867-75-2224
⏰ 8:30～16:30　🈺 無休　💴 票價1000日圓
📍 新見市井倉409　🚃 JR井倉站步行15分　🅿 免費

→ 洞內有著各式各樣的奇岩

[美術館] 景點
新見美術館
●にいみびじゅつかん

MAP 113B-1

收藏有富岡鐵齋等1100多件作品

以文人畫家——富鋼鐵齋為首，館內還收藏有近現代的日本畫、與鄉土有淵源的西洋畫家作品，除此之外也收藏了新見庄的歷史史料。一年更換6次展期。

📞 0867-72-7851
⏰ 9:30～16:30
🈺 週一（逢假日則翌日休）
💴 票價400日圓～（視展示內容而異）　📍 新見市西方361
🚃 JR新見站步行10分　🅿 免費

→ 位於中世新見庄的名主屋敷遺跡

[自然地形] 景點
羅生門
●らしょうもん

MAP 113C-2

巨大的石灰岩拱門

喀斯特地形的地下構造——鐘乳石洞崩壞後，部分殘留形成天然橋，是非常不可思議的自然造景。形成高度達40m的一大石門。

📞 0867-72-6136
（新見市商工觀光課）
⏰ 自由參觀
📍 新見市草間
🚃 JR井倉站搭計程車15分
🅿 免費

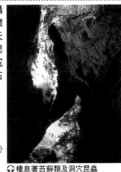
→ 棲息著苔蘚類及洞穴昆蟲

在阿新地區的特產直銷商店享用千屋牛！

[特產] 購物
JAあしん広場
●ジェイエイあしんひろば

MAP 113B-2

羅列新見的特產

從千屋牛肉，到低溫現碾米「安心源流米」、新鮮蔬菜、蕎麥加工品、手作麵包等，備齊豐富的新見市周邊特產。

📞 0867-72-7705
⏰ 8:30～18:00
🈺 週二（逢假日則營業）
📍 新見市正田397-2
🚃 JR新見站搭備北巴士「ら・くるっと」20分，今見下車即到
🅿 免費

→ 千屋牛肉也很適合拿來當伴手禮

細細品嘗這據說也是和牛祖先的新見千屋牛吧。也要看看當地特產！

→ 能品嘗到A4～A5等級的頂級部位，千屋牛套餐（3～4人分）8500日圓

→ 午餐套餐（平日）的千屋牛丼500日圓

在當地品嘗極上千屋牛
燒肉 千屋牛
やきにくちやぎゅう

MAP 113B-2

在這裡能享受到牧場直送的A4～A5以上的千屋牛燒肉及牛排。用經濟實惠的價格便能品嘗到的午間菜單也廣受好評。

📞 0867-72-6605
⏰ 11:00～14:00、16:30～21:00（週六日、假日為11:00～21:00）
🈺 週二（逢假日則營業）

[不住宿溫泉] 不住宿溫泉
新見千屋温泉 いぶきの里
●にいみちやおんせんいぶきのさと

MAP 117B-3

在自然包圍的溫泉中放鬆充電

可在擁有整面落地窗的大浴池及露天浴池，邊享受自然景色邊泡湯。能品嘗到千屋牛等當地食材的餐廳也相當受到好評。

📞 0867-77-2020
⏰ 不住宿泡湯10:00～20:00　🈺 無休　💴 泡湯費800日圓
📍 新見市千屋花見1336-5　🚃 JR新見站搭備北巴士1小時，新見千屋溫泉下車即到　🅿 免費

→ 被綠意群山包圍的溫泉住宿設施

吹屋散步

弁柄之町 　距高梁市區車程40分

吹屋為全國第一的弁柄產地，城鎮曾因此繁盛。建築物仍保有當時的風貌令人充滿懷古之情，想好好地遊覽此地。

往吹屋街道保存地區的交通方式

🚗 開車　新見IC → 吹屋街道保存地區
21km

🚌 巴士　JR備中高梁站 → 吹屋下車即到
1小時／800日圓　備北巴士

相關諮詢／成羽町觀光協會吹屋分部 ☎0866-29-2222
評語／各設施雖有免費停車場，但要散步參觀的話，使用在保存地區內的公共停車場較為方便。

吹屋是怎樣的地方？

日本六大銅山之一

吹屋，是以銅礦產量著稱的吹屋銅山及製造弁柄而繁盛的小鎮。最繁盛的時期是江戶末期到明治，以此發財的富商們，從石州（現在的島根縣）招募宮大工，以石州瓦、弁柄格子，加上塗籠造工法建造了這裡的屋子。片山故居住宅等排列為長約300m的街道，被選定為重要傳統建築群保存地區。

街道保存地區

街道保存地區 開車約10分

西江邸
坂本區域

值得一見的景點聚集在這約300m的街道上

山神社
藤森食堂
弁柄館
吹屋巴士站
いろり茶屋
舊片山家住宅
坂本區域
吹屋故鄉村鄉土館
和味之宿 La Foret 吹屋 P.70
舊吹屋小學 ※修建工程至2020年3月
おみやげあさだ
吹屋郵局
天開山大神宮
吹屋服務處
中野巴士站
吹屋の駅
街道保存地區 開車約5分
金精神社
廣兼邸
中野區域
笹畝坑道
弁柄館
周邊地圖P.113B-3

廣兼家的巨大府邸

廣兼邸
ひろかねてい

MAP 113B-3

江戶末期以經營銅山及製造弁柄原料——綠礬，創造巨大財富的村長府邸。2層樓高的主屋、土倉、長屋等整個豪邸被石垣如山城般包圍起來。內部開放參觀。

☎0866-29-2222
（成羽町觀光協會吹屋分部）
🕘9:00～17:00（12～3月為10:00～16:00）　休無休
¥票價300日圓
所高梁市成羽町中野2710

🎬 電影《八墓村》的外景地

西江邸
にしえてい

MAP 113A-3

以綠礬及弁柄聚財的富豪農商——西江家的府邸，可參觀其中的簡易裁判所、鄉倉、馬殿等。現今仍為西江家的私人府邸，是仍在使用中的文化財產。

☎0866-29-2805
🕘3～11月9:00～16:30
休週一、換展期間　¥票價500日圓
所高梁市成羽町坂本1604

🎬 電影《釣魚迷日記18》的外景地

江戶時代名士的家

袖壁與出格子等相當美麗
街道上特別醒目吸睛的壯麗建築

舊片山家住宅
きゅうかたやまけじゅうたく

MAP 113A-4

經營製造販賣弁柄有兩百多年的片山一門，其總本家「胡屋」的府邸。主屋和製造弁柄相關的樓房等並列於此。館內有資料展示，內部也有開放參觀。

☎0866-29-2222（成羽町觀光協會吹屋分部）
🕘9:00～17:00（12～3月為10:00～16:00）　休無休
¥票價400日圓（與吹屋故鄉村通用）
所高梁市成羽町吹屋367

能一探奢華的生活型態
代表吹屋街道的傳統建築

御殿

吹屋故鄉村鄉土館
ふきやふるさとむらきょうどかん

過去為弁柄窯總負責人的府邸。2層樓高，入母屋造式的屋頂，入口設在山牆的妻入式建築，正式的榻榻米墊等，處處可見傳統日本房屋的構造與設計。

☎0866-29-2222（成羽町觀光協會吹屋分部）
🕘9:00～17:00（12～3月為10:00～16:00）
休無休　¥票價400日圓（與舊片山家住宅通用）
所高梁市成羽町吹屋699　**MAP 113A-4**

街道保存地區的 順路景點

咖啡廳 在復古風咖啡廳歇歇

吹屋の紅や
ふきやのべにや

改造茅草屋頂的古民宅。使用當地栽培的備中宇治茶葉，製成的日式紅茶「高梁紅茶」相當有人氣。

高梁紅茶500日圓

MAP 113B-4
☎090-2001-7202
🕘10:00左右～18:00左右　休週五
所高梁市成羽町吹屋159-3

午餐 享受當地美食

藤森食堂
ふじもりしょくどう

可享受使用許多當地食材的質樸鄉下料理。山菜炊飯650日圓等，約有15種料理。

鄉下蕎麥麵650日圓

MAP 113A-4
☎0866-29-2907
🕘11:00～17:00
休週一（逢假日則翌日休）
所高梁市成羽町吹屋380

伴手禮 備有弁柄伴手禮

おみやげ あさだ

販售和紙、披肩、陶瓷器、T恤等使用弁柄製作的伴手禮。也有販售當地的特產。

披肩4860日圓～
弁柄染的絲製披肩4860日圓～

MAP 113A-4
☎0866-29-2311
🕘10:00～17:00　休不定休
所高梁市成羽町吹屋715

吹屋弁柄是什麼呢？

作為塗繪陶瓷器或防腐塗料等使用的紅色顏料，是以綠礬為原料製成的。吹屋弁柄能夠表現澄透的紅色，深受珍視，廣泛使用在有田燒、九谷燒、輪島塗等器物的製作上。

弁柄館
ベンガラかん　**MAP 113A-4**

明治時代的弁柄製造工廠修復為資料館，分為四棟，介紹製作的工程。

☎0866-29-2222（成羽町觀光協會吹屋分部）
🕘9:00～17:00（12～3月為10:00～16:00）　休無休
¥票價200日圓　所高梁市成羽町吹屋86

🎬 館內的水洗碾臼室

蒜山高原（ひるぜんこうげん）
湯原（ゆばら）・津山（つやま）

享受兜風及美食 泡個溫泉放鬆一下

岡山縣北部的蒜山，有著綠意盎然的自然魅力。兜風享受從眼前流轉而過的美景，同時還能享用只有在縣北才吃得到的當地美食，以及西日本屈指可數的名湯。

高原爽朗的風景
在眼前展開

精彩亮點 1 美景兜風
望著廣大的牧草綠地，以及蒜山的三座山麓，一邊享受著自然豐富的景色，一邊兜風馳騁。 P.74

精彩亮點 2
當地美食 P.78・89
代表岡山縣北部的 2 大 B 級美食——蒜山炒麵和津山內臟烏龍麵。不管是哪一道，秘傳醬汁都是美味關鍵。

蒜山炒麵的醬汁
是以味噌為基底

精彩亮點 3
名湯 P.82
湯原、湯鄉、奧津被稱為美作三湯，是很有歷史的溫泉。也能享受不住宿溫泉。

冬天還能享受
雪景溫泉

就是
這個區域

蒜山
湯原溫泉　奧津溫泉
津山
湯鄉溫泉
新見
吹屋
備中松山城・高梁・吹屋　備前・日生
高梁
岡山市區・吉備路
吉備路
岡山
牛窗
倉敷美觀地區
笠岡　倉敷
兒島

交通方式

往蒜山

中國勝山站	真庭市 community 巴士 約1小時15分/200日圓	蒜山高原
蒜山IC	國道482號・縣道114號 約4km/約5分	三木原

往湯原

中國勝山站	真庭市 community 巴士 約35分/200日圓	湯原溫泉
湯原IC	國道313號 約4km/約5分	湯原溫泉

往湯鄉

林野站	宇野巴士・赤磐市廣域路線巴士 約10分/140日圓、150日圓	湯鄉溫泉
美作IC	縣道51號・國道179號・374號・縣道349號 約5km/約10分	湯鄉溫泉

往奧津

津山站	中鐵北部巴士 約1小時/990日圓	奧津溫泉
院庄IC	國道179号 約21km/約30分	奧津溫泉

往津山

岡山站	JR快速KOTOBUKI 約1小時6分/1140日圓	津山站

往勝山

津山站	JR姬新線 51分/760日圓	中國勝山站
落合IC	國道313號、181號 約12km/約20分	中國勝山站

從恬靜的高原往壯麗的山岳

蒜山（ひるぜん）大山（だいせん）美景兜風

馳騁穿越蒜山高原往高山而去。在遼闊的自然之美中，縱情展翅，朝爽快兜風之旅前進！

經典路線

距離 約50km　時間 約5小時

Goal 15:00	6 14:10	5 13:45	4 13:00	3 11:45	2 11:10	1 10:05	Start 10:00

Goal 15:00 米子自動車道 溝口IC
縣道45號 約7km ← 開車10分
6 14:10 大山桝水高原
縣道45號 約5km ← 開車10分
5 13:45 鍵掛峠
縣道114·45號 約20km ← 開車30分
4 13:00 三木原
縣道114號 即到 ← 開車即到
3 11:45 蒜山釀酒廠
縣道422號 約3km ← 開車5分
2 11:10 蒜山澤西樂園
國道482號·縣道114號 約11km ← 開車20分
1 10:05 蒜山香草花園
國道482號 約4km ← 開車5分
Start 10:00 米子自動車道 蒜山IC

蒜山豆知識

傳說中的妖怪「粹吞」
蒜山從古早就傳說著的怪物「粹吞（すいとん）」，據說只要有壞人，祂就會咻一地出現，咚地單腳站立，將壞人吃下肚。在蒜山高原四處可見到粹吞的圖騰柱。

連結蒜山與大山的「大山蒜山ParkWay」

由蒜山大山SkyLine（縣道114號）、大山環狀道路（縣道45號）等道路組成的人氣兜風路線。在鬼女台與鍵掛峠有展望台，能眺望整個宏偉的景觀。由於道路縱貫大山山麓，因此能一探大山南側與西側不同的風景，也是此路線的一大魅力。冬季會因降雪而有停止通行的情況，需多加注意。

兜風MEMO

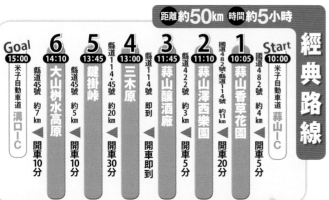

來這裡玩吧！
作伴手禮　做好的花環當

花環製作體驗
在咖啡廳的2樓可體驗原創花環製作。約40分（900日圓～）便可完成，也相當受到好評。

Start
米子自動車道
蒜山IC

順路景點

鹽釜冷泉
しおがまのれいせん

獲選為日本名水百選的旭川源流冷泉

11度上下 ← 清涼的水溫常年保持在

從蒜山三座的正中央——中蒜山谷裡湧出每秒300ml的源泉。可從汲水處取水，從日本各地都有許多粉絲前來探訪（禁止從湧泉處取水）。

MAP 81B-1
☎0867-66-3220（蒜山觀光協會）
自由參觀　真庭市蒜山下福田
蒜山IC開車9km　P利用鹽釜lodge停車場

Niceview
四季各自盛開一整片的花草，以及蒜山三座的景觀相當美麗

1
有著繽紛多彩的季節香草及花兒們的寬廣香草園

蒜山香草花園
ひるぜんハーブガーデンハービル

種植薰衣草等香草的植物園。園內也有能品嘗到香草菜單的咖啡廳，以及可體驗花環製作的手作教室等設施。

MAP 81A-2
☎0867-66-4533
4～11月為9:30～16:30（有時節性變動）　無休　票價300日圓
真庭市蒜山西茅部1480-64
蒜山IC車程4km　P免費

來吃這個吧！

薰衣草讓濃厚的澤西霜淇淋口味變得清爽

薰衣草霜淇淋 350日圓

澤西牛咖哩 850日圓

澤西牛的鮮美風味融入其中，入口圓潤的好滋味

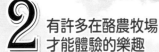

2 有許多在酪農牧場才能體驗的樂趣

蒜山澤西樂園
ひるぜんジャージーランド

餐廳資訊
LINK ▶ P.79

MAP 81B-1

📞0867-66-7011

🕐9:00〜17:00（餐廳為〜16:00）；1、2月為10:00〜16:00（餐廳為〜15:30）
🈺1、2月週三（逢假日則營業）
擠牛乳體驗1人600日圓
所真庭市蒜山中福田956-222
🚗蒜山IC車程7km　Ｐ免費

經營澤西牛飼養及乳製品製造的蒜山酪農所直營的設施，蒜山澤西牛現已為全國品牌，牧場內有陳列蒜山澤西優格等乳製品的商店（※ P.77）及餐廳。推薦一邊觀賞放牧景色一邊散步。

好可愛〜　　來這裡玩吧！
心跳加速！

擠牛乳體驗
可體驗擠澤西牛乳，1人600日圓，附指定牧場牛乳（週六日限定11:00〜，僅接受當日報名，有因牛隻狀況、天氣等中止或變動的情況）

來吃這個吧！

濃厚的澤西牛霜淇淋與布丁的組合，是道能享受雙重美味的貪心甜點

頂級聖代500日圓

澤西牛是？
原產自英國澤西島。特徵為褐毛的牛種，蒜山飼育的頭數為日本第一。4月下旬〜11月中旬能見到牛隻放牧的景色。

Niceview
在綠意滿溢的恬靜高原上，澤西牛低頭吃著牧草，展現放牧風情的景色

➡蒜山的夏日風景能看到向日葵花田

順路景點

白樺之丘
しらかばのおか

能一覽蒜山三座的山丘
位於レストラン白樺の丘（→ P.80）北邊的小山丘。在這裡能一覽蒜山三座的景色。在樹陰下能感受到高原的清爽之風。

📞0867-66-2501（休暇村 蒜山高原）**MAP** 81A-1
所真庭市蒜山上福田　🚗蒜山IC車程5km　Ｐ免費

「愛之鐘」
曾在昭和40年左右建於休暇村蒜山高原內的愛之鐘，據說「敲出鐘聲就能獲得幸福」，現在重新建造在白樺之丘上。請一定要試試敲響它。

3 開車者也能享受的山葡萄汁太受歡迎

蒜山釀酒廠
ひるぜんワイナリー

製造並販售使用天然山葡萄釀成的紅酒（→ P.77）。在咖啡廳區可享用酒廠自豪的紅酒及午餐。與起司相當搭的果醬也廣受好評。

📞0867-66-4424（蒜山釀酒廠）**MAP** 81A-1
🕐9:00〜17:00（12〜3月為10:00〜16:00）🈺週二（4〜11月無休）所真庭市蒜山上福田1205-32　🚗蒜山IC車程4km　Ｐ免費

Niceview
在位置超優的咖啡廳區，一邊眺望蒜山一邊乾杯吧

來吃這個吧！

紅酒&起司套餐500日圓

午餐盤（附湯）1200日圓

➡能品嘗到自製的烤牛肉與當季的蒜山蔬菜　➡包含無酒精飲品在內共5種可選

4 享受蒜山風貌的壯麗景色

三木原
みきがはら

在寬廣的牧草地區域，有露營場、滑雪場等戶外設施，以及餐飲設施，設施相當豐富。從春天到秋天能見到放牧澤西牛的景色。

MAP 81A-1

📞0867-66-3220（蒜山觀光協會）
所真庭市蒜山上福田
🚗蒜山IC車程4km
Ｐ免費

Niceview
能將蒜山三座及大山景色一覽無遺，地勢平緩的高原地帶

來這裡玩吧！

蒜山高原中心歡樂園
內有餐廳及遊樂園，是三木原屈指可數的遊樂場所。
LINK ▶ P.80

來吃這個吧！

水果霜淇淋（藍莓口味）350日圓

➡還有草莓、栗子等口味，依季節變換口味的澤西霜淇淋（僅3月末〜11月末販售）

往下頁

5 鍵掛峠
かぎかけとうげ

從這個美景景點能遠望大山南壁的勇壯之姿。山麓坡地上有著廣大的山毛櫸原生林，在此能欣賞新綠與紅葉等四季轉變的景象，以及瞭望大山瑰壯的景色。觀賞紅葉的時期為10月下旬～11月下旬。

MAP 117C-1
☎0859-75-6007
（江府町觀光協會）
🏠鳥取縣江府町鍵掛
🚗江府IC車程15分 🅿免費

Niceview
經自然切割得如屏風般直立的岩壁與山毛櫸樹林的絨毯，形成的和諧景色令人讚嘆

鬼女台
きめんだい

擁有遼闊視野的展望台是絕佳的攝影景點

從蒜山到大山蜿蜒舒爽的道路——大山蒜山ParkWay的途中，有標高900m的鬼女台觀景休息處。在此能夠360度環景遠眺四周的風景。

MAP 81A-1
☎0867-66-3220（蒜山觀光協會）
🏠真庭市蒜山下德山1109
🚗蒜山IC車程10km 🅿免費

北邊有以大山為主軸的山群，轉個方向，蒜山高原便展現在眼前

順路景點

大山牧場牛奶之鄉
だいせんまきばみるくのさと

具有豐富多樣的原創乳製品可當伴手禮

大山牧場內的休閒設施。人氣商店內陳列著大量使用新鮮牛奶製成的乳製品及甜點。除了有能製作奶油及冰淇淋的體驗教室（預約制）之外，裡面也有餐廳。

☎0859-52-3698 **MAP** 105
🕐3月中旬～12月上旬為10:00～17:00
🈳每月第1、4個週四 🏠鳥取縣伯耆町小林水無原2-11 🚗溝口IC車程9km 🅿免費

↑以大山為背景建造的紅色建築物

↑布丁聖代（700日圓）等，能品嘗到新鮮的牧場甜點

↑發現放牧中的牛隻，拍照紀念

搭乘空中吊椅纜車，盡情享受全景景觀

6 大山桝水高原
だいせんますみずこうげん

大山桝水高原位於大山西麓，也被稱為「天空的度假勝地」，在此能見到完美擔起「伯耆富士」之名的大山。搭乘可達大山山腰的空中吊椅纜車，前往展望台吧！Let's go～

☎0859-52-2420（桝水Field Station）　**MAP** 105
🕐空中吊椅纜車4月～11月為9:00～17:00（餐廳為11:00～15:30）
🈳無休（天氣惡劣時則休；餐廳為週一～週五）🎫空中吊椅纜車單程500日圓，來回700日圓 🏠鳥取縣伯耆町桝水高原1069-50
🚗溝口IC車程6km 🅿免費

Niceview
從西側望見的大山很像富士山，因此被稱為「伯耆富士」

Goal
米子自動車道
溝口IC

眺望美景的同時，享受坐在空中吊椅纜車上約8分鐘的空中散步，往標高900m的山頂。吊椅纜車除了冬季暫停營運之外，也會視天氣暫停營運，因此需注意一下。

更
為了能 享受美景
來搭空中吊椅纜車吧

❸展望台是著名的「戀人聖地」，十分受歡迎

❷晴天時可從展望台遠眺弓濱海岸及島根半島

推薦！
情侶搭乘

戀人座地的特別設計，有著可愛的裝飾圖樣的雙人座纜車，隨機配置五台運行。能搭到就太幸運了！

❶隨著纜車往上爬升，心跳也隨之加速

美味好吃

集結高原的美味於一身

蒜山伴手禮

PLATEAU MUFFIN
(6入) 1000日圓

使用蒜山澤西牛乳，口感微微濕潤的馬芬蛋糕（1個200日圓）。六個一組的優惠組合當伴手禮最合適

商品種類豐富超群！
餐廳及遊樂園皆有的複合設施
蒜山高原中心
LINK ▶ P.80

蒜山炒麵組
(3人分) 870日圓

「ひるぜん焼そば好いとん会」監製的當地美食組。只要準備好高麗菜和雞肉就能輕鬆品嘗美味

RASPBERRY CREAM SAND COOKIE
(6入) 650日圓

使用蒜山澤西牛乳製作的酥脆餅乾，配上酸甜樹莓鮮奶油的美味組合

也能買到
高原種植的新鮮蔬菜
公路休息站 風の家
みちのえきかぜのいえ
LINK ▶ P.81

蒜山高原白巧克力
蒜山山葡萄酒巧克力
蒜山鮮奶油巧克力
各324日圓

在蒜山工廠生產的巧克力。人氣NO.1的是使用大量澤西牛乳製作的白巧克力

蒜山漬 柚子蘿蔔
蒜山漬 蘿蔔切片
蘿蔔漬味噌
各390日圓

生長於涼爽的蒜山上，富含甜味的「蒜山蘿蔔」所製成的漬物。備有各種口味

蒜山澤西牛沙布列餅乾
(14入) 702日圓

當地點心店使用新鮮澤西牛乳與奶油，每天製作出味道樸實的沙布列餅乾

擁有豐富的
蒜山當地美食＆伴手禮
蒜山高原SA（上行）
ひるぜんこうげんサービスエリアのぼり

這裡有只有在上行路線才買得到的數量限定甜點，還有蒜山高原炒麵等蒜山當地美食

☎ 0867-66-4244　**MAP** 81A-2
⌚ 7:00～22:00（餐廳～21:00）　🈳無休
📍真庭市蒜山西茅部　🚗蒜山IC車程1km　🅿免費

蒜山高原牛奶醬
1080日圓

將美味濃厚的澤西牛乳煉製成的牛奶醬，搭配麵包、水果都非常對味

澤西起司
1750日圓

內含海綿蛋糕、起司慕斯、牛奶布丁、焦糖醬的四層起司蛋糕，四種材料全都是使用澤西牛乳製成的

蒜山鮮奶油麵包
210日圓

數量限定。微微濕潤的麵包與濃厚鮮奶油的絕妙組合

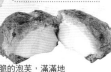

蒜山澤西泡芙
390日圓

數量限定。口感酥脆的泡芙，滿滿地填入使用澤西牛乳製成的卡士達醬

感受高原之風的休息時光
蒜山高原SA（下行）
ひるぜんこうげんサービスエリアくだり

從大自然孕育出的濃厚澤西乳製品到下行路線限定的甜點，在這裡也能買到相當豐富的產品。

☎ 0867-66-4344（蒜山高原レストラン下行店）　**MAP** 81A-2
⌚ 7:00～22:00（餐廳～21:00）　🈳無休
📍真庭市蒜山西茅部　🚗湯原IC車程17km　🅿免費

從澤西牛乳製品、到活用蒜山獨有食材製成的伴手禮接連登場。帶著新鮮的高原美味回去吧。

澤西牛伴手禮就帶這些！
LINK ▶ P.75
蒜山澤西樂園

蒜山澤西優格
120日圓

蒜山澤西奢華優格
150日圓

使用新鮮澤西牛乳製成的優格。奢華優格中添加了高級的澤西牛鮮奶油

蒜山澤西牛高達起司
1050日圓

餐廳內的起司鍋（→P.79）也是使用這款起司，味道圓潤

蒜山澤西 頂級牛乳 5.0
(180ml) 160日圓

蒜山澤西 無調整牛乳
(180ml) 160日圓

咖啡歐蕾
(180ml) 120日圓

使用成分無調整、乳脂肪含量5.0%，牧場自豪的頂級蒜山澤西牛乳。咖啡歐蕾使用無調整牛乳以及一早磨豆滴濾沖泡的咖啡調製，也有著屹立不搖的人氣

也有販售天然山葡萄汁
蒜山釀酒廠
LINK ▶ P.75

橡木桶熟成 山葡萄酒（紅）
(720ml) 3995日圓

有著清爽的酸味，100%山葡萄製的葡萄酒

Latte Bambino
760日圓

熟成滋味的切達起司

妖精們的饗宴
(720ml) 3024日圓

100%山葡萄汁製成的奢華無酒精紅酒

桃紅山葡萄酒
(720ml) 3465日圓

帶著微甜果香的桃紅葡萄酒，搭配和食也相當對味

澄淨空氣與大地孕育出的

高原美食

農業、酪農業繁盛，新鮮食材齊聚的蒜山。一邊享受雄壯的景觀，一邊盡情享用好吃的高原美食吧。

承續元祖的味道引以為傲的一道

いち福
●いちふく

店主曾是蒜山炒麵元祖「ますや食堂」的常客，在此重現元祖的滋味。花半個月熟成的醬汁，將洋蔥的甜味與味噌絕妙地融合為一。本店同時也是燒肉店，炒麵是白天的人氣菜單。

☎0867-66-5366 **MAP** 81B-2
⌚11:00～14:00，17:00～20:00
休週一 所真庭市蒜山中福田207-5
🚗蒜山IC車程4km ℗免費

→名產是內臟的燒肉店

蒜山炒麵

以在蒜山長年受到喜愛，以味噌為基底所製成的炒麵，是受到全國矚目的當地庶民美食。一定要品嘗一下在當地才吃得到的這道料理。

> 蒜山炒麵
> 620日圓
> 醬汁的特點是其中的洋蔥泥仍保有清脆口感。洋蔥的用量會視季節調整

> 蒜山炒麵
> 600日圓
> 用了蘋果、洋蔥等12種食材調製成濃厚的醬汁。雞肉（親雞）切成小塊方便食用

當地的人氣食堂，分量滿滿

やまな食堂
●やまなしょくどう

從以前炒麵就頗受好評的店。分量為一般的1.5倍，使用了240g的麵條，價格卻還是如此便宜誘人。為使大家都能愉快享用，因此降低了味噌醬汁的辣度。

MAP 81C-1
☎0867-66-4113
⌚10:30～14:00，17:00～20:00（12月～2月為～19:00）休週四（逢假日則營業）、不定休
所真庭市蒜山上長田2050-2
🚗蒜山IC車程10km
℗免費

→也有僅有和式座位的2樓

這就是蒜山炒麵啦!!

以味噌醬汁調味的炒麵

在蒜山地區的各個家庭用味噌醬汁製作炒麵，以此為始的一道料理。每個店家用自己原創的味噌醬汁搭配相當對味的高原高麗菜與雞肉搭配製作炒麵，高甜度的高原美食。

雞肉使用親雞或若雞

親雞 約25個月大的雞隻。元祖口味採用親雞製作，滋味豐富且富有嚼勁。

若雞 約2個月大的雞隻。因為肉質較軟容易食用，也有的店家使用若雞製作。

炒麵還有分早晚！

依店家不同，能吃到的限時菜單。

あさぜん 「對能一早就來店的客人表達感謝」的心情，早上的炒麵會配上煎蛋。
開店～11:30為止。

よる★ぜん 添加辣味的「適合下酒的大人炒麵」，相當有人氣。
15:00～關店為止。

有彈性的若雞與親子共同開發的辣味醬汁

高原亭 ●こうげんてい

從開店以來就一直在菜單上的蒜山炒麵，因使用大火快炒，所以能更凸顯醬汁的風味。使用若雞的腿肉製作，孩童也容易食用，相當受到好評。

☎0867-66-3696 **MAP** 81B-2
⌚11:00～14:30，17:00～20:30（週日除外）休不定休 所真庭市蒜山上福田815 🚗蒜山IC車程3km ℗免費

> 蒜山炒麵
> 620日圓
> 親子2代各自熬煮的2種醬汁調製出的美味，微辣中帶有水果的香甜

活用蔬菜原味做出溫柔的媽媽味

悠悠 ●ゆうゆう

凝聚蔬菜香甜原味的醬汁，滋味豐富又有家的味道。與其他店家相比，本店的特點是味道清爽，是從小孩到年長者每個人都覺得好吃的美味。吃過的人都說這簡直就是「蒜山媽媽煮出來的炒麵」。

☎0867-66-2642 **MAP** 81B-2
⌚11:00～16:00 休週一（逢假日則翌日休）
所真庭市蒜山下福田438-12 🚗蒜山IC車程6km ℗免費

> 蒜山的炒麵 610日圓
> 稍粗又有彈性的蒸麵條，加上大量的高原蔬菜。視喜好加入一味辣椒粉也非常好吃

78

成吉思汗蒙古烤肉

成吉思汗蒙古烤肉在燒烤的同時，會逼出多餘的水分與脂肪並將美味鎖住，因此非常健康也相當受女性顧客歡迎。每家店調製的醬汁風味各有不同，請搭配享用。

蘇山成吉思汗蒙古烤肉發祥店
ヒルゼンハイツ別館 ひるぜん大将
●ヒルゼンハイツべっかん ひるぜんたいしょう

在此能享受到新鮮羊肉等的成吉思汗蒙古烤肉，是吃到飽的名店。承續從創業以來的秘傳醬汁是美味的關鍵。不管從哪個座位都能一覽蘇山的景色也是店家引以為傲的賣點之一。

MAP 81A-1
☎0867-66-4811
⏰10:30～17:00
休無休（12～3月為週四休）
🏠真庭市蘇山上福田1205-256
🚗蘇山IC車程5km P免費

↑能一望蘇山三座的觀景座位

A餐（羊肉＋蔬菜＋白飯）1800日圓 羊肉有大眾羊與羊肩肉2種可選

備有蘇山特產的商店與餐廳
WOOD PAO

在這裡能品嘗到成吉思汗蒙古烤肉及義式冰淇淋。看到尖尖的屋頂就是餐廳與咖啡廳了。在此能與寵物一起用餐。也設有販售戶外雜貨、澤西牛乳、起司、蘇山葡萄酒等的商店。

MAP 81A-1
☎0867-66-4655
⏰9:00～16:00（週六日、假日為～17:00，有季節性變動）休不定休（8月無休）🏠真庭市蘇山上福田1201-7 🚗蘇山IC車程4km P免費

↑面對蘇山高原，視野良好的座位相當受歡迎

澤西牛與成吉思汗蒙古烤肉套餐（1人分）2070日圓 紅肉部分較多的澤西牛肉含有豐富鐵質，且風味清爽

澤西牛

濃厚澤西牛乳製成的起司，搭配肉質柔軟且風味顯著的澤西牛肉。也只有在蘇山才能品嘗到稀有的澤西牛美食。

在與自然合而為一的空間中品嘗美味的料理
蘇山俱樂部 Nadja
●ひるぜんくらぶナジャ

合併藝廊與咖啡廳餐廳的店家。要在此咖啡廳喝飲料的話，推薦春秋限定的水果茶，午餐則推薦澤西骰子牛排。

MAP 81B-1
☎0867-66-5433
⏰11:00～16:00（17:00～為預約制）休週五（冬季不定休） 🏠真庭市蘇山下福田1-303
🚗蘇山IC車程9km P免費

澤西牛骰子牛排1680日圓 在石板上熱騰騰的骰子牛。午餐限定

起司鍋套餐B餐（2人分～）（1人分）2420日圓 品嘗生乳新鮮的原味

能瞭望蘇山高原美景的餐廳
蘇山澤西樂園

餐廳位於稍高的山丘上。將法國麵包、馬鈴薯、澤西香腸沾取餐廳自製的高達起司食用的起司鍋，相當受歡迎。
LINK ▶ P.75

蘇山蕎麥麵

流淌著大山山麓乾淨水源的蘇山，散布著製作手打蕎麥麵的店家。每家店都各有別出心裁之處，來享用道地的蘇山蕎麥麵吧。

使用自家栽種的蕎麥製作
味覚工房 そばの館
●あじこうぼうそばのやかた

從蕎麥的栽培到製麵都自己來的蘇山蕎麥麵店。麵條入喉滑順，與柴魚片製成的溫潤醬汁非常搭。

☎0867-66-7101 **MAP** 81A-2
⏰10:30～16:00 休不定休（12～3月週三休）🏠真庭市蘇山上德山1375-1 🚗蘇山IC即到 P免費

蕎麥涼麵（普通量）740日圓 入喉相當滑順 滋味豐富

國產蕎麥自磨成粉
蘇山手打ちそば叉来
●ひるぜんてうちそばまたぎ

在這裡能吃到現磨現做，100%純蕎麥粉製成的蕎麥麵。製成的細麵富含水分，香氣十足。

MAP 81A-2
☎0867-45-0034
⏰10:30～16:00（售完打烊）
休週三、四 🏠真庭市蘇山本茅部173-14
🚗蘇山IC車程2km P免費

100%純蕎麥麵（普通量）700日圓 香味明顯，有著獨特的嚼勁

當地美食 美食
レストラン白樺の丘
●レストランしらかばのおか
MAP 81A-1

齊聚蒜山才有的美食

能一覽蒜山三座及大山，景觀絕佳的餐廳，在此能品嘗到加了高麗菜與雞肉的古早味蒜山炒麵。在燒肉區也能品嘗到成吉思汗蒙古烤肉。

📞0867-66-2501（休暇村 蒜山高原）
🕙10:00～15:00 　無無休（冬季預定僅於週六日、假日營業）🏠真庭市蒜山上福田1205-281
🚗蒜山IC車程5km 🅿免費

⊕蒜山炒麵760日圓

麵包 購物
のーすぽーる
MAP 81B-1

使用天然酵母的自製麵包

地點靠近自然牧場公園的木屋風麵包店。使用津輕產的北上小麥粉、天然酵母，還有蒜山天然水製作的麵包，以硬麵包為主，能夠品嘗到麵包原味及口感，有著樸素的自然風味。也能在店內的咖啡廳區品嘗現烤好的麵包。

📞0867-66-5009
🕙11:00～17:00（售完打烊）
　不定休（大雪時期則暫停營業） 🏠真庭市蒜山富山根694-353 🚗蒜山IC車程9km 🅿免費

⊕胡桃&葡萄乾450日圓等

豆腐 購物
とうふ屋 元勢
●とうふやもとせ
MAP 81B-2

使用夢幻的青大豆及蒜山天然水製作

從使用蒜山天然水及天然滷汁製作的豆腐到油豆腐、豆腐皮等皆有販售。當店的名產──豆腐是使用比白大豆甜度高3倍的青大豆KIYOMIDORI所製。用豆漿製作的優格及布丁，還有使用豆渣製作的甜甜圈等甜點也都相當受歡迎。

📞0867-66-4094
🕙7:00～19:00 　無無休 🏠真庭市蒜山上福田712-7
🚗蒜山IC車程2km 🅿免費

⊕大豆竹罐豆腐380日圓（前）等

遊園地 玩樂
蒜山高原中心歡樂園
●ヒルゼンこうげんセンタージョイフルパーク
MAP 81A-1

位於三木原的主題樂園

由販售乳製品及當地特產的蒜山高原中心，以及能夠玩到雲霄飛車、急速滑水道等各種娛樂設施的歡樂園，所組成的主題樂園。園內有著從小孩到大人都能盡情玩樂的設施。黃金週、春暑假、賞楓季等皆會舉辦許多活動。

📞0867-66-3600
🕙蒜山高原中心為9:00～17:00，歡樂園為10:00～17:00（有季節性變動）　無無休（歡樂園天候不佳則休）
💴歡樂園票價600日圓（各娛樂設施需另收費）
🏠真庭市蒜山上福田1205-197
🚗蒜山IC車程3km 🅿免費

⊕園內備有許多適合孩童玩樂的設施

公園 玩樂
自然牧場公園
●しぜんぼくじょうこうえん
MAP 81B-1

恬靜的高原風貌展現眼前

綠色草地及人工小溪交織而成的休憩景點。公園內也設有遊樂器材及休息處，在自然樹林間流過的小河中，能悠閒地度過美好時光。

📞0867-66-3220（蒜山觀光協會）
🕙自由入園（冬季會因積雪難以進入）
🏠真庭市蒜山富山根 🚗蒜山IC車程9km 🅿免費

⊕能盡情享受戶外活動能在1.7公頃的廣闊園內

當地美食 美食
蒜山高原中心Restaurant FARMY
●ヒルゼンこうげんセンターレストランファーミー
MAP 81A-1

蒜山炒麵和成吉思汗蒙古烤肉相當有人氣

位於蒜山高原中心內的餐廳。蒜山炒麵附有白飯與味噌湯。乍看分量超大，不過炒麵的甜鹹滋味與白飯相當搭，讓人忍不住一口接一口地吃個精光。炒麵材料走基本路線，只用了具有彈力的親雞及高麗菜。

📞0867-66-3600
🕙10:30～17:00（有季節性變動）　無無休
🏠真庭市蒜山上福田1205-197
🚗蒜山IC車程3km
🅿免費

⊕鈴木君的蒜山炒麵（附白飯、味噌湯、醃漬小菜）900日圓

想多知道一些！
蒜山
（ひるぜん）

網羅一覽蒜山三座及放牧風情的觀景景點，以及能在豐富自然中玩樂的休閒景點。

相關諮詢 　蒜山觀光協會
📞0867-66-3220

博物館 景點
蒜山鄉土博物館
●ひるぜんきょうどはくぶつかん
MAP 81C-1

能得知蒜山歷史與文化的博物館

博物館館內有國家指定重要古蹟「四塚古墳群」的出土文物，並且介紹展現蒜山風土的祭典及飲食等關於文化的知識。館外有修復完畢的豎穴式住居。古墳群步行3分。

⊕館內也有介紹重要無形文化財的「大宮舞」

📞0867-66-4667
🕙9:00～16:30 　週一（逢假日則翌日休）
💴票價300日圓 🏠真庭市蒜山上長田1694
🚗蒜山IC車程10km 🅿免費

騎馬俱樂部 玩樂
蒜山Horse Park
●ひるぜんホースパーク
MAP 81B-1

有許多方案可供來客挑戰騎馬

位於蒜山澤西樂園（→ P.75）旁的騎馬體驗設施。有可體驗控制韁繩，在步道上行走的人氣迷你外騎方案等等，可依個人程度挑選適合的體驗方案。孩童則推薦牽引騎乘體驗。

📞0867-66-5116
🕙10:00～16:00 　週三（逢假日則翌日休，8月無休）💴牽引騎乘體驗（1人）1300日圓、迷你外騎方案（500m）2310日圓 🏠真庭市蒜山中福田958-38 🚗蒜山IC車程7km 🅿免費

⊕在高原上享受騎馬樂趣

來享受自行車之旅吧

一邊感受著高原之風一邊騎著自行車

蒜山高原自行車道
ひるぜんこうげんじてんしゃどう

繞蒜山高原一周，全長30km的自行車道。是能一次享受蒜山三座、大山壯麗景觀以及廣闊牧原草地與田園恬靜風光的人氣路線。上下坡路段不多，不管是孩童或是初學者都能放心騎。各處除了有自行車租借設施、導覽看板與休息處之外，還有自行車租借站。

MAP 81B-1

☎0867-66-3220（蒜山觀光協會）

↑穿梭在綠蔭之中，身心也獲得放鬆

蒜山

推薦住宿

♨=有溫泉　**P**=有停車場　**C**=可刷卡
灰色表示無該服務。

※房間費用：S=單人房、T=雙床房、W=雙人房、S為1人使用、T・W為2人使用時的1泊房間費用。標註為1泊2食的情況，則表示2人使用時，每人的費用。

休暇村 蒜山高原（東館）
きゅうかむらひるぜんこうげんひがしかん

IN 15:00 **OUT** 10:00 其他 **P C** ♨

能盡情享受戶外活動與溫泉的高原度假村

MAP 81A-1

在此能享受到高原上湧出的氡溫泉。這裡的自助餐晚餐以澤西牛涮涮鍋為主，約有50種當季菜色相當受歡迎。度假村內備有露營場及網球場，也有自行車租借服務。

↑滿溢度假風情的木製露臺

☎0867-66-2501
所真庭市蒜山上福田1205-281
¥1泊2食10900日圓～　🚗蒜山IC車程5km

↑可一覽蒜山三座全景的大浴池

公路休息站

購物

公路休息站 風の家
●みちのえきかぜのいえ

MAP 81A-2

直銷當地農家的新鮮蔬菜

位於下蒜山IC即到的好地點。販售蒜山地方特產及工藝品（→P.77）。餐廳的人氣菜單為風之家拉麵及蒜山炒麵。店內也有諸多的澤西牛乳製品、山葡萄酒等商品。

☎0867-66-4393
🕗8:30～17:00（餐廳為10:00～16:00，有季節性變動）　休無休（農產品直賣所為12～3月休）　所真庭市蒜山上德山1380-6
🚗蒜山IC即到　P免費

↑鋪上澤西牛肉與蒜山蘿蔔泥的風之家拉麵650日圓

↑風車變成這裡的地標

蒜山高原
區域導覽

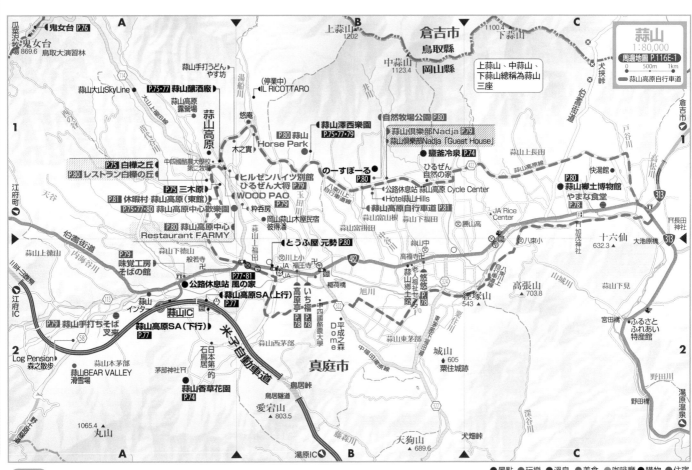

●景點　●玩樂　●溫泉　●美食　●咖啡廳　●購物　●住宿

美作三湯導覽

湯原溫泉
湯鄉溫泉
奧津溫泉

位於岡山縣北部的湯原、湯鄉、奧津三處溫泉，受優質溫泉之惠，因此建有許多溫泉旅館。

在此挑出幾家擁有充滿巧思浴池的旅館推薦給大家。

輕鬆享受不住宿泡湯也好，享受溫泉與料理也好，在此挑出幾家擁有充滿巧思浴池的旅館推薦給大家。

水壩與自然交織出鮮活的美景溫泉

砂湯 ●すなゆ

原溫泉中最知名的混浴露天浴池，氣氛相當開闊。位於湯原水壩正下的河川旁，依溫泉低到高的順序可分為「美人之湯」、「子寶之湯」、「長壽之湯」三個溫泉浴池。由於是混浴型態的溫泉，請務必要包捲好浴巾再泡湯。推薦女性可穿著泡湯專用服。

砂湯的基本資訊
★把車子停在砂湯下游的河床地吧。可停50輛左右，免費停車。
★有男女分開的簡易更衣處。無寄物櫃，因此請勿攜帶貴重物品進入。
★在美人之湯洗淨身體，往上游的子寶之湯前進。最後泡個高溫的長壽之湯吧。

MAP 83-1
☎0867-62-2526 (湯原觀光資訊中心)
⏰24小時（週三6:00~12:00、每月第一週五10:00~14:00不可使用）
¥免費 休無休 所真庭市湯原溫泉
🚌湯原溫泉巴士站步行10分 Ｐ免費

此溫泉鄉受到沿著旭川清流的優質溫泉之惠

湯原溫泉

ゆばらおんせん

湯原水壩下游建有約20間的溫泉旅館，是岡山第一的溫泉鄉。15個溫泉皆為自然噴泉，湯原溫泉有著自豪的充沛湧泉量，估算每分鐘為6000公升。鄰近湯原水壩的混浴露天浴池「砂湯」是此溫泉鄉的象徵。

泉質	純鹼性溫泉【泉溫】48℃ 【顏色、味道、氣味】透明無色、無味、無臭
功效	慢性皮膚病（異位性皮膚炎等）、慢性婦女病、割傷、曬傷、灼傷、糖尿病等

交通方式

JR中國勝山站	真庭市community巴士 所要時間約35分／200日圓	湯原溫泉巴士站
湯原IC	國道313號 約4km／5分	湯原溫泉

建議：JR岡山站到姬新線JR中國勝山站，需於JR津山站換車，所需時間約2小時25分。由於巴士班次較少，推薦使用租車等方式開車前往。

從露天浴池眺望湯原景色

湯原國際觀光飯店 菊之湯

●ゆばらこくさいかんこうホテルきくのゆ

位於距砂場步行3分的位置。以饒富自然野趣的大露天浴池「冠月之湯」為傲。料理則能享受到使用豐富的瀨戶內海海鮮，以及當季山產食材的會席料理。

↑使用當季食材的會席料理

MAP 83-1
☎0867-62-2111
⏰IN15:30、OUT10:00
¥1泊2食12960日圓～
所真庭市湯原溫泉16
🚌湯原溫泉巴士站步行5分
Ｐ免費

不住宿泡湯
¥泡湯費1080日圓
※費用含沐浴乳、洗髮乳、吹風機
⏰15:00~18:00
休不定休

↑露天浴池「冠月之湯」

↓整列白牆與格子窗的宿場町建築

不住宿泡湯
¥泡湯費1080日圓
※費用含沐浴乳、洗髮乳、吹風機
⏰11:00~18:00（需洽詢）
休不定休

在美人湯的小屋品嘗名牌牛——千屋牛

湯原之宿 米屋

●ゆばらのやどこめや

在這裡能品嘗到千屋牛，以及以低農藥、無農藥栽培的蔬菜，還有向合作農家直購的白米等當地食材所做成的料理。被自然包圍的半露天浴池是旅館的招牌之一，能在寬廣的浴池中好好放鬆。

→能聽見川流聲的半露天浴池

MAP 83-1
☎0867-62-3775
⏰IN15:30、OUT10:00
¥1泊2食12960日圓～
所真庭市湯原溫泉345-18
🚌湯原溫泉巴士站步行5分
Ｐ免費

岡山縣

蒜山
奧津溫泉
湯原溫泉
津山
湯鄉溫泉
高梁
備前
吉備路
岡山市區
倉敷

※所標註的住宿費用原則上以2人1房計算。註明「1泊附早餐」、「1泊2食」、「1泊純住宿」時，表示是以1人的費用計算；註明「1泊房間費用」時，則表示是以2人的費用計算。
※由於住宿費用會視房型與時期而異，請事先確認。

好康道相報

泡湯健檢專案

健康檢查＋1泊2食住宿＋溫泉指南的專案（30390日圓～）廣受好評。入住湯原溫泉的旅館，接受健康檢查及正確泡湯的指導。

☎0867-62-2526 (湯原觀光資訊中心)

合作醫院	真庭市國民健康保險 湯原溫泉醫院
服務時間	週一～週五（假日除外）
檢查時間	13時開始約2小時
申請辦法	預定檢查日的一週前，向住宿旅館預約

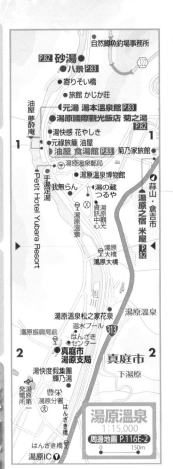

溫泉街的順路景點

可享受大浴池與三溫暖
元湯 湯本溫泉館
不住宿溫泉

●もとゆゆもとおんせんかん

位於湯原溫泉鄉裡的共同浴池。除了有男女分開的大浴池、三溫暖、按摩池之外，還有適合身障者及高齡者的無障礙浴室。也可使用按摩機器等設施。

↷用湯原溫泉水製作的濃縮溫泉水（左）1080日圓，及化妝水（右）1296日圓

☎0867-62-2039
🕙10:00～22:30　休無休（檢查期間休）
¥泡湯費600日圓　所真庭市湯原溫泉23-2
🚌湯原溫泉巴士站步行10分　P免費

MAP 83-1

↷浴室位於2樓，有三溫暖和按摩池

品嘗美味的會席料理
油屋 食湯館
美食

●あぶらやしょくとうかん

位於湯原溫泉的「元祿旅籠 油屋」內的餐廳與咖啡廳，有不住宿泡湯可使用的設施，保有濃厚的老舖旅館風情。餐點為使用本地當季食材的定食，非常受歡迎。

MAP 83-1
☎0867-62-2006
（元祿旅籠 油屋）
🕙11:30～15:00、17:30～20:00
（午晚皆採預約制）　休週四（逢假日則營業）
所真庭市湯原溫泉27　🚌湯原溫泉巴士站步行3分　P免費

↷定食1300日圓～餐點內容視季節而異

不妨穿上浴衣與木屐，逛逛這條沿著河川、饒富風情的溫泉街吧。

↷屋頂露天浴池「空之湯」

不住宿泡湯
¥泡湯費1000日圓
※費用含沐浴乳、洗髮乳、吹風機
🕙11:00～14:00、18:00～21:00
休週四

以別有特色的浴池，以及蔬菜滿滿的山菜料理款待來客

八景
●はっけい

以從客房能望見砂場與吊橋為傲的山間旅館。旅館的料理是使用大量當地產的當季蔬菜所做成的山菜料理。在可看到旭川清流的大浴池，以及可仰望滿天星斗的屋頂露天浴池，泡湯放鬆一下緊繃的身心。

↷全客房皆面向旭川

MAP 83-1
☎0867-62-2211
🕙IN15:00、OUT11:00
¥1泊2食18510日圓～
所真庭市豐榮1572
🚌湯原溫泉巴士站步行8分
P免費

↷1樓的餐廳「花ぐるま」

距湯原溫泉約25km　文藝復興風的美麗洋風建築

舊遷喬尋常小學
景點

●きゅうせんきょうじんじょうしょうがっこう

明治40（1907）年建造的木造校舍，一直到1990年為止都是作為小學校舍使用。格狀的天花板與螺旋樓梯等建築細節都非常講究。

MAP 116E-4
☎0867-42-7000
（真庭ESPACE文化振興財團）
🕙9:00～18:00（商店為～17:00）　休週三（逢假日則翌平日休）
¥免費入館
所真庭市鍋屋17-1
🚌JR久世站步行10分
P免費

↷令人懷念的學校午餐（供應日需洽詢）

↷特徵為左右對稱的設計

距湯原溫泉約33km　縣內第一的巨木，值得一看的櫻花樹

醍醐櫻
景點

●だいござくら

恬靜的山間僅佇立著1棵與後醍醐天皇有淵源的櫻花樹，推測為樹齡高達1000年的巨木。每年櫻花滿開的時期，許多賞花遊客受美麗櫻花的魅力慕名而來，相當熱鬧。

MAP 112D-1
☎0867-52-1111
（真庭市落合振興局地域振興課）
🕙自由參觀　所真庭市別所
🚌北房IC車程13km
P免費

↷賞花期為4月上旬～中旬，櫻花開5成之後會有夜間點燈

一邊享受周圍的自然景色，一邊兜風繞繞吧。

↷可享受與水豚近距離接觸的樂趣

從湯原溫泉稍微走遠一些

距湯原溫泉約26km　享受真庭美食的複合設施

真庭agri garden
玩樂

●まにわあぐりガーデン

屬複合設施的真庭agri garden內有以當地食材為主，能品嘗到食材原本美味的餐廳及咖啡廳。裡面也有能近距離接觸動物的區域，是全家都能開心玩樂的景點。

MAP 116E-4
☎0867-45-7333
🕙視店鋪而異
休週三　所真庭市中396-1
🚌落合IC車程4km
P免費

↷可感受四季風景的中央庭園

旬の蔵dezi-na
以販售當地製造商的加工食品，還有當地產的新鮮蔬菜為主，真庭產的米、乾貨、調味料，以及秤重賣的雜糧，都相當受歡迎。

Natural Buffet うさ八
使用真庭當季蔬菜，並盡可能地不使用添加物，讓客人能夠品嘗到自然美味的自助式餐廳。

スイーツパーラー 十字屋商店
使用無農藥稻米米糖做成的鬆餅，還有使用當地產的新鮮食材製成的冰沙，非常受歡迎。

十字屋商店
店內主要使用採真庭地區新研發的生物質「液肥」所種植出來的米，並利用水車碾米，而使用這種米做的飯糰是店內的自豪商品。

⟵男性浴池
露天浴池「古城之湯」

不住宿泡湯
¥泡湯費1000日圓
※費用含沐浴乳、洗髮精、吹風機
🕐15:00～21:30
休不定休

⟵飄盪著薰香燈香氣的優雅大廳

在高雅的療癒空間內放鬆身心
花の宿にしき園 ●はなのやどにしきえん
大廳飄盪著芳香精油的香氣，流淌著舒適悅耳的音樂，傍晚能望見點燈照亮的中庭瀑布。包租露天浴池及岩盤浴包廂等，處處皆是療癒之所，深受女性顧客歡迎。

MAP 85A
☎0868-72-0640
🕐IN 15:00、OUT10:00
¥1泊2食 15500日圓～
🏠美作市湯鄉840-1
🚌湯鄉溫泉下巴士站即到　P免費

據說是經白鷺引領而發現的溫泉
湯鄉溫泉
ゆのごうおんせん

據說是由比叡山的高僧——圓仁法師看見白鷺將受傷的腳泡在溫泉裡療養的樣子，而發現的療養溫泉。為美作三湯中唯一的氯化物泉，特徵為飄著淡淡的硫磺香氣。

泉質	氯化物泉【泉溫】40℃ 【顏色、味道、氣味】透明無色、淡鹽味、淡硫磺味
功效	消化器官疾患、神經痛、風濕性關節炎、貧血、婦女病、皮膚病等

交通方式		
JR岡山站	宇野巴士 所需時間約2小時／1120日圓	湯鄉溫泉下巴士站
美作IC	縣道51號；國道179號、374號；縣道349號 約5km／10分	湯鄉溫泉

建議　JR岡山站到湯鄉溫泉的直達班車一天有兩班。此外，也可搭乘宇野巴士於新道湯鄉崎巴士站下車，轉搭赤磐廣域巴士。從關西方面有到美作IC的高速巴士。從岡山機場可利用通往津山的共乘計程車（3500日圓）前往。

好康道相報

溫泉周遊杯墊
僅限住宿者購買，可泡其他家溫泉的溫泉周遊票券。可從9家旅館及元湯湯鄉鷺溫泉館中任選3家泡湯。有效期間為購買日起1年內。
☎0868-72-2636（湯鄉溫泉旅館協同組合）

可使用的設施一覽
元湯湯鄉鷺溫泉館、
花之宿錦園、優之宿竹亭旅館、
湯鄉渡假INN、湯鄉大飯店、
福增亭、湯鄉美春閣、
清次郎之湯湯鄉館、
かつらぎ、季譜之里

1張
900日圓

可用溫泉與香氣放鬆的Spa度假村
罌粟花春天 SPA度假飯店
主題為健康及療癒的度假村飯店。館內的設計是以加州西班牙傳教會式的建築風格，飄盪著異國風情。在此可使用Spa & 芳香療法沙龍好好放鬆一番。

MAP 85A
☎0868-72-7575
🕐IN 15:00、OUT10:00
¥1泊2食付 13160日圓～
🏠美作市湯鄉538-1
🚌湯鄉溫泉下巴士站即到　P免費

傳教會式的建築風格，令人聯想到加州西班牙風格，晴空照映的建築景觀

⟵4方形樓外的按摩池室外

不住宿泡湯
不可只單純泡湯
包含午餐與溫泉泡湯的不住宿專用方案2916日圓～

透過溫泉＋瑜珈體驗令人煥然一新的和風摩登氣園旅館
かつらぎ
旅館內有出自大阪設計集團之手的包租露天浴池。客房房型有簡單的和室及和洋室兩種。旅館內除了設有梅酒吧及咖啡廳之外，也有瑜珈教室，提倡新的療癒型態。

MAP 85A
☎0868-72-1555
🕐IN 15:00、OUT11:00
¥1泊2食9800日圓～
🏠美作市湯鄉800
🚌湯鄉溫泉下巴士站步行3分　P免費

⟶graf設計的包租露天浴池「月之湯」

⟶使用許多本地當季食材的料理

不住宿泡湯
¥泡湯費500日圓
※費用含沐浴乳、洗髮乳、吹風機
🕐15:00～22:00
休週六、假日前日

在綠意盎然的露天浴池悠閒度過
湯鄉大飯店 ●ゆのごうグランドホテル
露天浴池有著現代雕刻家疊石砌成的石碑，還有使用赤御影花崗石的大浴池、岩盤浴與足湯等，在這裡能夠盡情享受到溫泉的氣氛。有從岡山站出發的免費接送巴士（預約制）。

MAP 85B
☎0868-72-0395
🕐IN 15:00、OUT10:00
¥1泊2食 11880日圓～
🏠美作市湯鄉581-2
🚌湯鄉溫泉下巴士站即到　P免費

不住宿泡湯
不可只單純泡湯
包含午餐與溫泉泡湯的不住宿專用方案2700日圓～

⟶富有個性的造景——男性用露天浴池「長壽之湯」

有著竹林風情的露天浴池
やさしさの宿 竹亭 ●やさしさのやどちくてい
位於閒靜高地的和風旅館。竹林繁盛的下坡處為男性露天浴池「笹鳴之湯」，上坡處為女性露天浴池「仇討之湯」，中間則有利用古茶室所作的休息處。

MAP 85A
☎0868-72-0090
🕐IN 15:00、OUT10:00
¥1泊2食10000日圓～
🏠美作市湯鄉622-1
🚌湯鄉溫泉下巴士站即到　P免費

不住宿泡湯
¥泡湯費1000日圓
※費用含沐浴乳、洗髮乳、吹風機
🕐11:00～18:00
休不定休

⟶位於竹林中舒爽的「笹鳴之湯」

透過溫泉與美容讓身心獲得療癒
ふくます亭 ●ふくますてい
位於能感受四季風景，自然景色環繞的地點。在日式摩登氣圍的旅館內，使用香氛美容等旅館貼心準備的設施，放鬆一下。

MAP 111C-1
☎0868-72-6111
🕐IN 15:00、OUT10:00
¥1泊2食10800日圓～
🏠美作市中山1203-6
🚌美作IC車程5km　P免費

不住宿泡湯
¥用餐＋泡湯費5400日圓～　※費用含沐浴乳、洗髮乳、吹風機
🕐11:00～14:00
預約制，需於3天前預約

⟶位於離湯鄉溫泉街稍遠的高地

溫泉街順路景點

匯集走路可到的不住宿泡湯設施、觀光景點、咖啡廳等。

精心設計的浴池相當有人氣

元湯 湯鄉鷺溫泉館

（不住宿溫泉）
●もとゆゆのごうさぎおんせんかん

↑能享受四種露天浴池的「動之湯」

館內的浴池有兩區，一區是「動之湯」內有釜浴池、間歇泉等4種露天浴池；另一區則是「靜之湯」內有洞窟浴池、露天岩浴池、寢湯。兩區的浴池為每週男女交替使用。此外也有五個包租浴池。

↑摩登造型的不住宿泡湯設施

MAP 85B
☎0868-72-0279
🕐8:00～21:20（包租浴池為9:00～20:45）
休每月第2週三（逢假日則翌日休，八月為第一週三休）
¥泡湯費600日圓　所美作市湯鄉595-1
🚌湯鄉溫泉下巴士站即到　P免費

沿著河岸的樸素溫泉

美作市營露天風呂

（不住宿溫泉）
●みまさかしえいろてんぶろ

面對吉野川的露天浴池。雖是僅有簡單的更衣處與管理室的樸素設施，但在岩造的露天浴池四周都有確實圍好柵欄。不可使用肥皂及洗髮乳。

MAP 85A
☎0868-72-0261
🕐10:00～20:30
休週二（逢假日則翌日休）
¥泡湯費300日圓
所美作市巨勢129-1
🚌美作IC車程5km

↑有兩個露天浴池，每週男女交替使用

位在溫泉街上的玻璃工房

Glass Studio TooS

（玩樂）
●グラススタジオトゥース

↑吹玻璃體驗為3240日圓～

出身當地的玻璃工藝作家——岡本常秀的工房與藝廊。展示販售混入黑豆殼灰作成的作州湯鄉硝子、原創的玻璃製品等作品。

MAP 85A
☎0868-73-6115
🕐10:00～17:00
休每月第1、3週二　吹玻璃體驗3240日圓　所美作市湯鄉813-2
🚌湯鄉溫泉下巴士站即到　P免費
運費另計

沉浸在音樂盒的音色中

現代玩具博物館・音樂盒夢館

（景點）
●けんだいがんぐはくつかんオルゴールゆめかん

館內展示著歐洲木製的玩具和骨董音樂盒。每日舉辦玩具之旅，以及音樂盒音樂會。

MAP 85B
☎0868-72-0003
🕐9:30～16:30　休週三（逢假日則開館，春寒暑假則無休）
¥票價700日圓　所美作市湯鄉319-2
🚌美作IC車程4km　P免費

↑傳統機械人偶作品

齊聚當地美味

公路休息站 彩菜茶屋

（購物）
●みちのえきさいさいちゃや

以經濟實惠的價格提供水蜜桃、葡萄等當地農產品。當地美食的黑豆豆腐550日圓，以及能品嘗到美作當地野味的餐廳也相當受歡迎。

MAP 111C-1
☎0868-72-8311
（特產館みまさか）
🕐8:00～18:00（餐廳為11:00～15:00）　休無休
所美作市明見167　美作IC車程1km
P免費

↑從夏天到秋天，有豐富的當季水果

店內陳列著有益健康的麵包

あいゆうわいえ

（咖啡廳）
●あいゆうわいえ

使用國產小麥與天然酵母製作，花上17個小時確實自然發酵的麵包，廣受好評。推薦來個手作湯品、三明治、麵包一套的午餐菜單1080日圓。

MAP 85B
☎0868-72-0772
🕐10:00～18:00（售完打烊）　休週三、四
所美作市湯鄉323-10
🚌湯鄉溫泉下巴士站步行5分　P免費

↑店外店內的氛圍都相當時髦

溫泉街的時尚咖啡Bar

Dot Cafe

（咖啡廳）
●ドットカフェ

印尼炒飯、3種咖哩午餐等異國料理，以及使用美作特產黑大豆「作州黑」製作的霜淇淋等甜點，皆廣受好評。

MAP 85A
☎0868-72-1559
🕐11:30～14:30
休週一（逢假日則翌日休）
所美作市湯鄉799
🚌湯鄉溫泉下巴士站步行3分　P免費

↑店內用品時尚的日式摩登空間

湯鄉溫泉
1:18,000
周邊地圖 P.111C-1
0　100　200m

美作市
美作IC
（停業中）旅館千里閣
やさしさの宿 竹野亭
湯鄉觀光服務處
季譜之里
現代玩具博物館・音樂盒夢館 P.85
溫泉中 温泉下
湯鄉大飯店 P.84
圓仁法師與白瀧像
あいゆうわいえ
くる満
Dot Cafe P.85
Glass Studio TooS P.85
湯鄉溫泉IC
美作文化中心
清郎之湯 湯鄉館
湯鄉西
元湯 湯鄉鷺溫泉館 P.85
罌粟花春天SPA度假飯店 P.84
花之宿にしき園 P.84
美作市營露天風呂 P.85
鷺湯橋
かつらぎ
畑沖
ゆ～らぎ橋の噴水
和氣IC
和氣IC
三宝荒神社
三倉田下
三倉田
吉野川
374
361
349
中山福田住宅
中山
溫泉資料館
長福寺塔
溫泉前

從湯鄉溫泉稍微走遠一些

距湯鄉溫泉8km
漂蕩北歐風情的體驗型農業公園

Okayama Farmers Market
North Village

（玩樂）

在這裡有冰淇淋、麵包等的手作體驗（各1080日圓，預約優先），以及蔬菜、水果的採收體驗可供參加。其他還有可接觸動物的動物園、戶外運動、餐廳等設施。這裡也有可供住宿的木屋，能在園內度過一整天。

MAP 111C-1
☎0868-38-1234
🕐9:00～17:00
休週三（春暑假無休，12月～2月週二也休）　¥免費入園
所勝央町岡1100
🚌美作IC車程6km　P免費

↑占地約有20公頃，綠意盎然的園區

↑1棟位在山坡斜面的木屋9000日圓～
↑水上人氣活動水上步行球＆水上滾筒1次500日圓

岡山市區周邊
岡山市區中心
中松山城周邊
蒜山高原
湯原・津山
美作三湯導覽
倉敷・白壁

↑溫泉從腳下湧出的「鍵湯」

感受山間風情的老舖旅館
名湯鍵湯 奧津莊
●めいせんかぎゆおくつそう

昭和2（1927）年創立的旅館。溫泉從浴池底部自然湧出的「鍵湯」與「立湯」，採男女交替使用。旅館因會棟方志功喜愛而聞名，館內展示著許多他的作品。

MAP 86B
☎0868-52-0021
⏰IN 15:00、OUT10:00
¥1泊2食21600日圓～
🏠鏡野町奧津48　🚌奧津溫泉巴士站即到　🅿免費

「清閒亭」客房內有源泉流淌的露天浴池

不住宿泡湯
¥泡湯費1000日圓
※費用含沐浴乳、洗髮乳、吹風機
⏰10:45～14:30（需洽詢）　休不定休

以當季創作料理溫暖款待
奧津溫泉米屋俱樂部旅館
●おくおんせんホテルこめやくらぶおくつ

位於高地，可眺望四季山景與奧津溫泉街的溫泉旅館。會席料理使用當地採收的季節蔬菜，頗受好評。有眺望群山、造型摩登的大理石露天浴池。

MAP 86B
☎0868-52-0016
⏰IN 16:00、OUT10:00　休不定休
¥1泊2食13500日圓～
🏠鏡野町奧津196-5
🚌奧津溫泉巴士站步行5分　🅿免費

↑享受四季流轉的自然景色

↑包租顧客優先使用的露天浴池

不住宿泡湯
¥泡湯費800日圓
※費用含沐浴乳、洗髮乳、吹風機
⏰16:00～22:00（需洽詢）　休不定休

溫泉街的順路景點
沿著河岸愉快地散步，順路一探羅列當地美食與伴手禮的休息站吧。

能享受「美人之湯」的溫泉設施
花美人の里
不住宿溫泉　●はなびじんのさと

旅館引以為傲的「花溫泉」內備有大浴池、露天浴池、家庭浴池、氣泡湯、按摩浴缸、微溫湯等設施。停車場有溫泉水站，可在此購買奧津溫泉水20公升100日圓。

☎0868-52-0788　**MAP 86B**
⏰10:00～18:00（週六日、假日為～19:00）
休每月第2個週四　¥泡湯費720日圓　🏠鏡野町奧津川西261　🚌奧津溫泉巴士站步行3分　🅿免費

↑並列著種類豐富的浴池

↑週廊的外觀造型相當有個性，頗具巧思。

↑自助式午餐
1500日圓

備有季節蔬菜與工藝品
購物
公路休息站 奧津溫泉
●みちのえきおくつおんせん

位於能一覽奧津溫泉街高地的公路休息站。特產賣場販售季節性產地直銷蔬菜、麻糬、大口馬蘇鈎吻鮭，木製工藝品及伴手禮。也有能享受到當地鄉土料理的自助式餐廳。

☎0868-52-7178　**MAP 86B**
⏰9:30～17:00（12～2月為～16:00，餐廳為11:00～14:30）　休無休（餐廳每月第3週二休）　🏠鏡野町奧津463　🚌奧津溫泉巴士站步行3分　🅿免費

清流之里湧出的美人湯是深受女性顧客歡迎的名湯
奧津溫泉
おくつおんせん

小巧雅致的溫泉鄉，位於中國山地，綠意圍繞。棟方志功等受嫻靜溫泉吸引而來的文人墨客也相當多。此處的溫泉好到曾有大型化粧品製造商以奧津溫泉水製作化妝品，受評為「美人之湯」。

泉質	純鹼性溫泉【泉溫】37～43.5℃【顏色、味道、氣味】透明無色、無味、無臭
功效	神經痛、手腳冰冷、風濕性關節炎、皮膚病、婦女病、腸胃疾病等

交通方式			
JR津山站	中鐵北部巴士 所需時間1小時／990日圓	→	奧津溫泉巴士站
院庄IC	國道179號 21km／30分	→	奧津溫泉

建議　JR岡山站到JR津山站搭快速列車約1小時6分。到奧津溫泉的巴士班次有限，因此要事先確認。要往周邊的觀光景點移動，就利用租車等方式前往吧。

能看見
從以前就有的「踏步洗衣」
好康道相報

代表奧津溫泉的獨特風俗，踏步洗衣。據說是始於為了要避免被熊或狼攻擊，因此一邊張望四周一邊洗衣而來的。用紅束帶綁起袖子、身穿著和服的女性們，配合著奧津溫泉小曲，在湧出溫泉的河畔洗衣服。會因天氣停辦，所以要事先確認後再出發喔。

MAP 86B
☎0868-52-0610（奧津溫泉觀光協會）
⏰3月上旬～12月中旬的週日、假日8:30～8:45（需洽詢）　🏠鏡野町奧津溫泉靠近奧津橋旁　🚌奧津溫泉巴士站即到

從奧津溫泉稍微走遠一些

奧津溫泉附近，以有著四季自然之美的奧津溪為首，各處還有與奧津溪相關的順路景點。

距奧津溫泉1km　欣賞流轉變化的自然之美
景點
奧津溪
●おくつけい

沿著溪流約800m長的步道，走在步道上，便能看見河床石頭受水流穿磨而成的壺穴，還有被稱為奧津溪八景的景點。

MAP 115A-2
☎0868-54-2987（鏡野町產業觀光課）
🏠鏡野町奧津川西　🚗院庄IC車程19km　🅿免費

↑新綠與紅葉交錯的時候格外美麗

距奧津溫泉10km　苫田水壩周邊的觀光設施
購物
みずの郷 奧津湖
●みずのさとおくつこ

奧津湖周邊區域的綜合服務處。位於高地，能一覽四季流轉的美景。有販售姬唐辛子等名產的商店，也有餐廳。

MAP 115A-3
☎0868-52-2225（てっちりこ）
⏰9:00～18:00（12～3月為～17:00）
休週三　🏠鏡野町河內60-8
🚗院庄IC車程11km　🅿免費

↑當地特產齊聚一堂
↑一覽奧津湖的絕佳景點

奧津溫泉
1:15,000
周邊地圖 P.115A-2
0　75　150m

A　　B

湯ノ坂隧道
上斋原
奧津歷史資料館
發電所橋
吉井川
宝樹寺卍
奧津溫泉米屋俱樂部旅館 P.86
鏡野町
奧津川西
東和樓
名泉鍵湯 奧津莊 P.86
P.86 踏步洗衣
奧津溫泉郵局
奧津溫泉局前
花美人の里 P.86
尾路川
奧津溫泉
公路休息站 奧津溫泉 P.86
自助式鄉土料理溫泉亭
179
香露苑
奧津橋
奧津
みやま莊
石割桜
吉井川
院庄IC
A　　B

西粟倉 奈義 大原

岡山縣北部3個區域的魅力

在自然豐沛的岡山，從主要觀光地稍微走遠一些，就會發現還有許多未知的魅力。已經無法滿足於知名觀光地的旅遊達人們，不妨前往深度景點走走，悠哉地度過奢侈的假日吧！

盡情享受森林的恩惠！

西粟倉 × 大自然

鄰近鳥取縣與兵庫縣，位於岡山縣東北端，是一處綠意盎然村落。目前正在推廣思考森林未來的「百年森林構想」，以及與森林再生相關的商品。

199種樹木林立，為中國地方少有的天然樹林

若杉天然林
●わかすぎてんねんりん

以山毛櫸、楓樹、水楢、七葉樹等巨樹為首，擁有199種樹種，為中國地方少有的天然樹林，被指定為特別保護區。林間步道為絕佳的健行路線。

📞0868-79-2111 MAP 114F-2
（西粟倉村役場產業觀光課）
所西粟倉村大茅 西粟倉IC車程10km
P免費

製作原創餐具好好玩
DIY木製餐具

為了讓人實際感受日本的森林，活用人工造林產生的間伐材所開發出的商品。主要使用西粟倉產的木材，可享受自行DIY將餐具削鑿出來的樂趣，而花時間自己動手做也很有成就感。

這裡買得到

あわくら温泉元湯
●あわくらおんせんもとゆ
MAP 114E-3
📞0868-79-2129
⏱不住宿溫泉、咖啡廳15:00～21:00（週六日、假日不住宿溫泉為10:00～） 休週三 ¥不住宿溫泉500日圓、1泊純住宿1人3240日圓～ 所西粟倉村影石2050 西粟倉車程2km P免費

用全身感受現代藝術！

奈義 × 藝術

奈義位於岡山縣東北部，以那岐山與滝山山巒的分水嶺為界，比鄰鳥取縣智頭町。位於奈義町，依那岐山而建的現代美術館，是町內具代表性的文化設施。

親眼欣賞三件作品體會藝術之美

奈義町現代美術館
●なぎちょうげんだいびじゅつかん

由三組作家與建築師磯崎新共同創作，空間本身就是藝術作品的獨特美術館。有以太陽、月亮、大地為主題的展示室，在藝廊裡會舉辦各種企劃展。

📞0868-36-5811 MAP 114D-3
⏱9:30～16:30 休週一（逢假日則開館），假日翌日休 ¥票價700日圓 所奈義町豊沢441 津山IC車程14km P免費

◎充滿特色的建築外觀相當吸睛

◎宮脇愛子《うつろひ》
沉浸在作品的世界中
展示室「大地」
運用那智的石頭和大小各異的不鏽鋼絲，表現奈義町的風與水。

◎岡崎和郎《HISASHI-補遺するもの》
在不可思議的空間中玩耍
展示室「月」
在新月形的空間中，金黃色的屋簷充滿存在感，令人難以忽視。因牆壁的特殊材質，可體驗到回音的效果。

◎荒川修作＋瑪德琳‧金斯《過在の場‧奈義の龍安寺‧建築する身體》
仔細傾聽聲音的震動
展示室「太陽」
在圓筒形的空間內，仿造京都龍安寺的石庭。地上排著長凳與蹺蹺板等。

探訪宮本武藏的故鄉！

大原 × 歷史

大原曾為連結鳥取縣與兵庫縣的因幡街道，故有許多驛站而繁盛一時。據說此地是江戶初期活躍一時的宮本武藏之誕生地，以誕生地為始，這裡也聚集了許多歷史景點。

武藏幼年時期度過的地方

武藏生家
●むさしせいか

天正12（1584）年武藏誕生之處。曾是有著大茅草屋頂的房屋，但因火災燒毀後，現為瓦礫屋頂。由於現為一般民家，僅可從腹地外參觀外觀。

◎立有武藏誕生地的石碑

📞0868-78-3111 MAP 114E-4
（美作大原綜合分所業務管理股）
⏱僅外觀供自由參觀 所美作市宮本946 智頭急行宮本武藏站步行15分 P免費

散發藝術性光芒的作品們

武藏資料館
●むさししりょうかん

展示著達磨頂相図、瓢箪鯰図鍔等宮本武藏作為藝術家的貴重資料。立有用電腦繪圖修復完成，青壯年時期的宮本武藏雕像。

📞0868-78-4600 MAP 114E-4
（武藏之里 五輪坊） ⏱9:00～17:00 休無休 ¥票價500日圓 所美作市宮本94 智頭急行宮本武藏站步行15分 P免費

◎展示木雕的武藏像

祭祀宮本武藏的神社

武藏神社
●むさしじんじゃ

為祭祀武藏的神社，於昭和46（1971）年建在武藏墓的附近。祈求勝利的運動選手們會來此尋求劍豪的保庇。

📞0868-78-3111 MAP 114E-4
（美作市大原綜合分所）
⏱自由參拜 所美作市宮本 智頭急行宮本武藏站步行15分 P無

◎位於森林中的神社

值得一見1
津山城（鶴山公園）

●つやまじょうかくさんこうえん

由森蘭丸的弟弟——初代藩主森忠政花了12年的歲月建造而成的近世平山城。保有高達45m扇形弧度的石牆等遺跡，訴說著往日榮景。獲選為「日本櫻花名勝100選」之一，春天會有約1000株的櫻花綻放。

MAP 91A-2
☎0868-22-4572
🕗8:40～19:00（10～3月為～17:00，4月津山櫻花節期間為7:30～22:00）
休無休　¥票價300日圓
所津山市山下135
交JR津山站步行15分
P免費（津山櫻花節期間1次500日圓）

指的岡山縣首屈一指的賞花景點

津山城周邊的
津山 值得一見 導覽

曾為出雲街道要塞而繁盛的津山城下町，有諸多著能感受歷史與文化的景點。這裡留有從江戶時代保存至今的古風街道，在小巷中隨興散步也很棒。

值得一見2
城東街道保存地區

●じょうとうまちなみほぞんちく

從津山城（鶴山公園）沿著舊出雲街道，舊商家建築連綿約1公里長。充滿濃濃懷古風情的街道也成了電影《男人真命苦》與NHK晨間小說連續劇《亞久里》的外景地。

MAP 91B-2
☎0868-22-3310（津山市觀光協會）
🕗僅外觀供自由參觀
所津山市中之町、西新町等
交JR津山站搭中鐵巴士11分，中之町局前下車即到
P免費

漂蕩著城下町的歷史氛圍

⇨舊出雲街道上氣派的房屋建築林立

⇨江戶末期的建築為國家指定的古蹟

箕作阮甫舊宅

●みつくりげんぽきゅうたく

修復保存幕府西洋學者——箕作阮甫從出生到14歲的生活處所。腹地內的倉庫展示著箕作家的家譜等物品。

☎0868-31-1346 **MAP** 91B-2
🕗9:30～16:00　休週一（逢假日則開館）　¥免費入館　所津山市西新町6　P免費

城東昔町家

●じょうとうむかしまちや

梶村家邸開放供民眾參觀。在這裡可看到從江戶時代後期到昭和初期，在各個時代因應生活的建築樣式。

☎0868-22-5791　**MAP** 91B-2
🕗9:00～16:30　休週二（逢假日翌日休）
¥免費入館　所津山市東新町40　P免費

⇨曾為津山藩札元（貨幣兌換商）的舊梶原家，與其地位相應的建築物

舊津山扇形機關車庫於2009年獲認定為「近代產業遺產」。

透過眼看、手動學習的鐵道館

值得一見3
津山鐵道教育館

●つやままなびのてつどうかん

現存的扇形機關車庫中規模為第二大的「舊津山扇形機關車庫」，目前仍作為JR的部分現役設施使用中。館內有著僅製造1輛的「DE50-1」等稀有的車輛，吸引全國各地的火車迷到訪。

MAP 91A-2
☎0868-35-3343
🕗9:00～15:30
休週一
¥票價300日圓
所津山市大谷
交JR津山站步行10分
P免費

街道ROOM
縮小成150分之一大的車輛，奔馳在透過實景模型重現的津山街道上。

歷程ROOM
以岡山鐵道的歷史為主，以年表方式解說日本鐵道的歷程。

結構ROOM
展示車站、車輛，以及周邊機器設備的結構。在這裡也能看到貴重的路牌閉塞器。

津山内臟烏龍麵

岡山B級美食

橋野食堂
はしのしょくどう

也可外帶

創業近120年的老舖食堂。從50年前開始將內臟烏龍麵列入菜單中，使用14種食材製作出富含蔬菜香甜味道的辣味味噌醬汁。醬汁的辣度有普通、辣、超辣三種可選。

MAP 91B-2
☎0868-26-0502
🕐10:00~19:00（週日為~16:00
假日為~18:00）　🈹週三
📍津山市川崎549-9
🚃JR東津山站步行15分
🅿免費

↑位於住宅區中

店主下工夫製作的自豪絕品醬汁

決定味道的關鍵，說到底就是這個自製的醬汁！

內臟烏龍麵	
790日圓（1球麵）、890日圓（2球麵）	
醬汁	有3種辣度可選的味噌醬汁
內臟	以小腸為主，還有心、牛百頁、牛肚等
蔬菜	蔥、豆芽菜
烏龍麵	稍硬

口感Q彈的內臟 鮮度掛保證

內臟烏龍麵	
850日圓（1人分2球麵）	
醬汁	味噌醬油醬汁加上韓國風醬汁
內臟	以小腸為主，還有心、牛百頁、牛肚等
蔬菜	洋蔥、蔥
烏龍麵	較軟

↑假日必大排長龍的人氣店家

お好み焼三枝
おこのみやきみえ

也可外帶

直接從當地販售肉品業者購得的內臟，無腥味且帶有甜味。味噌醬汁中加入韓國風的辣味醬汁，恰到好處的辣度讓人一口接一口。清爽口味的鹽味內臟烏龍麵也頗受好評。

MAP 115B-4
☎0868-23-3972
🕐11:30~14:00、17:00~21:00（週日為11:30~15:00）
🈹週一（逢假日則翌日休）　📍津山市上河原441-5　🚃JR津山站搭中鐵北部巴士15分，上河原中下車即到　🅿免費

蒜山高原 湯原・津山

津山值得一見導覽／津山內臟烏龍麵

稍軟的麵條沾滿了內臟的美妙滋味！

內臟烏龍麵	
830日圓（普通量）、930日圓（大碗）	
醬汁	內臟烏龍麵用的鹹甜醬汁
內臟	大腸、小腸、心、牛百頁等
蔬菜	高麗菜、粗豆芽菜
烏龍麵	較軟

お食事処 たかくら
おしょくじどころたかくら

也可外帶

使用自家種植的蔬菜和當地食材的餐廳。使用20種以上的香料蔬菜及水果，花3週熟成的醬汁，還有大量自家種植的蔬菜，都是店家相當自豪的地方。因為有放茄子，所以能吃得更加健康。

☎0868-29-2549　MAP 115B-4
🕐11:00~14:30、16:30~21:00
🈹假日：每月第4、5個週日（週一逢假日則營業）　📍津山市下高倉西1810-1
🚃津山IC車程5km　🅿免費

↑受到在地客人擁護的店家

くいしん坊
くいしんぼう

也可外帶

使用能沾附醬汁及內臟油脂的軟麵。滿滿放入100g的內臟配上粗豆芽菜，口感絕佳。能帶出內臟甜味的「姬唐辛子」，再加上讓後味變得清爽的柚子果汁，是美味的秘訣。

MAP 115B-4
☎0868-26-1958
🕐11:00~15:00、17:00~24:00
🈹週二不定休　📍津山市川崎138-2
🚃JR東津山站步行3分　🅿免費

↑備有原創鐵板美食的店家

每天手工製作的自製烏龍麵廣受好評

內臟烏龍麵	
800日圓（普通量）、950日圓（大碗）	
醬汁	有著香濃味道卻又清爽的醬油醬汁
內臟	小腸、心、牛肚、大腸、牛百頁等
蔬菜	高麗菜、洋蔥、茄子
烏龍麵	自製手打烏龍麵

將岡山B級美食熱潮推波助瀾的津山內臟烏龍麵。在鐵板上發出滋滋作響的聲音以及傳出的香氣，令人口水直流。來享受這道營養滿分的自豪美味吧。

這就是津山內臟烏龍麵！！

豪邁加入內臟的炒烏龍麵

津山從以前就盛行飼養耕牛用，食用肉品加工及零售業相當發達並發展出吃內臟料理的習慣。而內臟烏龍麵的起源，是將鐵板上炒好的內臟加入烏龍麵當作收尾而演變而來的料理。

味道的關鍵是醬汁

市內有50家以上的菜店都有內臟烏龍麵。許多店家基本上都是使用味噌或醬油當作醬汁的主體，也有店家會在醬汁中加入秘傳佐料調味。

內臟其實很健康

內臟與紅肉相比，卡路里較低，且含有豐富的維他命、鐵質、鈣質等營養素。配上大量蔬菜，營養也完美均衡。

想多知道一些！

津山
つやま

曾繁盛一時的城下町，是相當有歷史的地區。以津山城及眾樂園為首，城東的街道仍保有許多當時的影子，有許多值得一看的地方。

| 相關諮詢 | 津山市觀光協會 |

📞0868-22-3310

公園
玩樂

綠丘津山
●グリーンヒルズつやま

MAP 115B-4

能在溫水泳池遊玩的大型公園

津山市北部的大型公園。除了設有戶外運動設施廣場，以及花園之外，園內還有可全年使用的溫泉泳池。

📞0868-27-7140(GlassHouse)
🕐自由入園，溫水泳池10:00～21:00(有週幾、時節性變動) 🈺溫水泳池週二休(暑假無休)
💴溫水泳池使用費7～9月1400日圓，10～6月1200日圓
🏠津山市大田512 🚊JR津山站搭中鐵北部巴士17分，リージョンセンター前下車步行5分 🅿免費

↗巨蛋型的溫水泳池&SPA設施是Glass House

義大利料理
美食

Ristrante CIELO
●リストランテシエロ

MAP 115B-4

使用大量當地食材

在這裡可以品嘗到使用當地野味與鯰魚為食材，活用蔬菜原味的料理。午餐、晚餐皆僅供全餐料理，午餐1510日圓起。

📞0868-26-1600
🕐11:30～14:00、18:00～21:00(午晚皆為預約制) 🈺週一 🏠津山市高野西2230-3
🚗津山IC車程3km 🅿免費

↗某日全餐的烤雞肉

↗獨棟的餐廳，外觀就像是位在義大利鄉下城鎮的建築

博物館
景點

津山自然不可思議館
●つやましぜんのふしぎかん

MAP 91A-2

陳列稀有動物的標本

以低地大猩猩、亞洲獅等稀有動物的標本為首，館內還展示了化石、昆蟲、貝類、人體等約2萬件的實物標本。

📞0868-22-3518
🕐9:00～16:30
🈺週一(11～2月、6月週一二休)，逢假日則開館
💴票價700日圓
🏠津山市山下98-1
🚊JR津山站步行15分
🅿免費

↗大量展列各式各樣的標本

寺院
景點

長法寺
●ちょうほうじ

MAP 115B-4

也被稱作繡球花寺

每年約有3500株繡球花綻放的天台宗寺。寺內有明治詩人──薄田泣菫的詩碑，是座與文人淵源頗深的寺廟。

📞0868-22-6436
🕐9:00～17:00 🈺無休
💴自由參拜 🏠津山市井口246 🚊JR津山口站步行15分 🅿免費

↗處處開滿美麗的繡球花

資料館
景點

津山洋學資料館
●つやまようがくしりょうかん

MAP 91B-2

介紹津山的洋學

介紹鑽研西洋學問、對日本近代化有貢獻的宇田川玄隨、箕作阮甫等與當地有淵源的西洋學者。館內也展示「解體新書」等貴重文獻。

📞0868-23-3324
🕐9:00～16:30
🈺週一、假日翌日(週一為假日時則翌日與後天休)
💴票價300日圓
🏠津山市西新町5
🚊JR津山站搭中鐵北部巴士12分，西新町下車即到
🅿免費

↗庭院中豎立著洋學者們的青銅像

庭園
景點

眾樂園
●しゅうらくえん

MAP 91A-1

池泉迴遊式的大名庭園

森家二代藩主長繼於明曆3(1657)年命人建造的迴遊式日本庭園。枝垂櫻、杜鵑花、睡蓮等為四季轉變增添色彩。

📞0868-22-3310(津山市觀光協會)
🕐7:00～20:00(11～3月為～17:00) 🈺無休 💴免費入園 🏠津山市山北628 🚊JR津山站搭中鐵北部巴士11分，眾樂園市役所前下車即到 🅿免費

↗從池畔望見的美景

不是只有內臟烏龍麵而已!!

BeeFood in 津山
(牛肉料理)

大眾肉酒場 いぶし銀
●たいしゅうにくさかばいぶしぎん

整年可品嘗到津山肉類美食的居酒屋。烤骨邊肉、內臟等牛肉各個部位的「燻烤菜單」各390日圓。料理時冒起的火焰魄力十足。

MAP 91A-2
📞0868-22-1129
🕐18:00～21:30
🈺週日
🏠津山市大手町11-22
🚊JR津山站步行10分
🅿無

↗店內掛著懷舊的燈籠

津山從古早就是販售牛馬的據點，在此可品嘗到相當獨特的牛肉料理，能讓人感受到津山與牛隻產業的歷史。

乾肉
部位以牛腿肉為主，經乾燥熟成的肉品。比生肉硬，但仍含有水分，一般會加熱烹調。與富含脂肪的牛肉風味不同，越嚼越能品嘗到濃厚的牛肉美味。

↗自家製乾肉780日圓

骨邊肉
香醇美味堪稱一絕。為骨頭邊削下來的肉，用魚來說的話，就是「魚骨邊肉」的部位。

↗燻烤骨邊肉 390日圓

ヨメナカセ(大動脈料理)
因為要處理心臟的大動脈相當麻煩，所以名字是由「嫁泣かせ(讓媳婦哭泣)」的發音而來等諸多說法。能享受到脆彈的獨特口感。

↗ヨメナカセ 750日圓

肉凍
牛筋、牛尾、牛腱經慢燉後，能卻凝固而成的料理。在津山說到「肉凍」指得就不是魚肉凍，而是牛肉凍。

↗牛肉凍 600日圓

來探訪與他有關的地方吧
B'z稻葉的出身地

B'z稻葉浩志的出身地就在津山，津山市觀光協會也舉辦了探訪稻葉成長的地方並收集印章的活動。在JR津山站內的服務處及津山觀光中心，可領取「想い出ロードマップ（回憶之路地圖）」，首先先將地圖拿到手吧。也可租借自行車。

B'z稻葉的老家
イナバ化粧品店 イナバけしょうひんてん
MAP 115B-4

稻葉的母親所經營的化妝品店。店內有特別為粉絲設計的空間，可閱覽稻葉學生時代的相本等，是粉絲無法抗拒的必去景點。

☎0868-26-1018
🕐10:00～18:00 休週三 📍津山市川崎168
🚃JR東津山站步行5分 🅿免費

稻葉的哥哥所經營的和菓子店
旬菓匠くらや しゅんかしょうくらや
MAP 91A-1

創業於明治初期的老舖和菓子店在全國和生菓子大品評會拿到總裁獎的「いちま」是用蜂蜜蛋糕夾著大納言紅豆餡的美味點心。超過半世紀以上，廣受當地人們愛戴的津山銘菓。

☎0868-22-3181
🕐9:30～19:00 休週三不定休 📍津山市沼77-7
🚃JR津山站搭計程車5分 🅿免費

🔵包裝上印有可愛的少女插畫

伴手禮
津山觀光中心
🛍購物 ●つやまかんこうセンター MAP 91A-2

在開始觀光時想先去的地方

位於津山城南邊。自行車租借（3小時400圓），作為觀光的起點，此處非常方便。內有餐廳，以販售銘菓、地酒等當地特產的區域。推薦這款當地小麥生產者與8家和洋菓子店合作的「津山瑞士卷」。

☎0868-22-3310（津山市觀光協會）
🕐9:00～18:00（10～3月為～17:00）休無休
📍津山市山下97-1 🚃JR津山站步行15分 🅿免費

各種類豐富的瑞士蛋糕卷300日圓

很合適當作觀光的起點，備有許多觀光宣傳手冊，

咖啡廳
城東觀光服務處 和蘭堂
☕咖啡廳 ●じょうとうかんこうあんないしょおらんどう MAP 91B-2

也是觀光服務處的休息處

位於「津山洋學資料館」腹地內的咖啡廳兼觀光服務處。除販售自家烘培的咖啡400日圓之外，也有販售津山民俗藝品與名菓。

☎0868-24-6288
🕐10:00～18:00（10～3月～17:00）
休週一不定休 📍津山市西新町5 🚃JR津山站搭中鐵巴士12分，西新町下車即到 🅿免費

🔵與懷舊街景相輝映的建築

和菓子
京御門本店
🛍購物 ●きょうごもんほんてん MAP 91A-2

使用津山特產——柚子製成的銘菓

創業於昭和10（1935）年的和菓子店。以微微濕潤的外皮包裹著有作州特產柚子，帶有濃厚香氣的白豆沙餡所製成的饅頭「桐襲」，味道相當高雅。

☎0868-22-3510
🕐8:30～18:00 休無休
📍津山市林田町51
🚃JR津山站步行15分
🅿免費

🔵銘菓「桐襲」（10入）756日圓

和菓子
つゝや
🛍購物 MAP 115B-4

口感濕潤的饅頭

五大北天饅頭，外皮為黑糖風味，包裹著低甜度的內餡。味道樸實且價格實惠，是非常有人氣的伴手禮。

1個55日圓 五大北天饅頭

☎0868-22-6616
🕐8:00～18:00（售完打烊）休週三
📍津山市小原82-4 🚃JR津山搭中鐵巴士11分，美作大学前下車即到 🅿免費

公路休息站
公路休息站 久米の里
🛍購物 ●みちのえきくめのさと MAP 115A-4

集結了與地區緊密相關的3個館

休息站由以下3個館組成，仙人館販售梅子製品、野山藥等特產；活菜館齊聚當季水果及早上收成的蔬菜；而在食遊館則能吃到定食與烏龍麵。

☎0868-57-7234
🕐9:30～18:00，餐廳10:00～16:00
休每月第1個週一
📍津山市宮尾563-1 🅿免費
🚃院庄IC車程5km

🔵位於國道181號旁

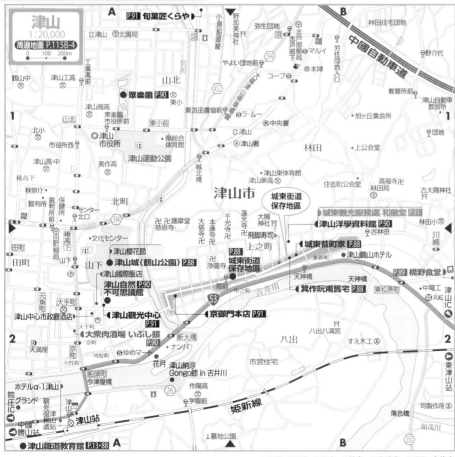

津山 1:20,000 周邊地圖 P.115B-4

津山鐵道教育館 P.13·88
旬菓匠くらや P.91
衆樂園 P.90
津山城（鶴山公園）P.88
津山國際飯店
津山自然不可思議館 P.90
津山觀光中心 P.91
大眾肉酒場 いぶし銀 P.90
城東街道保存地區
津山洋學資料館 P.90
城東昔町家 P.88
箕作阮甫舊宅 P.88
京御門本店 P.91
橋野食堂 P.89

●景點 ●玩樂 ●溫泉 ●美食 ●咖啡廳 ●購物 ●住宿

走進暖簾垂掛的城下町懷舊風景之中

走訪勝山
かつやま

過去的城下町——勝山，仍保有舊出雲街道驛站的街道風貌。
各式各樣的暖簾為石州瓦和白牆增添色彩。

暖簾上印著與店家的營業內容或與該家族相關的圖樣，家家門前掛著各具特色的「MY暖簾」

往勝山的交通方式的

JR 岡山站	JR 津山線快速 1小時6分/1140日圓	JR 津山站	JR 姬新線 51分/760日圓 → JR 中國勝山站
中國自動車道 落合IC	國道313、181號 約12km/約20分	勝山	至勝山的街道保存地區步行約10分

只有在釀酒廠才品嘗得到的料理

お食事処西蔵
おしょくじどころにしくら

MAP 92

御前酒蔵元 辻本店經營的餐廳，利用有150年歷史的儲酒倉庫作為店面。使用當地食材，公司自製的麴與甘酒調味出的料理廣受好評。

☎0867-44-5300 (NISHIKURA)
🕐11:00～14:30
休週四（逢假日則營業）
所真庭市勝山116
2017年2月重新裝潢開幕

附有以御前酒藏膳2600日圓，附有以御前酒粕醃製過的烤鱈魚

御前酒蔵元 辻本店經營的店

御前酒蔵元直営ショップ SUMIYA
ごぜんしゅくらもとちょくえいショップスミヤ

MAP 92

位在舊出雲街道旁，於2017年2月開幕。除了味道鮮明清爽的御前酒純米「美作」（720ml）1271日圓，店內還販售種類豐富的地酒。在店內也能試喝。

☎0867-44-5300 (NISHIKURA)
🕐10:00～17:00
休無休
所真庭市勝山116
P免費

↪賣場內也設有咖啡廳

↩GOZENSHU9 (NINE) 柚子酒（500ml）1296日圓

神橋
本郷

買 前田菓子店
● お食事処西蔵（2F）
買 御前酒蔵元 直営ショップ SUMIYA（1F）

旭川 中橋

鄉土資料館

勝山的街道保存地區

○ 勝山文化往來館 HISHIO

ひのき草木染織 買 ギャラリー

○ 勝山武家屋敷館

カ Nostalgie Cafe ろまん亭 WoodStreet

鳴戸橋

● 勝山文化中心

從車站到勝山的街道保存地區步行約10分

周邊地圖 P.116E-4

為什麼變成了暖簾的城鎮呢？

是在1996年，由染織家加納容子小姐將自己製作的草木染暖簾掛在店門口而起。在此之後，看見她掛暖簾的居民，也開始在自己的商店或家門口掛起了暖簾。現在在街道保存地區約有100家的門口垂掛著特色獨具的暖簾。

一覽街道景色的復古風咖啡廳

Nostalgie Cafe ろまん亭
ノスタルジーカフェろまんてい

MAP 92

改造約有150年歷史的舊照相館，頗具風情的咖啡廳。蒜山澤西牛漢堡排950日圓等，使用真庭嚴選食材做出的料理廣受好評。

☎0867-44-2345
🕐11:00～15:00
休週一、五
所真庭市勝山249
P無

↪「百花之雫」的戚風蛋糕550日圓，使用湯原產的稀有蜂蜜製成

滋味豐富的名產，酒饅頭

前田菓子店
まえだかしてん

MAP 92

使用御前酒蔵元 辻本店的名酒「美作」與上等北海道小豆製作的酒饅頭，帶著微微酒香且不會很甜。酒饅頭1個90日圓。

☎0867-44-2218
🕐8:00～19:00
休每月第1、3個週日
所真庭市勝山103
P免費

↪酒饅頭散發著微微的酒香

染製出原創的暖簾

ひのき草木染織ギャラリー
ひのきくさきせんしょくギャラリー

MAP 92

由屋齡250年的古民宅改建而成，店內陳列的作品，使用檜樹皮、杉樹皮等自然素材染製，觸感相當柔軟。手帕等等的藍染或弁柄染體驗為預約制，接受3～10名預約。

☎0867-44-2013
🕐10:00～18:00（冬季為～17:00）
休週三（逢假日則營業）
¥染色體驗3500日圓～
所真庭市勝山193　P無

↪杯墊 540日圓起

↪加納容子小姐經營的草木染工房兼商店

備前・日生

（びぜん）（ひなせ）

盡情享受當地美食
尋找喜歡的器皿吧！

位於岡山縣東部的備前市，窯戶與藝廊林立，是備前燒的產地。只有在面海的日生，才能吃到放入大量日生特產——牡蠣的大阪燒，是必吃的一道美食。在牛窗則能望見瀬戶內海的美麗景色。

就是
這個區域

精彩亮點 1 尋找備前燒 P.94

不上釉藥也無繪製圖案，樸素的質感十分雅致。來去尋找中意的器皿吧。

只有陶窯廠才有
如此多樣的品項！

精彩亮點 2 牡蠣燒 P.98

放入大量現剝牡蠣，只有在牡蠣產地才吃得到的大阪燒。

居然這麼多！
牡蠣多到
讓人驚呼

精彩亮點 3 牛窗 P.100

在有日本愛琴海之稱的牛窗，欣賞瀬戶內的美景，也可到海邊遊玩或前往古早的街道散散步。

從山丘上俯瞰的景色
充滿了度假風情

交通方式

往備前

岡山站	JR 赤穗線 37分580日圓	伊部站
和氣 IC	國道374號 約7km/約10分	伊部站

往日生

岡山站	JR 赤穗線 52分840日圓	日生站
備前 IC	縣道260號 約10km/約15分	日生站

往牛窗

岡山站	JR 赤穗線 24分320日圓	邑久站
邑久站	東備巴士 約25分450日圓	牛窗
邑久 IC	縣道39號 約9km/約15分	牛窗港

蒜山
湯原溫泉　　奥津溫泉
蒜山高原・湯原・津山
　　　　　津山
　　　　湯郷溫泉
新見
吹屋
備中松山城・高梁・吹屋　　備前
高梁　　　　　　日生
岡山市區・吉備路
吉備路
　　　　　　岡山
倉敷美觀地區　　牛窗
倉敷
笠岡
　　兒島

從室町時代延續至今的老舖陶窯廠

桃蹊堂
★とうけいどう

可於附設的商店購得登窯燒出的作品。第18代木村英昭的作品，有著圓潤的形狀及獨創的設計，相當有魅力。

📞0869-64-2147 **MAP 96A**
🕐9:00～17:00左右 休無休
所備前市伊部1527 🚃JR伊部站即到 P免費

器物花紋 緋襷
淡茶色的陶土，以粗糙燒出紅色的線條，便稱為緋襷

輪花皿 3240日圓
質地薄且輕，感覺纖細的器皿。似乎能當作西餐盤使用

傳統文化氣息濃厚的城鎮

探索備前的歷史

器物花紋 棧切
形成煙燻的部分，帶著的青灰色花紋，便稱為棧切

融合窯變的酒杯 3500日圓
特色是因融合產生的顏色深淺，以及窯變所形成圓點花紋

器物花紋 窯變
埋入灰中燒製因而產生出變化豐富的顏色及花紋

迷你酒壺 1000日圓
有保持新鮮水質功效的備前燒酒壺，用來插花也很適合

能體驗捏陶的陶窯直營商店

原田陶月
★はらだとうげつ

年輕創作家——原田圭二運用將兩種土融合製作的技法，做出花紋獨特的美麗作品。這裡除了他的作品之外，還有各式各樣的器物可購買。

📞0869-64-4162 **MAP 96A**
🕐9:00～18:00 休無休
所備前市伊部2197-7 🚃JR伊部站步行7分
P免費

有一千年以上傲人歷史的備前燒、列為日本遺產的舊閑谷學校、刀劍產地的備前長船等，諸多傳統文化根植於備前當地。不妨來一場充滿前人智慧的文化之旅吧！

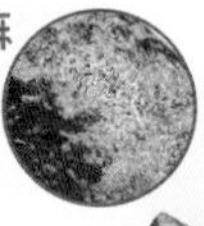

器物花紋 芝麻
灰融掉後形成的釉化。器物帶著土黃色與光澤，上頭有像撒上芝麻般的花紋

筷架 324日圓～
做成動植物造型的筷架，收集各種造型也相當有趣

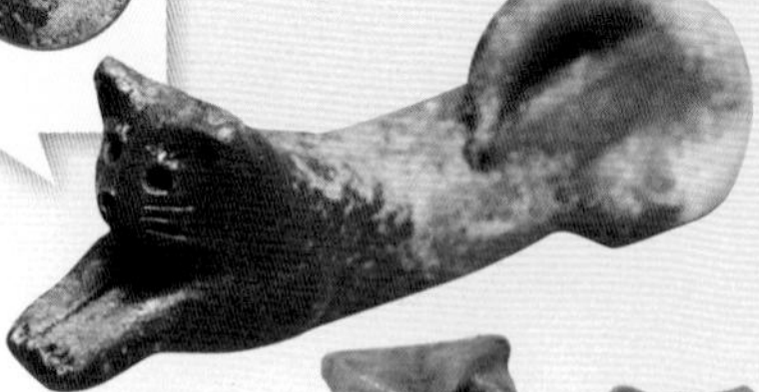

備前球 2個 324日圓
由於備前燒有著淨化水的功效，可放在熱水瓶或花瓶中使用

備前燒 陶吉
★びぜんやきとうきち

店內陳列以食器為主的原創作品、花器、物品等。備前燒小物與首飾也相當受歡迎。耳環2160日圓起。

MAP 96A
📞0869-64-1236
🕐9:00～18:00 休不定休
💰捏陶體驗(600g)2500日圓
所備前市伊部668 🚃JR伊部站步行5分
P免費

從古備前到小物 一應俱全

想找美麗的緋襷花紋的話

1 備前燒之里

從繩紋時代起就是窯燒器物的產地，為「日本六古窯」之一。特徵是陶土不上釉藥也不繪製圖案，有著樸素的外觀。2017年獲認為「一定會愛上的六大古窯—日本土生土長的陶瓷器產地—」。

一陽窯
★いちようがま

開放式氛圍的工房兼藝廊。在登窯燒出的作品，緋襷圖樣豐富且明亮並融入現代生活的設計，廣受好評。

📞0869-64-3655
🕐9:30～17:00 休無休
所備前市伊部670 🚃JR伊部站步行5分 P免費

MAP

磨缽(直徑10cm) 3800日圓
由於硬度很高，據說「丟出去也不會摔破的備前燒磨缽」，從古早就被視為珍寶。小巧又穩定，用起來相當順手

杯&碟 6480日圓
連手把的細節都有兼顧的作品。緋襷的美麗色彩也相當吸睛

94

↑直徑2m高13m的楷樹。在紅葉時節，樹葉會呈現紅黃兩色

↑構造厚重的校門。由於開關門時發出的聲音，又被稱為「鶴鳴門」

② 舊閑谷學校

☆きゅうしずたにがっこう

2015年獲認為日本遺產——「近世日本的教育遺產群-向學之心・禮節之本源—」。另外2017年備前燒也獲認為日本遺產，因此，使用備前燒作為屋瓦的舊閑谷學校等於擁有雙重的日本遺產認證。

日本最早的庶民學校

寬文10(1670)年備前藩主池田光政，專為教育庶民而召開的學校，是最古早的蓄營庶民教育機構。腹地內的建物多為重要文化財，使用備前燒屋瓦的國寶級講堂，只在「舊閑谷學校釋菜禮」等特定日期才有開放。

MAP 110D-4
☎0869-67-1436
🕐9:00〜17:00 🈲無休 💴票價400日圓 🚅備前市閑谷784 🚃JR吉永站搭計程車8分 🅿免費

↑匯集日本建築精粹的國寶級講堂

③ 備前長船刀劍博物館

☆びぜんおさふねとうけんはくぶつかん

岡山縣東南部，從平安時代後期就以刀劍產地聞名，據說國寶級的刀劍有半數皆產於此地。仍保有和刀匠淵源頗深的靭負神社等古蹟，現在依然持續守護著傳統。

傲視世界的傳統工藝品
近距離感受日本刀的魅力

位於備前長船刀劍之鄉內的博物館，是全國少見的刀劍專門博物館。備前長船刀劍之鄉裡頭還有製作刀身的備前長船鍛刀廠、製作拵（刀裝——柄、鞘、綁帶等）的備前長船刀劍工房、今泉俊光刀匠紀念館，以及ふれあい物產館。博物館內以備前刀為主，常年展示40把的日本刀。

☎0869-66-7767 **MAP** 111C-4
🕐9:00〜16:30 🈲週一(逢假日則開館)、假日翌日、換展期間 💴票價500日圓～(視企劃內容而異) 🚅瀨戶內市長船町長船966 🚃JR長船站搭計程車7分 🅿免費

← 每月第2個週日公開展示鍛造玉鋼的「古式鍛鍊」打刀法。11時與14時起共兩次，所需時間1小時。鍛槌發出的聲音和飛濺的火花充滿魄力

→ 進門右手邊有工房，可近距離參觀刀匠、漆匠等職人的技術

→ 關於刀劍的歷史與工序，可透過影像與觸控面板邊玩邊學

💬 除了作陶體驗之外，還能品嘗到以備前燒裝盛，使用當地食材製成的料理。備前咖哩及備前甘味也相當有魅力

尋訪陶窯工坊時不能錯過的!!
觀光&美食景點

備前甘味

一邊眺望作品一邊享受咖啡時光
備前燒ギャラリー喫茶里房
●びぜんやきギャラリーきっさりほう

從人間國寶——山本陶秀到現代陶藝創作家等，店內網羅的備前燒十分廣泛。設有能鑑賞備前燒的咖啡廳區。

→ 備前甘味甜點套餐（附咖啡 or 紅茶）800日圓。有著高雅甜味的自製蛋糕，搭配使用當季本地食材製作的甜點

MAP 96A
☎0869-64-1187
🕐10:00〜17:30（咖啡廳為〜17:00）
🈲週四（逢假日則營業）🚅備前市伊部1530 🚃JR伊部站步行3分 🅿免費

備前咖哩

重點在加入了蘑菇的這一道手續
衆楽館本館
●しゅうらくかんほんかん

在古民宅藝廊中，可享用2016年入選當地咖哩排行榜第六名的備前咖哩，還能體驗到捏陶樂趣。

→ 備前牛印度咖哩肉醬蓋飯880日圓。岡山產蘑菇的美味融入其中

MAP 96B
☎0869-63-1019
🕐10:00〜17:00（用餐為11:00〜16:00）
🈲週三 💴免費入館 🚅備前市伊部597 🚃JR伊部站步行7分 🅿免費

學習&體驗

聚集創作家與窯戶的作品
備前燒傳統產業會館
●びぜんやきでんとうさんぎょうかいかん

2樓展示並販售岡山縣備前燒陶友會會員的創作家暨窯戶的作品，品項將近4000件。3樓能體驗捏陶（僅週六日、假日，預約制）。

☎0869-64-1001 **MAP** 96A
（備前燒陶友會）
🕐9:30〜17:30
（1樓觀光資訊中心為9:00〜18:00）
🈲週二
（逢假日則翌日休）
💴免費
🚅備前市伊部1657-7
🚃JR伊部站即到
🅿免費

↑依創作者分類展示

備前燒
購物

陶玄堂
●とうげんどう

MAP 96B

備前燒的選貨店

從受矚目的年輕創作家到人間國寶，本店售有約30名創作家的作品。店內為備有地爐的日式摩登裝潢，陳設品味良好，擺設著凸顯創作家個性的作品。

☎0869-63-6088
⏰10:30～17:00
🚫週三（逢假日則營業）
🏠備前市伊部666-1
🚉JR伊部站步行5分　Ｐ免費

↥萬用杯2700日圓。女性陶藝家製作的可愛作品。十分萬用因此相當受歡迎

備前燒
購物

金重利陶苑
●かねしげりとうえん

MAP 96A

溫暖樸質的備前燒

人間國寶──金重陶陽的本家。繼承備前燒陶窯的傳統，展示並販售茶器、花器等器物。

☎0869-64-2054
⏰不定休
🏠備前市伊部873　🚉JR伊部站步行10分　Ｐ免費

↥中央的花紋稱為牡丹餅

備前燒
購物

備前燒ギャラリー山本
●びぜんやきギャラリーやまもと

MAP 96A

了解山本一門的原點

人間國寶──山本陶秀的長男雄一，繼承了父親的工房與登窯，現為他的自宅兼藝廊。

☎0869-64-2448
⏰8:30～17:00　🚫不定休
🏠備前市伊部882
🚉JR伊部站步行10分
Ｐ免費

↥浮出的紅色窯變相當美麗

備前燒
購物

橋本画廊・備前燒窯元三晃庵
●はしもとがろうびぜんやきがまもとさんこうあん

MAP 96B

能鑑賞備前燒與畫作

展示並販售的作品範圍相當廣泛，從備前燒創作家──橋本和哉與陶窯廠──三晃庵的作品，到人間國寶的作品皆有。

☎0869-63-0355
⏰9:30～17:30　🚫無休
🏠備前市伊部606-1
🚉JR伊部站步行7分　Ｐ免費

↥方盤（小）6480日圓。15cm的四邊形，大小使用起來相當方便。緋襷、芝麻等花紋相當漂亮

美術館
景點

FAN美術館
●ファンびじゅつかん

MAP 110D-4

接觸備前燒與現代藝術的魅力

依年代陳列展示備前燒的人間國寶──藤原啟之代表作，此外，還展有聚集世界80個國家以上作品的國際公募展「ART OLYMPIA」之獲獎作品。館內也設有能夠享用下午茶的咖啡廳。

全新感覺的美術館重新改裝成為用全身享受

☎0869-67-0638
⏰9:30～16:00　🚫無休
💴票價1800日圓　🏠備前市穂浪3868　🚉JR西片上站步行3分，市役所入口巴士站搭備前市營巴士3分，興亜前下車即到（可至伊部站接送）　Ｐ免費

↥位於能望見片上灣的山丘上

體驗工房
玩樂

夢幻庵 備前燒工房
●むげんあんびぜんやきこうぼう

MAP 111C-4

挑戰做陶體驗

位於僻靜山間的備前燒體驗工房，能體驗到捏陶與手拉杯的做陶體驗，就算是沒有經驗，只要想試的話也能挑戰手拉坏。工房也有短期體驗方案，以及附有便當的體驗方案。

☎0869-63-2227
⏰9:00～16:00　🚫無休
💴捏陶（500g）2700日圓～、手拉坏（1kg）4860日圓～（運費皆另計）
🏠備前市伊部2697
🚉JR伊部站步行20分
Ｐ免費

↥以電動拉坏機塑形

壽司
美食

心寿司
●こころずし

MAP 96A

與備前燒相互輝映的壽司

使用從日生港等地購入的漁獲捏製壽司，從裝盛壽司的盤子、酒壺、杯子，到裝入螃蟹赤味噌湯的碗，全都是使用備前燒製成的器皿。上壽司1620日圓。

☎0869-64-0288
⏰11:00～20:30
🚫週三（逢假日則翌日休）
🏠備前市伊部1506
🚉JR伊部站步行5分
Ｐ免費

↥備前燒的器皿讓料理更加誘人

想多知道一些！

備前
びぜん

備前的特徵是在現代仍保有不少傳統文化與舊跡，例如備前燒與長船町的街道等。來這裡親身感受頗具日本味的樸質文化吧。

相關諮詢　東備廣域觀光資訊中心
☎0869-64-1100

街道
景點

備前福岡
●びぜんふくおか

MAP 107C-1

與黑田家有淵源的地方

在日本中世時期，作為山陽道第一的商城而繁盛的地區，由於黑田官兵衛的曾祖父──高政曾居住於此，所以NHK大河劇《軍師官兵衛》中也曾介紹過此地區。高政墓地所在的妙興寺、展示官兵衛相關資料的仲崎邸等，在這裡能接觸到黑田家的歷史。

↥頗有風情的備前福岡街道

↥仲崎邸也有販售伴手禮

☎0869-22-3953
（瀨戶內市觀光課）
⏰自由參觀（仲崎邸週六、日10:00～15:00）　💴免費（仲崎邸票價200日圓）　🏠瀨戶內市長船町福岡　🚉JR長船站步行15分　Ｐ免費

神社
景點

天津神社
●あまつじんじゃ

MAP 96B

祈禱備前燒繁盛的古神社

擁有1000年歷史的神社。參拜道路上的鋪路石、神門的屋瓦等，神社境內四處都能見到備前燒的蹤跡。參拜道路上的圍牆，有著備前燒創作家們製作的陶印方形陶板。

☎0869-64-2738
⏰自由參拜
🏠備前市伊部629
🚉JR伊部站步行7分
Ｐ免費

↥神社參拜道路旁的圍牆，埃有備前燒創作家製作的陶板

●景點　●玩樂　●溫泉　●美食　●咖啡廳　●購物　●住宿

特產｜購物

海邊休息站しおじ

●うみのえきしおじ
MAP 97

買了當場現烤

除了魚貝類之外，還販售蝦與小卷的乾貨、加工品。設有燒烤區，在五味之市及店內購買的魚貝類，可在燒烤區烤來吃。

↻燒烤區使用費(90分，4～5人)1500日圓

☎0869-72-2201
🕐9:00～16:00(燒烤區為～15:00)　休不定休
📍備前市日生町日生801-8　🚃JR日生站步行20分
🅿免費

特產｜購物

五味之市

●ごみのいち
MAP 97

盡情享受牡蠣的各種滋味

漁夫的太太們販售清早剛捕到的海鮮。除了排滿帶殼牡蠣的牡蠣季節之外，在非牡蠣季節也為了讓大家每天都能買到新鮮的魚，新設置了活魚區。每週六、日也有路邊小吃來擺攤。

↻只有在這裡才吃得到的炸牡蠣　↻店內迴響著充滿
霜淇淋300日圓，也相當受歡迎　　活力的吆喝聲

☎0869-72-3655
🕐9:00～16:00(售完打烊)　休週二(逢假日則翌日休)
📍備前市日生町日生801-4　🚃JR日生站步行20分　🅿免費

備前市

日生
1:30,000
周邊地圖 P.110E-4
0　250m　500m

公園｜玩樂

古代體驗之鄉 MAHOROBA
●こだいたいけんのさとまほろば
MAP 106E-1

在自然中體驗古代生活

古代生活體驗設施位於日生諸島之一的鹿久居島，島上綠意盎然，棲息著野生的鹿與綠雉。能夠穿著貫頭衣，體驗生火與勾玉製作。餐點必須自行炊煮，可住宿豎穴式或高床式住居。

↻重建繩文時代的聚落

☎0869-72-1000　🕐9:00～17:00(預約制)
休週三(逢假日則前日休)　🎫票價300日圓　📍備前市日生町鹿久居島　🚢日生港搭專用渡船(預約制)10分，於まほろば棧橋下船，步行20分　🅿1500日圓(預約制)

餃子｜美食

山東水餃大王

●さんとんすいぎょうだいおう
MAP 97

當地的人氣水餃專賣店

手作水餃專賣店，店老闆曾在台灣學做水餃。內餡是由老闆自己處理的豬絞肉，加入韭黃與蝦子，味道相當清爽。咬下的瞬間，美味的肉汁就在嘴裡四散開來。

↻可外帶，也能日本全國配送

☎0869-72-1166
🕐11:00～17:00　休週二(逢假日則營業)
📍備前市日生1306　🚃JR日生站步行15分
🅿免費

在舒適的海風吹拂下體驗採收蜜柑

日生諸島採蜜柑活動

屬於日生諸島的鹿久居島、頭島、鴻島上，盛行利用溫暖的氣候種植蜜柑。體驗摘蜜柑活動除了可在園內吃蜜柑吃到飽之外，還附有蜜柑伴手禮。所有農園的費用都是一樣的。　MAP 106E-1

↻實在太棒了　↻在大自然之中採收蜜柑！

☎0869-72-0506(大生汽船)
🕐10月中旬～11月末開園　休視農園而異※採蜜柑活動1500日圓(附3kg蜜柑伴手禮)，來回船票1000日圓
📍備前市日生町 鹿久居島、頭島、鴻島
🚃JR日生站搭計程車到鹿久居島3分、頭島6分，日生港搭大生汽船到鴻島15分　🅿免費

瀨戶內自豪的漁業城鎮
品嘗好吃到咂嘴的海味

日生

ひなせ

以名產──牡蠣燒為首，這裡是一年到頭，都能品嘗到瀨戶內海新鮮漁獲的漁業城鎮。盡情享受13個島嶼的豐富自然景觀與水果。

相關諮詢　備前觀光協會
☎0869-72-1919

橋｜景點

備前♥日生大橋
●びぜんひなせおおはし
MAP 97

眺望瀨戶內海與牡蠣筏的愛心橋

連接備前市日生町與鹿久居島，長達765m的大橋。兩側有牡蠣筏漂浮在平靜廣闊的海上，也推薦大家騎自行車或步行，慢慢地跨越大橋。

> **也有自行車租借服務啊！**
> 可在JR日生站前的觀光協會租借自行車。
> ☎0869-72-1919
> (備前觀光協會)　🎫1日300日圓

↻於2015年4月開通

☎0869-64-1832(備前市町營業課)
🎫免費通行　📍備前市日生町寒河～鹿久居島～頭島大橋～頭島　🚃JR日生站步行15分　🅿無

美術館｜景點

BIZEN中南美美術館
●ビゼンちゅうなんべいびじゅつかん
MAP 97

親近中南美的古代文化

館內展示的中南美10國美術品，是在當地曾從事製造販售漁網的森下精一之收藏品。有許多在古代美洲大陸製作的土器、土偶、石器、拓本、織品等貴重物品。

↻外牆貼覆著備前燒陶板

☎0869-72-0222
🕐10:00～16:30
休週一～週五(假日及2人以上預約時則開館)
🎫票價700日圓
📍備前市日生町日生241-10
🚃JR日生站步行7分
🅿免費

↻陳列著贈與者──森下精一的收藏品

牡蠣燒之丞
1350日圓
放了約有250g的牡蠣

放入滿滿彈牙多汁的牡蠣

牡蠣燒

煎得恰到好處
令人食指大動

在代表岡山牡蠣產地的日生，加了牡蠣的大阪燒早從40多年前開始，就備受眾人喜愛。滿滿肥厚的牡蠣與大阪燒的搭配非常對味。

kakiokoDATA
特徵　表面鋪上密密的炸麵球，吃起來酥酥脆脆，而中間的口感鬆軟，能一次品嘗到雙重口感
醬汁　一半塗上清爽不黏膩的醬汁，一半撒上能品嘗出牡蠣鮮美滋味的岩鹽

外帶OK　全年OK　蝦仁燒

ほり

創業於昭和37年的人氣店家，在當地小有名氣的姐姐會親自出來迎接顧客。加入特製高湯的麵糊、高麗菜絲、柴魚片、炸麵球，與味道鮮美的牡蠣十分對味。也有許多使用牡蠣製作的料理。

MAP 97
☎0869-72-0045
🕐10:30〜19:00　休週三　📍備前市日生町日生886-5　🚃JR日生站步行15分　🅿免費

タマちゃん

把煎過單面、鎖住鮮美滋味的牡蠣盛放在麵糊上，再用橄欖油煎好的牡蠣燒，一半塗上特製醬汁，另一半則撒上岩鹽享用。豐富的菜單中也有獨特的創作菜單。

MAP 110E-4
☎0869-74-0222
🕐11:00〜19:30　休週二（逢假日則營業，夏季則隔日休）　📍備前市日生町寒河1118　🚃JR寒河站步行3分　🅿免費

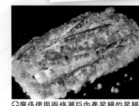

歡迎來品嘗看看我所製作的料多味美牡蠣燒

奢侈使用兩條瀨戶內產星鰻的星鰻角燒，是只有在這裡才品嘗得到的必吃人氣料理

也推薦這些！
咖哩牡蠣燒‥‥‥‥‥1350日圓
星鰻角燒‥‥‥‥‥‥1550日圓

加入特製高湯的麵糊
包裹著牡蠣

牡蠣燒（加蛋）
950日圓
使用冷凍牡蠣與新鮮牡蠣的作法各有不同

kakiokoDATA
特徵　特製高湯讓麵糊更顯美味，與高麗菜絲的甜味非常搭
醬汁　微微鹹甜帶稠的特製醬汁

也推薦這些！
牡蠣豬肉蛋‥‥‥1150日圓
牡蠣鐵板燒‥‥‥500日圓

外帶OK　全年OK　蝦仁燒

這就是牡蠣燒！！

牡蠣燒是怎樣的食物？

能吃到的時節是秋天〜早春
雖然每年會有些變動，不過能吃到的時間為收穫牡蠣的10月下旬〜3月下旬。也有店家使用冷凍牡蠣，因此整年都吃得到。

每家店都有自己獨特的大阪燒麵糊，使用大量當地產的牡蠣製作，是日生流的大阪燒。

大阪燒的製作就交給店裡的工作人員
不是自己動手做，而是交由店裡的人煎。為了保留牡蠣的口感、不擠壓麵糊且把麵糊烤得蓬鬆柔軟的專業技巧，吃一口就令人臣服的好滋味！

也有牡蠣燒MAP
記得看看日生牡蠣燒社區總體營造會發行的手繪MAP。到社區總體營造會的首腦，或備前觀光協會等處取得MAP吧。

牡蠣燒的重點

放上超多牡蠣！
因為是使用剛剝殼的牡蠣，所以牡蠣無太多多餘的水分，特點是就算經過煎烤也不太會縮小。

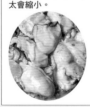

隨意停車NG！
日生是個小漁港，停車場車位有限，因此建議最好搭乘大眾運輸交通工具前往。隨意停車會造成麻煩。如遇停車場客滿時，請找尋鄰近的付費停車場，一起遵守行車禮儀吧。

詳細的牡蠣燒MAP，可在此取得！！
備前觀光協會
☎0869-72-1919
除了以上介紹的店家之外，還有這麼多好吃的牡蠣燒店。請務必要看看牡蠣燒MAP喔！！

日生牡蠣燒 MAP

赤穗線
日生站
タマちゃん
BIZEN中南美美術館
從國道轉進小路
まるみ　浜屋
ほり
お好み燒もりした
オレンジハウス
備前市公所
日生綜合分所
250
班鳩碼頭
超市
中國銀行
渡輪碼頭（往小豆島）
日生醫院
備前♥日生大橋（→P.97）
加子浦歷史文化館
海邊休息站しおじ
五味之市
日生灣

お好み焼 もりした
おこのみやきもりした

在麵糊中加入柴魚高湯與若雞蛋所製成的麵糊滋味豐富，是店主鑽研出來的味道。用心煎出的大阪燒，一半塗上醬油一半淋上醬汁，廣受顧客好評。

MAP 97
☎0869-72-1110
🕙11:00～21:00(週三為～15:00)　休無休(4～10月為週四休)　🏠備前市日生町日生630-14　🚃JR日生站步行10分　Ｐ免費

也推薦這些！
雙倍蝦仁醬油口味(4～10月) 1000日圓
蝦仁帥麵(4～10月)‧‧‧‧‧‧‧‧900日圓

牡蠣燒
1000日圓
加入豬肉增添美味

原創滋味
醬油×山椒×牡蠣的

kakioko DATA
特徵：以柴魚高湯為底特製出的稀麵糊，煎出的大阪燒風味俱佳且口感較軟
醬汁：推薦一半抹Otafuku醬加一味辣椒粉，另一半抹醬油加山椒

外帶OK　全年OK　蝦仁燒

オレンジハウス

近JR日生站，有著橘色屋頂的店家。除了牡蠣燒，還有在大阪燒上放上起司及鐵板飯的燉飯燒，和內臟烏龍麵等，有許多特色料理。

MAP 97
☎0869-72-0914
🕙11:00～22:00　休週四　🏠備前市日生町日生241-103　🚃JR日生站步行3分　Ｐ免費

kakioko DATA
特徵：加入和風高湯的清爽麵糊，配上大量高麗菜，甘甜美味在嘴裡展開
醬汁：和牡蠣燒十分對味的原創醬汁

外帶OK　全年OK　蝦仁燒

也推薦這些！
燉飯燒(4～10月)‧‧‧850日圓
烏賊鬚鐵板燒‧‧‧‧‧‧500日圓

非牡蠣季節就吃這道

堀之蝦仁燒加蛋600日圓。
不惜成本加入大量蝦仁

過了牡蠣季節的話，就來道美味的蝦仁×大阪燒

非牡蠣季節時，推薦大家品嚐使用當地捕獲的新鮮蝦蛄等，加了大量蝦子的大阪燒。可享受到蝦子彈牙的口感與豐富的味道，也有喜歡蝦仁燒勝於牡蠣燒的粉絲，已變成本地的夏季名產了。

運用簡單的配料帶出牡蠣的鮮味

牡蠣燒
1000日圓
特點在鋪得滿滿的蔥花與柴魚片

まるみ

為了讓顧客品嘗牡蠣原味，在加了少量鹽巴的麵糊上，放上高麗菜絲，還有小山般的新鮮牡蠣，煎成美味的大阪燒。也推薦牡蠣炒蔥（冬季限定）1000日圓。

☎0869-72-3129 **MAP 97**
🕙10:00～18:00　休無休　🏠備前市日生町日生886　🚃JR日生站步行15分　Ｐ免費

kakioko DATA
特徵：在日生少見的廣島風味，配料除了牡蠣之外，只加了高麗菜和煎蛋
醬汁：大阪燒必備的Otafuku醬

外帶OK(僅冬季)　蝦仁燒(僅夏季)

也推薦這些！
牡蠣燒(特大)‧‧‧‧‧‧1200日圓
炸牡蠣(10～4月)‧‧‧‧‧‧1000日圓

牡蠣燒
900日圓
還可加200日圓
牡蠣增量

吃不膩的清爽麵糊加上滿滿的牡蠣

口感微微濕潤的麵糊與味道鮮濃的牡蠣最對味

牡蠣燒
1000日圓
使用店主自己剝殼的新鮮牡蠣

kakioko DATA
特徵：在水分較多較稀的麵糊中，加入切得較粗的高麗菜絲增加口感，美味更上一層樓
醬汁：大命醬汁。加上美乃滋和一味辣椒粉，就又能品嘗到另一番風味

外帶OK　全年OK　蝦仁燒

浜屋
はまや

店內氛圍就像在自家一樣輕鬆的牡蠣燒店。在高麗菜上放上一把新鮮牡蠣，像是讓牡蠣的鮮味滲透一般，不用鏟子擠壓，慢慢地煎熟。

MAP 97
☎0869-72-2580
🕙10:00～16:00(週二為～15:00、5～10月為11:00～15:00)　休週二(11～4月無休)　🏠備前市日生町日生859　🚃JR日生站步行15分　Ｐ免費

也推薦這些！
烤牡蠣‧‧‧‧800～1000日圓
烤蔥‧‧‧‧‧‧‧‧‧‧‧700日圓

也來一下這裡吧！

退潮時才出現的
黑島維納斯之路

只有退潮時才出現的「黑島維納斯之路」，將三個小島串聯起來。往黑島的交通方式，使用利馬尼酒店(☎0869-34-5500)營運的船隻，相當方便。由於要配合退潮時出航，時間等詳細情況需直接向酒店確認。

MAP 107C-2

⬆將三個小島連接起來的弓形沙洲，約有800m長

義式冰淇淋
牛窗ジェラート工房COPiO
●うしまどジェラートこうぼうコピオ

MAP 100B-1

購物

使用現擠牛乳製作的義式冰淇淋

這家義式冰淇淋專賣店擁有自己的牧場，並以當天早上現擠的牛乳作為製作冰淇淋的主要材料。橄欖或白桃酒等約30種口味之中，店內會每日替換並供應7～12種口味。也能享受到使用當季水果製作的季節限定口味。

☎0869-34-6446
🕐12:00～17:00(售完打烊)
🈺週一、二(1、2月僅週六日、假日營業) 📍瀬戶內市牛窗町牛窗479-4
🚗岡山BLUE LINE、邑久IC車程8km
🅿免費

義式冰淇淋(雙球甜筒) 450日圓

通り
SHIOMACHI唐琴通
●しおまちからことどおり

MAP 100B-2

景點

能愉快探訪古蹟的古老街道

街道上古老的建築房屋林立，道路長約1km，非常適合散步。在江戶時代，曾因作為備前池田藩的貿易港而繁盛一時，這裡至今仍保有江戶時代到昭和30年代左右的風貌。

☎0869-34-9500
(瀬戶內市觀光協會牛窗分部)
🆓自由參觀 📍瀬戶內市牛窗町牛窗 🚗岡山BLUE LINE、邑久IC車程9km
🅿無

⬆白色的土牆倉庫、格子窗戶的房屋，讓人感受到歷史的氛圍

舊家
夢二生家·少年山莊(夢二鄉土美術館 分館)
●ゆめじせいかしょうねんさんそうゆめじきょうどびじゅつかんぶんかん

MAP 107C-1

景點

了解抒情畫家的原點

畫家竹久夢二從誕生到16歲為止都生活在這間有著茅草屋頂的房屋。屋內仍保留著當時的樣貌，其中也有作品可供鑑賞。一旁則有仿建了位於東京的工作室──少年山莊。

☎0869-22-0622
🕐9:00～16:30 🈺週一(逢假日則翌日休)
🈺票價500日圓 📍瀬戶內市邑久町本庄 🚃JR邑久站搭東備巴士9分，山田入口夢二生家前下車即到 🅿免費

⬆仍保留著夢二少年時代的房間

咖啡廳
岩風呂
●いわぶろ

MAP 107C-2

咖啡廳

正統的石窯披薩，相當受歡迎

位於西脇海水浴場的咖啡廳，夏季時也兼作海邊休息屋。海邊休息屋營業期間，披薩和義大利麵僅限平日供應，要確認之後再來喔。

☎080-4265-4717
🕐11:00～16:30 🈺週三、四 📍瀬戶內市牛窗町鹿忍6836-4 🚗岡山BLUE LINE、邑久IC車程11km 🅿免費

⬆瑪格麗特披薩＋生火腿配料 800日圓

AREA GUIDE

在橄欖花開的城鎮
享受海上休閒活動

牛窗
うしまど

被稱為「日本愛琴海」──風光明媚的瀬戶內海景色，以及溫暖的氣候，充滿魅力。盡情享受這海邊度假村的氛圍吧。

相關諮詢　瀬戶內市觀光協會牛窗分部
☎0869-34-9500

公園
牛窗橄欖園
●うしまどオリーブえん

MAP 100A-1

景點

從高地眺望眼下的瀬戶內海

牛窗的代表性觀光設施。斜坡上栽種了約2000顆的橄欖樹，沿著斜坡的步道，有展望台、山頂廣場和幸福之鐘等。最佳的觀賞時期為橄欖花開的6月初旬，以及結實纍纍的9～11月。

在園內悠閒散步也很愉快 ⬅位於山丘上的幸福之鐘

☎0869-34-2370(牛窗橄欖園)
🕐9:00～17:00(咖啡廳區為～16:30) 🈺無休
🈺免費入園 📍瀬戶內市牛窗町牛窗412-1
🚗岡山BLUE LINE、邑久IC車程8km 🅿免費

⬆從小小的高丘能一覽瀬戶內海

牛窗　推薦住宿

♨=有溫泉　🅿=有停車場　💳=可刷卡
灰色表示無該項服務。

※房間費用：S=單人房、T=雙床房、W=雙人房、
S為1人使用、T·W為2人使用時的1泊房間費用。
標註為1泊2食的情況，則表示2人使用時，每人的費用。

Pension KUROSHIOMARU
ペンションクロシオマル

IN 15:00 OUT 10:00
💳P 歐風民宿

全客房皆可眺望瀬戶內海

MAP 107C-2

全客房皆面海，可一覽瀬戶內海景色。能享受皮艇、觀賞海螢行程等活動，而在「KUROSHIO Farm」可近距離接觸山羊們，相當受歡迎。早餐則能品嘗到自家採的蜂蜜。

☎0869-34-5755
📍瀬戶內市牛窗町鹿忍6550
🈺1泊2食6912日圓～
🚗岡山BLUE LINE、邑久IC車程13km 🅿無料

牛窗
1:30,000
周邊地圖 P.107C-2
0　150　300m

（地圖標示）
邑久IC
牛窗邑久大寺線
牛窗町牛窗
Auberge Leo Soleil
牛窗國際交流Villa
萬葉歌碑
味惣別館
牛窗神社
瀬戶內市
西寺金剛寺
寶光院
招魂社
靈山森林公園
紺中
JA
牛窗中前
牛窗支所前
總合福祉中心
綾浦
警察署前
福岡屋旅館
西大寺
郵局前
祇園神社
喜太
本蓮寺
玄米食堂 楽士館
牛窗古歡
牛窗海水浴場
牛窗中央
高祖酒造
二シナマリン
綾浦
牛窗海游文化館
本蓮寺
天神社
愛宕神社
P.14 ikazumodori
利馬尼酒店
牛窗港
金毘羅宮
卍妙福寺
鹿忍神社
川源
Hotel il mare Ushimado
岡山縣牛窗遊艇港 P.9
SHIOMACHI唐琴通 P.100
牛窗渡輪
城鼻
牛窗瀬戶
前島
P.100 牛窗ジェラート工房COPiO
P.100 牛窗橄欖園

●景點 ●玩樂 ●溫泉 ●美食 ●咖啡廳 ●購物 ●住宿

從日本境內前往岡山

往岡山的固定交通方式為搭乘新幹線。所有的新幹線都會停靠岡山站，
加上也有前往縣內各地的JR各路線轉運站，因此相當方便。
要前往倉敷，可從岡山站轉乘山陽本線約17分。要前往縣北方面，則推薦搭乘直達巴士。

※ 交通資訊中的運行班數、所需時間、費用等為一般時期之訊息，僅供參考。無旺季、淡季、一般時期的費用區分時，則以費用範圍來表示。

便利性優先！

搭新幹線・列車前往

由於新幹線較少班次停靠新倉敷站，因此要前往倉敷時，從岡山站轉乘山陽本線前往會比較快。山陰、四國方面，可搭在來線特急前往岡山。

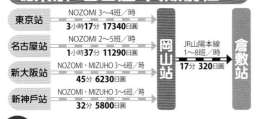

從東京・名古屋・大阪前往

東京站	NOZOMI 3～4班／時　3小時17分 17340日圓	
名古屋站	NOZOMI 2～5班／時　1小時37分 11290日圓	
新大阪站	NOZOMI、MIZUHO 3～6班／時　45分 6230日圓	岡山站
新神戶站	NOZOMI、MIZUHO 3～6班／時　32分 5800日圓	

JR山陽本線 1～8班／時　17分 320日圓 → 倉敷站

從廣島・福岡前往

廣島站	NOZOMI、MIZUHO等1～6班／時　35分 6230日圓	
	NOZOMI、SAKURA 1～3班／時　24分 5150日圓	
	NOZOMI、SAKURA 1～3班／時　1小時26分 11300日圓	福山站
博多站	NOZOMI、MIZUHO等2～6班／時　1小時42分 12710日圓	

JR山陽本線 40分 760日圓 → 倉敷站 岡山站

從四國・中國前往

高松站	JR快速Marine Liner號 1、2班／時　53分 1510日圓（自由座）
高知站	JR特急南風1班／時　2小時27分 5960日圓
松山站	JR特急SHIOKAZE 1班／時　2小時49分 6830日圓
松江站	JR特急YAKUMO 1班／時　2小時37分 6030日圓

→ 岡山站

優惠！ 岡山・倉敷周遊券

套票包含，從出發站（JR西日本地區的主要車站）前往岡山的新幹線普通車對號座來回票、岡山與倉敷地區14處觀光設施入場券，以及下電巴士「TOKOHAI號」、鷲羽山夕景鑑賞巴士、JEANS巴士的車票。在免費搭乘的區間內，可無限次搭乘JR普通、快速的普通車自由座，以及岡山電氣軌道（路面電車）、下電巴士（部分區間）。部分區域也有自行車租借（1日限1次）。有效期間為3日。詳情請於JR窗口，或JR Odekake net網站確認。（※ 請注意行駛日）

主要出發地	價格	主要出發地	價格
大阪市內	12700日圓	廣島市內	12700日圓
京都市內	13800日圓	北九州市內	21000日圓
神戶市內	11700日圓	福岡市內	23400日圓

※價格為1位大人之費用，需兩人以上方可申請購買，可於出發前日購買。

運用路面電車吧

遊覽岡山市內的美術館，或觀光岡山城，搭乘路面電車相當方便。行駛路線有往東山方面，以及往清輝橋方面兩條路線。也搭搭看MOMO、KURO等具有特色的車輛吧。

☎ 086-272-1811（岡山電氣軌道）

●優惠票券
1日乘車券（400日圓）可一日不限次數搭乘岡山電氣軌道的路面電車，相當優惠。於路面電車車內、岡山站前巴士綜合服務處等處皆有販售。

路面電車路線圖		
東山線	100日圓區間	140日圓區間
清輝橋線		
電車站		

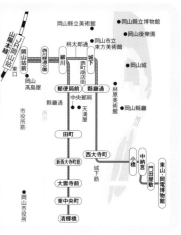

交通工具指南

飛機
JAL（日本航空）
JTA（日本越洋航空）
☎0570-025-071　http://www.jal.co.jp
ANA（全日空）
☎0570-029-222　http://www.ana.co.jp

鐵道
JR西日本顧客服務中心 ☎0570-00-2486
JR東日本諮詢中心 ☎050-2016-1600
JR東海電話諮詢中心 ☎050-3772-3910
JR九州服務中心 ☎050-3786-1717
岡山電氣軌道（市內電車）☎086-272-1811
井原鐵道 ☎0866-63-2677
智頭急行 ☎0858-75-2595

高速巴士
關東巴士訂位中心 ☎03-3386-5489
小田急巴士高速預約中心 ☎03-5438-8511
西日本JR巴士電話預約中心 ☎0570-00-2424
京阪高速巴士預約中心 ☎075-661-8200
神姬高速巴士預約中心 ☎078-231-4892

兩備高速巴士預約中心 ☎086-232-6688
下津井電鐵高速巴士預約中心
　☎086-231-4333
中鐵高速巴士預約中心 ☎086-223-0616
中國JR巴士 ☎0570-666-012
廣交預約中心 ☎082-238-3344
九州高速巴士預約中心（西鐵巴士）
　☎092-734-2727

路線巴士
兩備巴士 ☎086-232-2116
下電巴士 ☎086-231-4331
岡電巴士（岡山電氣軌道）☎086-223-7221
宇野巴士 ☎086-225-3311
赤磐市廣域路線巴士（赤磐市公所）
　☎086-955-1111
中鐵巴士 ☎086-222-6601
中鐵巴士 ☎0868-27-2827
真庭市community巴士（真庭市公所）
　☎0867-42-1017
備北巴士（高梁）☎0866-48-9111
東備巴士 ☎0869-34-2049

船・渡輪
四國汽船（宇野分店）☎0863-31-1641
あけぼの丸（私宅）☎086-947-0912
小豆島豐島渡輪 ☎0879-62-1348
豐島渡輪 ☎087-851-4491

計程車
（岡山市）
下電計程車 ☎086-264-4321
岡山縣個人計程車協同組合 ☎086-264-3355
SUN共同配車中心 ☎086-200-0777
旭計程車 ☎086-242-0001
新光計程車 ☎086-943-1500
東和計程車 ☎086-231-2321
PLAZA交通 ☎086-272-5181
平和計程車 ☎086-223-4141
兩備計程車中心 ☎086-264-1234
（倉敷市）
倉敷兩備計程車中心 ☎086-460-0555
下電計程車 ☎086-422-0244
野村交通 ☎086-455-2323

租車
（岡山市）
TOYOTA租車新岡山岡山站前店
　☎0120-096-633
日產租車岡山 ☎086-255-2321
NIPPON RENT-A-CAR岡山站前
　☎086-235-0919
Times租車岡山站前 ☎086-221-7151
（岡山空港）
TOYOTA租車岡山 岡山機場店
（TOYOTA租車岡山預約中心）☎086-294-2100
日產租車岡山機場 ☎086-294-1723
NIPPON RENT-A-CAR岡山機場
　☎086-294-3919
（倉敷市）
TOYOTA租車岡山 倉敷站北口店
（TOYOTA租車岡山預約中心）☎086-421-0100
NIPPON RENT-A-CAR
倉敷站前營業所 ☎086-421-0919
Times租車倉敷站前店 ☎086-426-5353

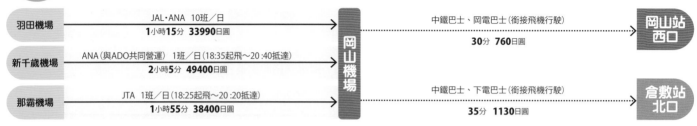

搭**飛機**前往

從東京（羽田機場）1日有10班，從札幌（新千歲機場）與沖繩（那霸機場）1日各有1班的定期班次飛往岡山機場。從機場有銜接航空班次的利木津巴士，30分到岡山站，35分到倉敷站。

			岡山機場		岡山站西口
羽田機場	JAL・ANA　10班／日 1小時15分　33990日圓 →			中鐵巴士、岡電巴士（銜接飛機行駛） 30分　760日圓 →	
新千歲機場	ANA（與ADO共同營運）　1班／日（18:35起飛～20:40抵達） 2小時5分　49400日圓 →				
那霸機場	JTA　1班／日（18:25起飛～20:20抵達） 1小時55分　38400日圓 →			中鐵巴士、下電巴士（銜接飛機行駛） 35分　1130日圓 →	倉敷站北口

搭**高速巴士**前往

如果想要盡可能節省交通費用，高速巴士相當合乎需求。從近畿到岡山、倉敷等白天有許多班次行駛，也有通往縣內北部的津山和真庭方面的直達車。從東京則有夜行高速巴士可搭乘。

到岡山（岡山站西口）

出發地		巴士暱稱	所需時間	價格	班次（1日）・出發時間	諮詢處
從東京	新宿高速巴士總站	MUSCAT（3列）	10小時15分	10000日圓	21:45出發⇒8:00抵達	兩備巴士／關東巴士
		LUMINOUS（3列）	10小時5分	10000日圓	21:30出發⇒7:35抵達	下電巴士／小田急CITY巴士
	東京站八重洲南口	京濱吉備DREAM號（3列）	10小時40分	8300～11000日圓	20:40出發⇒7:20抵達	中國JR巴士
	品川BT	Le Blanc（3列）	11小時20分	10080日圓	20:40出發⇒8:00抵達	兩備巴士
從京阪神	京都站八條口	京都Express	3小時27分	3600日圓	7班／日	兩備巴士／下電巴士／京阪京都交通
	湊町OCAT	RYOBI／吉備Express大阪	3小時37分	3150日圓	1～3班／時	兩備巴士／下電巴士／中國JR巴士／西日本JR巴士
	三之宮BT	RYOBI・Express之外	2小時45分	2850日圓	5班／日	兩備巴士／中鐵巴士／神姬巴士
從名古屋	名古屋站	RYOBI・Express（3列）	5小時20分～ 7小時5分	6700日圓	17:00出發・22:20抵達／ 23:40出發・6:45抵達	兩備巴士
從廣島	廣島BC	Sunsun Liner	2小時37分	2900日圓	12班／日	兩備巴士／中國JR巴士／廣交觀光巴士
從福岡	西鐵天神高速BT	Pegasus（3列）	8小時50分	7410日圓	22:00出發⇒6:50抵達	兩備巴士／下電巴士／西鐵巴士

到倉敷（倉敷站北口）

出發地		巴士暱稱	所需時間	價格	班次（1日）・出發時間	諮詢處
從東京	新宿高速巴士總站	MUSCAT（3列）	11小時	10200日圓	21:45出發⇒8:45抵達	兩備巴士／關東巴士
		LUMINOUS（3列）	10小時45分	10200日圓	21:30出發⇒8:15抵達	下電巴士／小田急CITY巴士
	東京站八重洲南口	京濱吉備DREAM號（3列）	11小時30分	8300～11000日圓	20:40出發⇒8:10抵達	中國JR巴士
從京阪神	京都站八條口	京都Express	4小時12分	3900日圓	7班／日	兩備巴士／下電巴士／京阪京都交通
	湊町OCAT	RYOBI・Express	4小時35分	3450日圓	9班／日	兩備巴士／下電巴士／中國JR巴士／西日本JR巴士
	三之宮BT	RYOBI・Express之外	3小時15分	3000日圓	2班／日	兩備巴士／中鐵巴士／神姬巴士
從名古屋	名古屋站	RYOBI・Express（3列）	6小時～7小時45分	6900日圓	17:00出發・23:00抵達／ 23:40出發・7:25抵達	兩備巴士
從福岡	西鐵天神高速BT	Pegasus（3列）	8小時15分	7100日圓	22:00出發⇒6:15抵達	兩備巴士／下電巴士／西鐵巴士

到津山（津山BC）

出發地		巴士暱稱	所需時間	價格	班次（1日）・出發時間	諮詢處
從東京	新宿高速巴士總站	MUSCAT（3列）	8小時50分	9800日圓	21:45出發⇒6:35抵達	兩備巴士／關東巴士
		LUMINOUS（3列）	8小時25分	9800日圓	21:30出發⇒5:55抵達	下電巴士／小田急CITY巴士
	品川BT	Le Blanc（3列）	9小時40分	9930日圓	20:40出發⇒6:20抵達	兩備巴士
從京阪神	京都站八條口	津山Express京都號	3小時17分	3090日圓	4班／日	神姬巴士／西日本JR巴士
	大阪站JR高速BT	中國HighWay巴士	3小時3分	2750日圓	1～3班／時	神姬巴士／西日本JR巴士
從岡山	岡山站西口	岡山Express津山號	1小時35分	1100日圓	10班／日	兩備巴士／中鐵巴士／中國JR巴士

如何遊覽岡山 搭電車&公車遊覽

岡山縣內的鐵道網絡發達，因此利用鐵道在區域間移動相當方便；然而通往縣北方面的津山線、姬新線班次數較少，要特別注意。由於線路巴士的行駛班次數不多，出發前先確認班次的時刻吧。

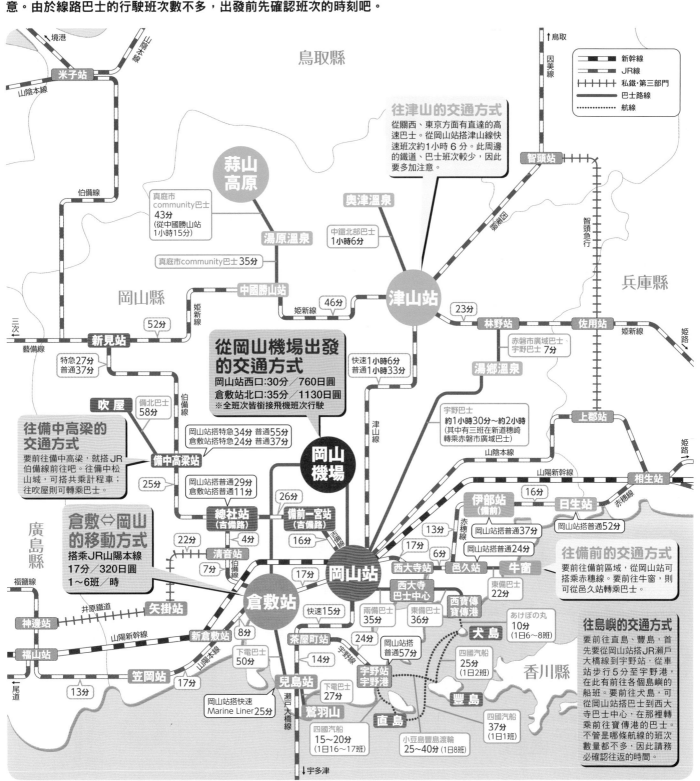

鳥取縣

兵庫縣

岡山縣

廣島縣

香川縣

圖例
- 新幹線
- JR線
- 私鐵・第三部門
- 巴士路線
- 航線

↑鳥取
因美線

米子站
山陰本線
伯備線

蒜山高原

真庭市community巴士 43分（從中國勝山站1小時15分）

真庭市community巴士 35分

湯原溫泉

中國勝山站

姬新線 46分

往津山的交通方式
從關西、東京方面有直達的高速巴士。從岡山站搭津山線快速班次約1小時6分。此周邊的鐵道、巴士班次較少，因此要多加注意。

奧津溫泉

中鐵北部巴士 1小時6分

智頭站
智頭急行

津山站

林野站 23分

佐用站

姬新線

姬路

赤磐市廣域巴士・宇野巴士 7分

湯鄉溫泉

快速1小時6分 普通1小時33分

新見站
三次
藝備線

特急27分 普通37分

52分

姬新線

從岡山機場出發的交通方式
岡山站西口：30分／760日圓
倉敷站北口：35分／1130日圓
※全班次皆銜接飛機班次行駛

吹屋
備北巴士 58分

往備中高梁的交通方式
要前往備中高梁，就搭JR伯備線前往吧。往備中松山城，可搭共乘計程車；往吹屋則可轉乘巴士。

岡山站搭特急34分 普通55分
倉敷站搭特急24分 普通37分

備中高梁站

25分

岡山站搭普通29分
倉敷站搭普通11分

宇野巴士 約1小時30分～約2小時（其中有三班在新道穗崎轉乘赤磐市廣域巴士）

山陰本線

上郡站

姬路

倉敷⇔岡山的移動方式
搭乘JR山陽本線
17分／320日圓
1～6班／時

總社站（吉備路）

備前一宮站（吉備路）

4分

22分

清音站
伯備線

7分

16分

津山線

岡山機場

伊部站（備前）

赤穗線

13分

日生站
16分

相生站
赤穗線

岡山站搭普通37分

岡山站搭普通52分

17分

6分

往備前的交通方式
要前往備前區域，從岡山站可搭乘赤穗線。要前往牛窗，則可從邑久站轉乘巴士。

岡山站

西大寺站

邑久站

牛窗

東備巴士 22分

17分

福鹽線

神邊站

井原鐵道

矢掛站

山陽新幹線

新倉敷站

山陽本線

下電巴士 50分

8分

倉敷站

快速15分

茶屋町站

14分

24分

宇野線

兩備巴士 35分

東備巴士 36分

西大寺巴士中心

岡山站搭普通57分

岡山站搭普通24分

西寶傳寶傳港

あけぼの丸 10分（1日6～8班）

犬島

四國汽船 25分（1日2班）

福山站

尾道

笠岡站

13分

17分

兒島站

下電巴士 27分

瀨戶大橋線

鷲羽山

岡山站搭快速Marine Liner 25分

四國汽船 15～20分（1日16～17班）

直島

豐島

小豆島豐島渡輪 25～40分（1日8班）

四國汽船 37分（1日1班）

往島嶼的交通方式
要前往直島、豐島，首先要從岡山站搭JR瀨戶大橋線到宇野站，從車站步行5分至宇野港，在此前往各個島嶼的船班。要前往犬島，可從岡山站搭巴士到西大寺巴士中心，在那裡轉乘前往寶傳港的巴士。不管是哪條航線的班次數量都不多，因此請務必確認往返的時間。

宇野站宇野港

↓宇多津

如何遊覽 岡山 開車遊覽

在岡山縣內，有山陽道與中國道，兩條道路東西向穿越岡山縣的南部與北部，從京阪神或中國地方可順暢地開車前往。此外，南北向有岡山道、米子道、鳥取道延伸至岡山境內，通往各區域的交通也相當方便。要前往倉敷、岡山市區就走山陽道吧。

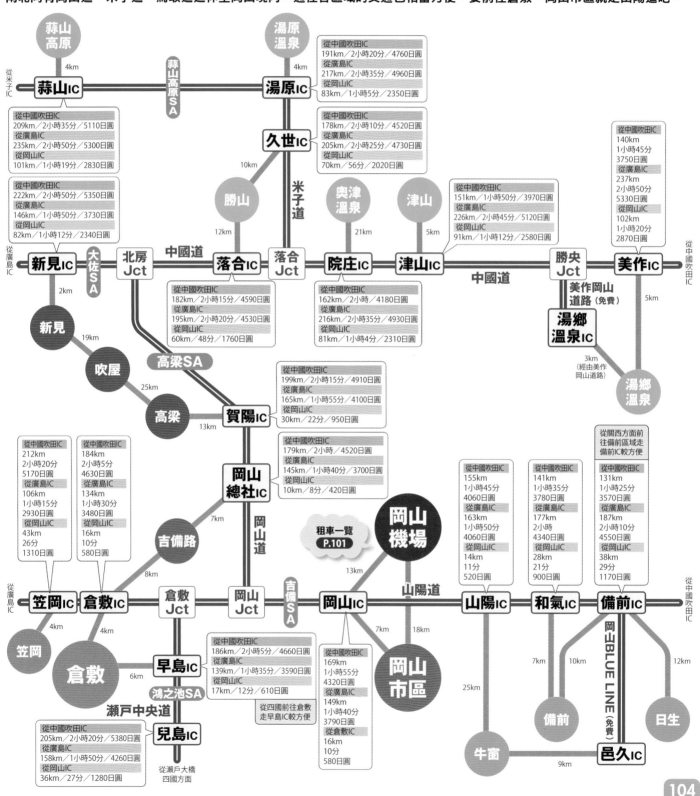

岡山・倉敷 蒜山高原
兜風地圖

岡山・牛窗

倉敷・吉備路

備前・湯鄉

高梁・吹屋

津山・奧津

湯原・蒜山高原

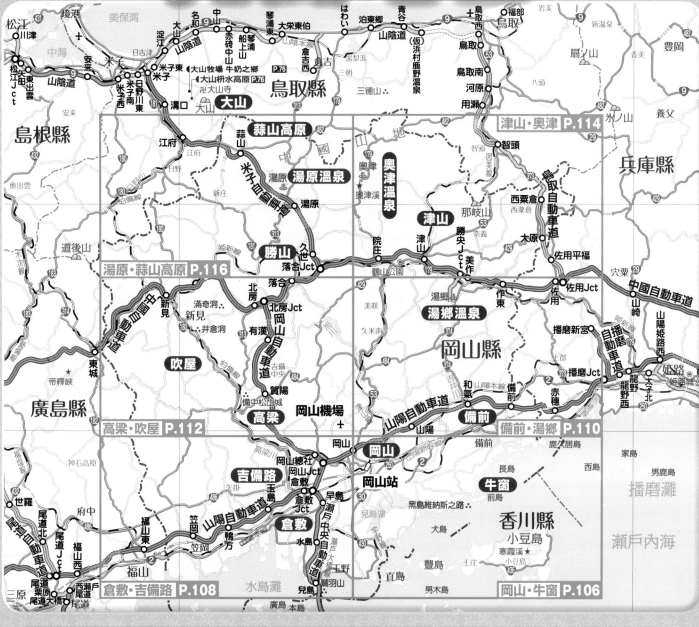

MAP範例

高速・收費道路	JR
國道	私鐵
主要地方道路・一般縣道	航線（可載車渡輪／一般航線）
	都道府縣界
	市町村界

- ● 都道府縣廳
- ● 市區公所
- ● 町村公所
- ✈ 機場
- ⊥ 港灣
- 神社
- 寺院

- ∴ 公園・名勝
- ★ 賞櫻名勝
- ❁ 賞花名勝
- ❋ 紅葉名勝
- ❋ 絕佳觀景點
- ♨ 溫泉
- ◇ 名水

- ▶ 水泳場
- ⛷ 滑雪場
- 公路休息站
- ◇ 陡坡國道
- 崩落危險處
- ⊗ 冬季封閉
- 路口名

- ● 景點
- ● 玩樂
- ● 溫泉
- ● 咖啡廳
- ● 美食
- ● 購物
- ● 住宿

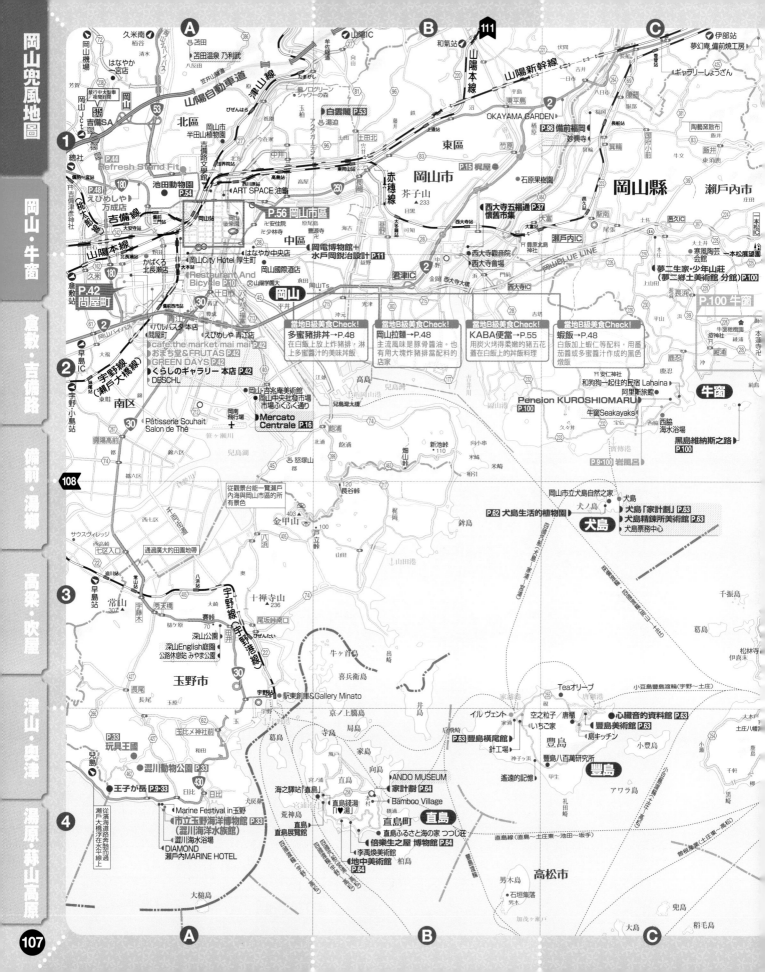

岡山兜風地図

岡山・牛窗

倉敷・吉備路

備前・湯郷

高梁・吹屋

津山・奥津

湯原・蒜山高原

D
E
114
F

1

2

3

4

岡山縣

兵庫縣

宿場町
ひらふく
大原IC
宿場町
佐用
佐用Jct
宍粟市

大聖寺
作東バレンタインホテル
作東
中國自動車道
上月PA
楢原PA
美作市

佐用坂
佐用町
佐用站
上月三差路
姫新線
179
上月PA

久崎站
久崎

龍野市
播磨新宮
テクノ中央
縣立大
三濃山

白旗山
上郡町

岡山国際サーキット
ふるさと村

山伏峠

相生市
3

上郡站
与井

宇治山
椿峠

和意谷陶藝村

鷲峠
西有年
中野
有年原
有年原
2

山陽本線
船坂峠
三石
三石站
赤穂市
山陽道
2

舊閑谷學校 P.15・95
備前市
山陽自動車道
備前

山陽新幹線
赤穂

當地B級美食Check!
備前咖哩→P.95
加入備前當地產的水果等製作成的咖哩，並且使用備前燒的盤子裝盛
福石PA

備前燒ギャラリー
山麓窯

日生
當地B級美食Check!
日生牡蠣燒→P.98
放入大量於日生捕獲的新鮮牡蠣，所作成的大阪燒

FAN美術館
P.96
P.97 日生
伊里站
タマちゃん P.98
鳥打峠

備前

鹿久居島

P.116	P.114
P.112	**P.110**
P.108	P.106

1:150,000

備前・湯鄉

0　1.5km　3km
地圖上的1cm為1.5km

● 景點　● 玩樂　● 溫泉
● 美食　● 咖啡廳　● 購物
● 住宿

D
E
16
F

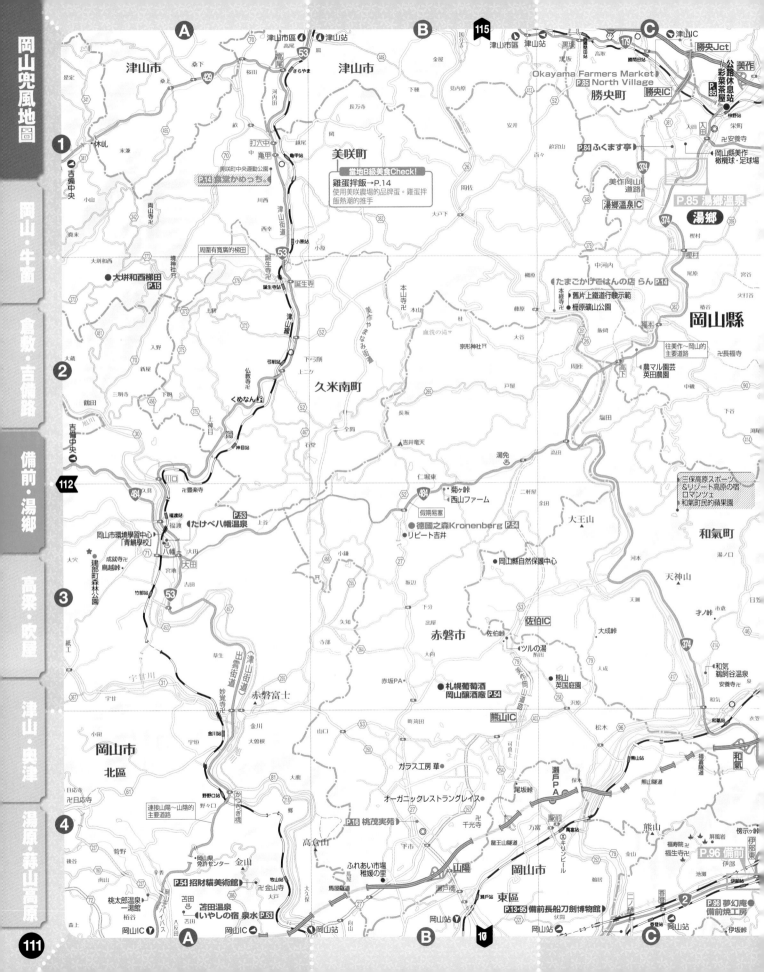

岡山兜風地圖

岡山・牛窗

倉敷・吉備路

備前・湯鄉

高梁・吹屋

津山・奧津

湯原・蒜山高原

112

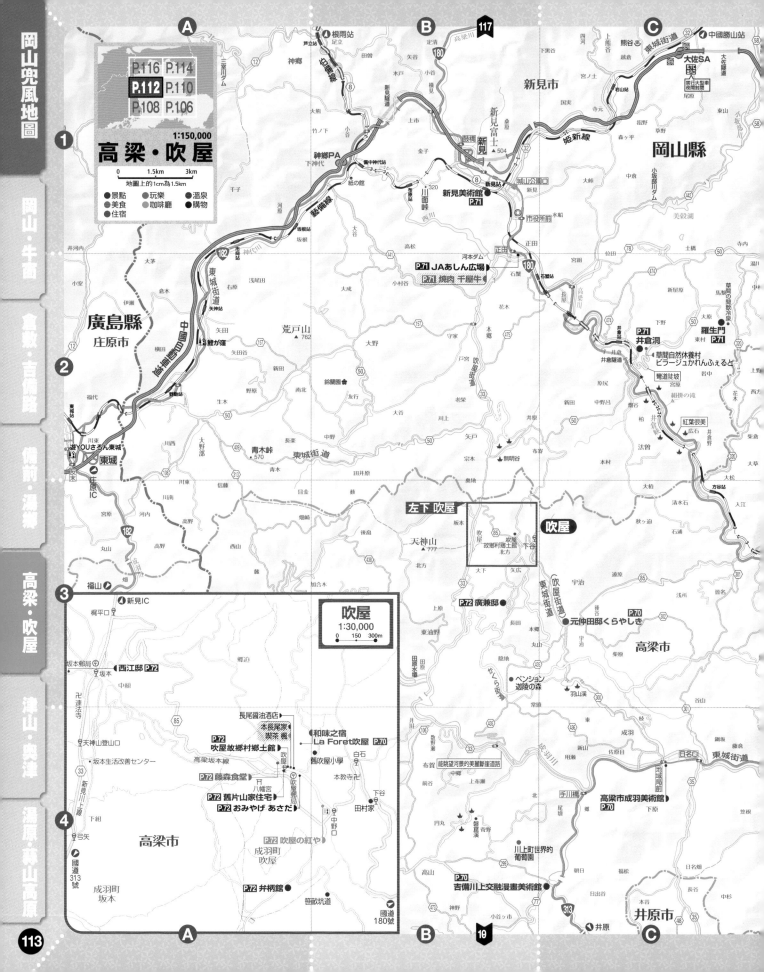

岡山兜風地圖

岡山・牛窗

倉敷・吉備路

備前・溫泉

高梁・吹屋

津山・奧津

湯原・蒜山高原

A　B　117　C

P.116　P.114
P.112　P.110
P.108　P.106

1:150,000
高梁・吹屋
0　1.5km　3km
地圖上的1cm為1.5km
●景點　●玩樂　●溫泉
●美食　●咖啡廳　●購物
●住宿

1

2

廣島縣
庄原市

岡山縣

新見市

新見富士
▲504

根雨站
足立

神郷PA
備中神代站

新見
新見美術館 P.71

JAあしん広場 P.71
燒肉 千屋牛 P.71

井倉洞 P.71

羅生門 P.71
草間自然休養村
ビラージュかれんふぇるど

東城街道

遊YOUさろん東城
東城

新見IC

左下 吹屋

吹屋

天神山
▲777

吹屋
故郷村郷土館
北方

廣兼邸 P.72

元仲田邸くらやしき P.70

高梁市

3

吹屋
1:30,000
0　150　300m

西江邸 P.72

長尾醤油酒店
本長尾家
喫茶機
吹屋故郷村郷土館 P.72
藤森食堂 P.72
舊片山家住宅 P.72
おみやげ あさだ P.72

和味之宿
La Foret吹屋 P.70

ペンション
迦陵の森

高梁市成羽美術館 P.70

4

高梁市

吹屋の紅や P.72
成羽町
吹屋

弁柄館 P.72

笹畝坑道

國道
180號

川上町世界的葡萄園

吉備川上交融漫畫美術館 P.70

井原市

岡山兜風地圖

岡山・牛窗

倉敷・吉備路

備前・湯鄉

高粱・吹屋

津山・奧津

湯原・蒜山高原

D E F

1

2

3

4

八頭町

鳥取縣

若櫻町

智頭町

西粟倉村

兵庫縣

奈義町

美作市

宍粟市

佐用町

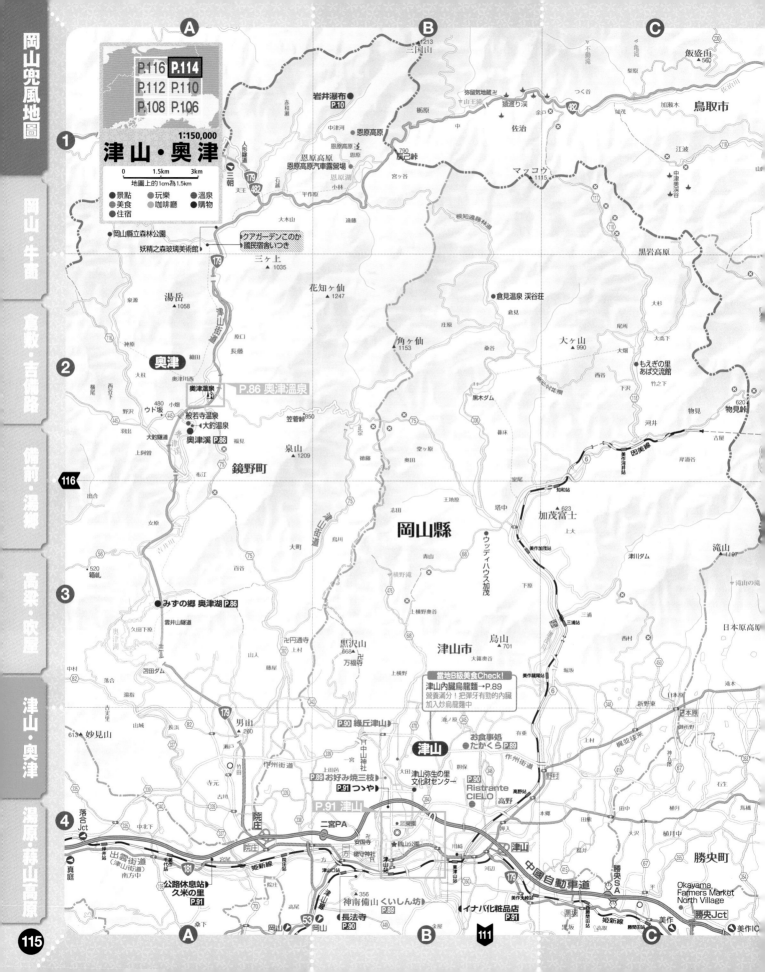

岡山・牛窗

倉敷・吉備路

備前・湯鄉

高梁・吹屋

津山・奧津

湯原・蒜山高原

景…景點　玩…玩樂　食…美食　買…購物　咖…咖啡廳　温…温泉　住…住宿

【 MM 哈日情報誌系列 9 】

岡山・倉敷

蒜山高原

作者／MAPPLE昭文社編輯部
翻譯／許懷文、李詩涵
校對／王凱洵、張玉旻
編輯／林德偉
發行人／周元白
排版製作／長城製版印刷股份有限公司
出版者／人人出版股份有限公司
地址／23145 新北市新店區寶橋路235巷6弄6號7樓
電話／（02）2918-3366（代表號）
傳真／（02）2914-0000
網址／www.jjp.com.tw
郵政劃撥帳號／16402311 人人出版股份有限公司
製版印刷／長城製版印刷股份有限公司
電話／（02）2918-3366（代表號）
經銷商／聯合發行股份有限公司
電話／（02）2917-8022
第一版第一刷／2018年8月
定價／新台幣360元

國家圖書館出版品預行編目（CIP）資料

岡山倉敷・蒜山高原 / MAPPLE昭文社編輯部作 ；
許懷文. 李詩涵翻譯. --
第一版.─ 新北市：人人, 2018.08
面； 公分. ─（MM哈日情報誌系列 ； 9）
ISBN 978-986-461-147-8（平裝）

1.旅遊 2.日本岡山縣

731.7659   107009374

Mapple magazine Okayama Kurashiki
Hiruzenkohgen
Copyright ©Shobunsha Publications, Inc, 2018
All rights reserved.
First original Japanese edition published by
Shobunsha Publications, Inc. Japan
Chinese (in traditional characters only)
translation rights arranged with Jen Jen
Publishing Co., Ltd
through CREEK & RIVER Co., Ltd.

●版權所有・翻印必究●